台湾研究

台海危机管理模式研究

陈先才 著

九州出版社
JIUZHOUPRESS
全国百佳图书出版单位

图书在版编目（CIP）数据

台海危机管理模式研究 / 陈先才著. —北京：九州出版社，2010.6

ISBN 978-7-5108-0541-7

Ⅰ.①台… Ⅱ.①陈… Ⅲ.①台湾问题-研究 Ⅳ.①D618

中国版本图书馆 CIP 数据核字（2010）第 103797 号

台海危机管理模式研究

作　　者	陈先才　著
出版发行	九州出版社
出 版 人	徐尚定
地　　址	北京市西城区阜外大街甲 35 号（100037）
发行电话	（010）68992190/2/3/5/6
网　　址	www.jiuzhoupress.com
电子信箱	jiuzhou@jiuzhoupress.com
印　　刷	三河市东方印刷厂
开　　本	720 毫米×1020 毫米　16 开
印　　张	15.75
字　　数	188 千字
版　　次	2010 年 6 月第 1 版
印　　次	2010 年 6 月第 1 次印刷
书　　号	ISBN 978-7-5108-0541-7
定　　价	35.00 元

序

4年前应邀到美国从事国际访问学者研究，时值美国民主党总统候选人克里在与寻求连任的共和党人布什进行激烈的竞选活动。一位美国朋友听说我从事台湾问题研究，就好奇地问我说："有人讲台湾海峡会成为引爆第三次世界大战的热点地区，你的看法如何?"我回答道："在中国也常常可以听到类似的说法，不少人认为美国和中国为了台湾问题迟早要打一仗。我虽然不能完全排除中美为台湾问题开战的可能性，但是，台海战争的后果我们都很清楚，因此，我们会设法避免不必要的战争"。站在一旁的另一位美国朋友风趣地插话："我看第三次世界大战战火更有可能在美国点燃，如果克里赢不了布什，美国就会发生内战，新的世界大战就会爆发。"

克里输了，美国并没有发生内战，美国当然也不太可能因为总统选举发生战争，因为美国是一个相当成熟的现代国家，有非常完备的制度设计预防再次发生内战。我认为，台湾海峡虽然曾经是个危机四伏的热点地区，但是，随着时空环境的改变，限制冲突的因素也越来越多，当中有些是客观的因素，有些是理性的定力，甚至还有充满智慧的战略筹谋。海峡两岸虽然尚未完全统一，但以战争的方式解决分歧一定是下下策，而且两岸中国人有足够的理性和智慧来避免发生战争。话说回来，毕竟人类的理性与智慧并非信手拈来，而且非理性和反智倾向总是与理性和智慧相伴而生，台湾问题如果处置不当，擦枪走火也是可能的。为了使两岸中国人的理性和智慧极大化，非理性和反智倾向极小化，我们需要引入各种成熟的理论和知识体系，在深入分析问题的具体情况基础上，制定出有助于化解危机的指导原则、应对措施和处置预案。

人无远虑，必有近忧。台湾问题具有极大的敏感性和复杂性，必须未雨绸缪加以防范，而台海危机管控体系的建立需要系统的理论知识的奥援。多年来，不少专家学者致力于台湾问题研究，对台湾问题的由来、本质、现状及其发展规律已经有相当程度的了解。随着中华人民共和国政府处置台湾问题能力的快速上升，对台湾问题进行危机管理的知识基础、能力、条件都已具备。为了使台湾问题朝着更有利于国家繁荣稳定和世界和平进步的方向发展，学术界就台海问题进行危机管理研究很有必要。

陈先才博士毕业于中国名校吉林大学国际政治系，在危机管理理论研究方面涉猎较深。进入厦门大学台湾研究院工作以来，他孜孜不倦地投入台湾问题研究，对台湾问题产生的背景、上世纪50年代以来的历次台海危机，以及两岸关系发展的现状和趋势有比较系统和深入的了解。本书应用危机管理理论分析中国的危机管理问题，特别是在总结历次台海危机的经验教训的基础上，剖析了台海危机管理的现状与困境等问题，进而建构出新的台海危机管理模式，我赞赏这样的努力。

这项研究尚属开创性和探索性研究，文中观点凝聚着作者的研究心血，相信读者可以从中得到启示、共鸣，也可以发现有待改进之处。如果这本书的研究发现能够为他的读者提供决策参考，或者为更高深的创见提供研究铺垫，作者的努力就不会白费。

厦门大学台湾研究院　刘国深

2008年11月22日于海滨寓所

目　录

下篇　台海危机管理研究

导　言

为了准确描述某一种社会进程的基本特征，人们总会用特定的词汇来加以概括与表述——在上个世纪70年代我们使用“相互依赖”（Interdependence）来描述那个时代的特征，到了上个世纪90年代，学者们又把它称为“全球化”（Globalization），① 而在今天，危机管理（Crisis management）则成了描述这个时代最时髦的词汇。现代社会就是一个紧密关联、牵一发而动全局的大系统，只要其中任何一个细小的环节发生故障，都会引起这个大系统的瘫痪。危机已成为现代社会的一种常态。有危机就有危险，就需要对这种危险进行管理，危机管理一词应运而生。在古巴导弹危机后，当时的美国国防部长罗伯特·S. 麦克纳马拉曾说过这样一句话，“今后的战略可能不复存在，取而代之的将是危机管理”。② 此话虽然有些武断，但也道出了危机管理对现代社会安全所起的重要作用。在全球化的今天，危机管理不只是涉及个人、企业与国家，而是涉及现代社会的方方面面。危机管理一词如同上个世纪兴起的“后”（Post-）或“后现代”（Post-modern）所具有的几乎无处不及的修饰、限制作用一样，今天的危机管理也正在变成一个无处不在、无时不在的时髦词汇。作为21世纪最热门的话语之一，关于危机管理的研究可以说已成为当前社会科学的一门显学。③

危机管理就是“管理”危机的方法和过程。正如萨姆·布莱克（Sam Blake）说：“我们处于一个易受攻击的社会。而灾难每年都似乎在成倍增加，如果我们不给予危机管理以迫切和足够的注意，我们就会失职。关于这

---

① Robert Keohane and Joseph Nye, Jr., Power and Interdependence (3rd Edition), p. 228.

② C. Bell, The Conventions of Crisis, London: Oxford University Press, for the Royal Institute of International Affairs, 1971, p. 2.

③ 邱毅：《危机管理：二十一世纪新显学》，（台）中华徽信出版社，第35页。

一点怎么强调也不过分。"① 在西方国际政治学中，危机管理这一术语最早产生于20世纪60年代②，当时，正值美苏两个大国处于冷战的高峰时期。它原意是指“赢得外交胜利的艺术”,③ 该术语的出现，主要是针对美国如何处理与社会主义国家关系的问题，以此来探索美国及其盟国保障国家安全的可能性。危机管理作为国际安全领域的一个重大课题，是直接关系到世界和平的重大问题。和平与安全一直是人类千百年来不懈追求的理想，也是一个国家首要的动机和目标。④ 冷战的结束并没有使这项任务变得轻松，相反，随着国际形势的变化，世界已经进入一个不确定的过渡时期⑤，国际安全问题的研究也面临着新的挑战。一方面，危机管理不仅是维护国际安全的有力手段，而且也是推进世界政治经济新秩序建立与发展的动力。冷战结束以来，由于国际局势的变化，冲突、危机的表现形式都呈现出较大的变数，因此，加强危机管理对维护国际和地区的和平与安全具有十分重要的意义。当前的国际体系由于国家行为体和非国家行为体数目的急剧增加，国际关系的内涵和外延急剧扩大，国际体系变得日趋复杂。日益增多的行为体卷入国际政治，产生了高度的不确定性和不可预测性；而且，一些国家的政府变更也会产生危机。因此，诸多危机同时爆发是有可能的，即多元危机的产生。在动荡的国际社会中，危机管理是维护国际体系稳定的有力手段之一。通过危机管理，降低危机管理环境中的不确定因素，尽力争取以和平方式解决危机，为国际社会的发展创造和平的国际环境。当前影响国际安全与稳定的一些热点及地区冲突，由于涉及复杂的历史、宗教、民族及领土的背景，在一

---

① “Kant, Liberal Legacies, and Foreign Affairs”, Philosophy and Public Affairs, Summer 1983, p. 332.

② 人类社会自从相互依赖的关系形成后，危机状态就一直伴随着人们。但是专门的危机管理理论研究的出现则是相当晚近的事情。目前学术界普遍认为真正意义上的危机管理研究是20世纪60年代初开始的，因此多数学者把美苏处理古巴导弹危机事件作为危机管理的起点。

③ 王逸舟：《当代国际政治析论》，上海人民出版社，1995年版，第288页。

④ David Baldwin, “The Concept of Security”, Review of International Security, No. 1, 1997.

⑤ 美国学者奈认为，冷战结束后，世界已进入一个不确定的过渡时期。他指出：“1500年以来，每一次大国战争之后都伴随着一个不确定时期。此时，政治家们都要试图改变国际体系或对其进行调整，以防止大国战争再次爆发。目前我们正处于这个不确定阶段，一次势均力敌的超级大国‘战争’——冷战刚刚结束。”同时，奈还把冷战后的国际冲突分为大国战争、地区战争和内部战争三种类型。他认为，地区冲突已成为冷战后世界冲突的主导形式。详见 Joseph Nye, “Conflicts After the Cold War”, The Washington Quarterly, Winter 1996。

定的时间内无法得到妥善解决，对这些容易引发危机与冲突的热点问题加强管理则显得尤为必要。同时，危机管理对世界新秩序的建构也有着紧密的联系。危机一直是影响国际局势发展，关系国际和平的重大事件，只有进行有效的危机管理，才能切实维护世界的和平与安全，为建立新的世界政治经济新秩序创造一个良好的基础。另一方面，危机作为国际政治多极化发展和国际相关性不断增长的典型伴随现象之一，加强危机管理研究具有十分重大的现实意义。特别是随着全球化进程的不断加深①，国际政治多极化发展趋势不断加强，危机的发生频率将越发呈增长之势，在这种条件下，随着国际联系的普遍增多，国家需要处理的危机事务不断增加，加强危机管理已成为国际社会的普遍共识。

台湾问题作为上个世纪国共内战的遗留物，至今已有60余年，它目前已成为中国完成国家统一的最大障碍。新中国成立以来，围绕台湾问题先后爆发了四次重大的台海危机，这些危机事件对台海地区的和平与稳定构成了极大的损害。冷战结束以来，随着台湾岛内政治、经济和社会的发展变化，台湾当局大搞“台独”分裂活动，反对和遏制“台独”分裂活动逐渐成为中国大陆对台战略的重要内容和核心任务。在李登辉执政时期，台湾当局在“台独”分裂道路上的活动不断加剧，最终酿成了1995—1996年的重大台海危机事件，两岸差点擦枪走火。在民进党八年执政时期，陈水扁当局“台独”分裂活动愈演愈烈，两岸关系陷入了长时期的低谷阶段，台海地区的危机情势不断出现，严重损害了台海地区的和平与稳定。

当前，随着国民党在岛内重新执政，马英九当局承认“九二共识”，放弃民进党执政时期的“法理台独”分裂路线，两岸关系迎来了重大的历史机遇，这大大降低了台海地区发生重大危机事件的可能性，有利于推动两岸关系和平发展局面的不断形成。特别是“海协会”和“海基会”时隔数年再度复会，并成功签署包括两岸“全面三通”在内的一系列重要协议，对

① 基欧汉和奈认为，随着相互依赖关系的加深，国际社会的敏感性和脆弱性特征不断突出起来，导致一系列的全球问题的不断出现，诸如人口爆炸、粮食短缺、生态安全等，这些都需要国际社会协调行动上，加强合作，才能有效应对。参见 Michael Suhr，“Robert O. Keohane：A Contemporary Classic”, in Iver Neumann and Ole Waver（eds.）, The Future of Internaional Relations：Masters in the Making, London：Rouledge, 1997, pp. 90－120.

于推动两岸关系向前发展具有重要的历史意义。我们还要清醒地看到，尽管国民党重新执政后，岛内“法理台独”的现实可能性大大降低，但是两岸之间的结构性矛盾与冲突并没有因为国民党全面执政而全部化解，两岸在台湾当局的政治定位、台湾参与国际空间、“中华民国”等敏感问题上仍然存在着较大的分歧。台湾岛内的分离主义势力仍然存在，而且还具有一定的民意基础。同时，由于两岸长达半个多世纪的隔阂，两岸民众之间的误解在短时期内也很难化解，两岸之间要走上真正的完全的和解之路还有很多的困难。加上台湾是一个多元的社会，政党竞争是岛内政治生活的常态，我们不能完全排除未来民进党等“独”派政党重新上台执政的可能性。此外，虽然台湾问题是我们的内政问题，台海危机不是国际危机，但是长期以来，由于美国等外部势力不断介入台湾问题，使台湾问题的国际化特征不断显现，我们也不能完全排除外部势力介入台海危机的可能性。因此，可以这样说，只要台湾问题没有得到最后解决，台海危机的再次爆发都是完全有可能的。

因此，在当前两岸关系和平发展的历史时期，我们必须要居安思危，从推进祖国和平统一的战略高度出发，加强台海危机管理研究，为构建和谐的两岸关系，推进两岸关系和平发展创造条件。

上篇　危机管理理论研究

冷战结束以来，危机的频频爆发对当代国际社会的安全造成重大的战略险情，危机管理研究已成为当前社会的一门显学。随着全球化进程的不断加深，特别是非传统安全因素影响的显著增强，加强对危机管理的研究成为当务之急和时代所需。如何超越传统的危机管理模式，构建适应时代特征的新型危机管理模式，以应对冷战后国际安全环境出现的新情况和新变化，已成为国际社会的普遍共识。因此，本文对冷战后国际社会在应对传统安全危机和非传统安全危机的管理模式进行了具体的分析和研究，并对中国的危机管理能力进行了评估。为下篇台海危机管理研究提供参考和借鉴。为此，本篇对危机管理的探讨主要分四章进行。第一章主要论述了危机管理的基本结构和功能，以作为后文讨论的前提和基础。第二章考察了传统安全危机的管理模式。本文将传统安全危机划分为军事战争危机、地区冲突危机、核开发危机和分离主义危机等四种类型，在此基础上，分别对这四种传统安全危机的管理模式进行了深入的比较分析。第三章研究了非传统安全危机的管理模式。这里把非传统安全危机分为大规模杀伤性武器扩散危机、恐怖主义危机和人道主义灾难危机等三种类型。在对这三种危机的管理模式进行现实考察与理论分析的基础上，分别指出了它们的优劣之处。第四章对中国危机管理的能力进行了全面的评估。首先分析了我国当前危机管理面临的挑战和困境，为后面对我国危机管理能力的评估奠定了重要的基础。并全面分析了我国危机管理的基本模式。即坚持政治上的睦邻友好、经济上的合作共赢、外交上的多元制衡、文化上的共存互补、方法上的和平解决及策略上的主动塑造的危机管理模式。

第一章　危机管理的结构与功能

危机管理是直接关系到世界和平与稳定的重大问题。冷战的结束并没有带来一些人所希望的“霸权下的稳定”，也没有带来其他一些人所期待的“多极下的和平”①。相反，随着国际形势的变化，国际安全环境面临着一些新的重大挑战，加强对危机管理相关理论的研究，这本身就是当代国际政治、经济、文化发展的客观要求，也是全球化发展赋予时代的重大任务。作为一项管理活动，危机管理必然是在一个特定的系统结构中进行的。② 对任何一个系统而言，系统的结构决定其功能，而系统的功能影响其结构的稳定性。危机管理系统作为一个全球系统，不仅要求其结构稳定，而且要求其功能有序。因为不和谐的危机管理结构必然导致其功能的紊乱，从而造成危机管理系统的不稳定，而失效的危机管理功能在一定程度上也影响到危机管理结构的稳定性，从而导致系统的动荡。因此，加强对危机管理的基本结构及主要功能的研究，对维护国际社会的稳定与安全具有十分重要的意义。

第一节　危机管理的前提假定

危机管理是指为防止危机情势长期恶化乃至引发战争而对危机进行预防、决策、应对、解决、后续处理的整个管理过程。一般而言，一国危机管理的效果受到多种因素的影响和制约，通过对这些影响因素的分析，能使我

---

① Charles W. Kegley, JR, Gregory A. Raymond, A Multipolar Peace? -Great-Power Politics in the Twenty-first Century, St. Martin's Press, New York, 1994, p. 221.

② 在这里，笔者借用伊斯顿的国际系统（即在尝试建构一种关于政治的一般理论时，采取了一种系统分析的方法）的提法。关于伊斯顿的政治系统分析的理论，主要来自于他的两部著作（中文版）。《政治生活的系统分析》，王浦劬等译，第二版；《政治体系——政治学状况研究》，商务印书馆，1993 年版。在分析中，伊斯顿所使用的词语是“political system”，但是 system 一词在英文和中文中都有系统与体系的涵义。

们大致把握该国在危机管理方面的价值取向与行为方式，从而为我国的危机管理的实践提供参考作用。不言而喻，危机存在是否可以被管理的特性。事实证明，成功的危机管理必然是有关各方都有最终接受政治或外交解决的意愿、并为此付出一定的代价。如果危机中的一方决心通过战争或暴力方式寻求成功，或各方宁愿面对风险乃至战争也不准备妥协，则此种危机是不可管理的。① 在本文的研究中，危机都是指可以管理的危机事件，不能管理的危机不是本文的研究范畴。通常，危机管理还面临着一些不可回避的内在矛盾，这些内在矛盾在一定条件下可能会导致危机管理的失效，因此，加强对这些内在矛盾的分析与研究，也是我们要面对的基本任务。

一、危机管理的影响因素

影响危机管理的因素主要有以下几个方面：历史文化传统的惯性思维、国家利益与国家实力、国际体系结构与国际格局等等。

历史文化因素对危机管理的影响和作用非常大。它主要包括一国的历史发展经历、民族性格、价值观念、意识形态、政治体制等方面。② 文化观念对危机管理的影响非常大。比如美国文化的“天定命运”等理念，同其“输出自由”的战略，显然是一脉相承的。“这些影响美国外交决策的价值观根深蒂固于美国文化之中，当他们体现在美国的具体外交政策上时，多数情况下变成了对美国追求自我利益的一种‘堂而皇之’的掩饰或‘振振有词’的解释。”③ 复杂多样的民族文化影响着各国的对外行为，由此影响到国际关系的发展。冷战时期，意识形态的对立是两大阵营冲突的根本原因。在长达半个多世纪的对峙中，世界上两种社会制度、两种意识形态尖锐对

① 胡平：《国际冲突分析与危机管理研究》，军事谊文出版社，1993年版，第176页。

② 目前学术界对文化的概念并没有达成统一的共识，对文化的界定多达数百种。但总的来说它包括广义和狭义两个方面。广义上是强调文化是作为社会群体的人类在长期的社会实践活动中所创造的物质财富的凝结和精神财富的积累，在精神层面，包括精神信仰、哲学体系、价值观念、审美情趣、民族性格、伦理观念等；在行为层面，包括生活方式、生产方式、家庭模式、行为礼仪、人际关系、节日庆典等；在制度层面，包括政治体制、经济模式、社会组织、法律典章等；在物质层面，包括服装饮食、居住条件、交通手段、艺术技术等。狭义上的文化主要是指一定的人类群体在长期的社会实践和社会生活中形成并积淀起来的观念和心理。在西方社会学中，文化主要是指社会性的精神产品。

③ 王晓德：《美国文化与外交》，世界知识出版社，2000年版，第11页。

立。这种政治上的对立客观上使世界分割成两个截然对立的文化单位和文化权力，由此也显出两种文化价值体系的巨大分野和明显对立，导致彼此的隔离和纷争。冷战后，虽然意识形态因素的不断弱化，但各国之间的文化交往却日益广泛和深入，正是这种交流使得各国的文化差异得以彰显。文化因素成为引发国际冲突与国际危机的一个重要因素，这以亨廷顿（Samuel Huntington）的“文明冲突论”最为突出。他认为文化冲突的基本动因在于社会制度文化的剧烈对抗和意识形态的重大分歧。在这个意义上，他宣称最具冲突的文明将在西方文明、伊斯兰文化和儒教文明之间展开。[①]“文明冲突论(Clash of Civilizations)”曾被克林顿政府推广到科索沃危机之中，克林顿在解释美国出兵的战略动机时，就曾对科索沃的价值地位进行了“文化”意义上的诠释。克林顿认为，科索沃就是处在欧洲、亚洲和中东这些针锋相对的文化之间。[②] 冷战后，由文化因素引起的国际冲突与国际危机，最鲜明最突出的一个例子就是美国与伊斯兰世界的冲突。具体说，就是西方文化与伊斯兰原教旨主义的冲突。[③] 这里，我们应该看到，这种冲突与其说是文化冲突，不如说是国家利益的冲突。一国的历史经历在很大程度上也影响该国国际危机管理的行为方式。目前，朝鲜核危机和伊朗核危机之所以愈演愈烈，在很大程度上是与朝鲜、伊朗这两个国家和美国长期的极端敌视与冲突分不开的。当然我们应当看到，单纯的文化因素并不会引发国际冲突。美国著名学者奈认为，文化冲突并不必然引发国际冲突与国际战争。[④] 福勒（Graham Fuller）也认为，“文化是表达冲突的载体而非原因”。[⑤] 实际上，引发国际

① Samuel Huntington, “The Clash of Civilizations”, Foreign Affairs, Summer, 1993.

② Crited in Goulet, D (1999), Development Ethics, Zed Books, London, p. 19.

③ 原教旨主义运动是西方学者对伊斯兰复兴运动激进派势力的称谓。在西亚、中亚、南亚、北非等伊斯兰国家，宗教意识十分强烈，这些国家在摆脱外来控制的过程中，形成了一股强大的、带民族性、宗教性和文化性的泛伊斯兰主义思潮，并出现伊斯兰复兴运动势力。伊斯兰激进派认为，西方帝国主义不仅在政治、军事、经济上侵略伊斯兰国家，而且通过文化侵略，污染其社会，瓦解其民族的团结和复兴。因此，他们主张伊斯兰各国的宗教、国家生活都以伊斯兰教法“沙里亚”为依据，净化伊斯兰民族的一切，建立政教合一的制度，联合起来反对西方和帝国主义的干涉、操纵和侵略。

④ Joseph Nye, “Conflicts After the Cold War”, The Washington Quarterly, Winter 1996.

⑤ Graham Fuller, “The Next Ideology”, Foreign Policy, Sping 1995.

冲突的原因相当复杂。这其中既有文化方面的原因，也有社会经济、[①] 社会制度等方面的原因。

国家实力对比与国家利益的关系是影响危机管理的首要因素。国际社会的无政府状态（Anarchy）决定了国家实力在国际危机管理中的重要地位。国家实力的强弱在很大程度决定了一国危机管理的能力高低与危机的大致结局。例如在围绕伊拉克核查危机的较量中，美伊（拉克）在国家实力上的过分悬殊是造成伊拉克政府危机管理失败、萨达姆政权被推翻的最根本原因。国家利益作为影响危机管理的重要变量，它与危机、危机管理之间也存在着内在的本质联系，即危机产生的根源在于国家间利益的冲突，危机管理的最终目的是国家利益的最大化。危机管理的决策者不管采取什么样的危机管理方式，都必须牢牢把握国家利益这根主线，在防止危机演变为战争的前提下，正确评估国家利益的得失。首先，国家利益的层次划分影响危机的程度及危机管理的方式。任何国家都会对国家利益进行层次划分，并依据不同的利益等级决定国家在国际危机中的卷入程度及危机管理的方式。对国家利益进行层次划分，可以避免把国家利益的概念过于抽象化，可以避免在决策中对国家利益轻重缓急上的判断失误和思想认识上的混乱，同时可以保持其政策的灵活性，利于决策者进行战略调整。[②] 例如，美国国家利益委员会（U. S. National Interests Committee）2000 年发布的《美国的国家利益》报告，就把美国国家利益分为四个层次，[③] 并在这个层次划分的基础上，提出了美国采取军事行动的原则。其次，国家利益的博弈也是危机管理的主要内容。国际危机发生后，一般说来，危机的当事国都想在防止冲突升级（除了故意引发冲突外）、避免战争的前提下就国家利益讨价还价。这实质上是

---

① Michael Magarr, “Culture and International Relations: A Review Essay”, The Washington Quarterly, Spring 1996.

② 倪世雄等著：《当代西方国际关系理论》，复旦大学出版社，2001 年版，第 255 –256 页。

③ 即对于生死攸关的国家利益，即使在没有盟友参与的情况下采取单边行动，美国也要准备投入战斗；对于极端重要的利益，美国只有在生死攸关的利益受到威胁的盟国的共同参与下才应准备运用武装力量；对于重要的利益，美国应个案处理，并且只有在低代价和其他国家分担最大费用的情况下才应参与军事行动。参见李少军：《论国家利益》，《世界经济与政治》，2003 年第 1 期，第 6 页。

一场实力、心理、策略的大博弈。国家利益最大化是危机管理的最终目的。[①] 也是衡量危机管理水平的最重要指标。不能避免战争的危机管理是失败的，不能最大限度地维护国家利益的危机管理是不完美的。危机管理不是“零和游戏（Zero-sum game）”，通过战争方式获得最大的国家利益不是危机管理。再次，国家对外战略也是影响一国危机管理的重要因素。对外战略决定了一国对危机管理的指导思想，也就是说国家的危机管理理念是在其对外战略的基础上形成和发展起来的。因此，在进行危机管理时，国家将根据其对外战略的优先顺序和危机的特定情况来决定危机处理的方针。国家的对外战略不同，导致其国家利益的轻重缓急和优先顺序不同。因此，决策者在危机决策中对国家利益的轻重缓急的处理是必须的，因为它是制定和实施决策的出发点。也就是说，国家利益在危机管理过程是有所取舍的，有些国家利益是没有谈判余地的，而有些国家利益却是可以调整、妥协和让步的。

国内因素也是影响国家危机管理的重要因素所在。对外政策实际上是国内政治的延伸。它虽然有一定的相对性和特殊性，但不可避免地受国内政治因素的影响。这种影响表现在政府控制力上，危机管理往往是在紧急状态下进行的，与日常性事务管理不同，政府决策者要克服由于时间紧急等造成的巨大心理压力，迅速协调不同部门做出正确决策，并采取有力措施控制危机局势进一步升级，以免政府的统治力受到怀疑、政府的合法性受到损害，因而政府控制力的强弱无疑将影响危机管理的效果。从目前来看，广大发展中国家的危机管理能力普遍较弱，其中一个重要根源在于不少发展中国家面临政局不稳，政府在应对危机管理的控制力不强。例如在长达半个世纪的阿以冲突中，与以色列在巴以冲突危机管理中游刃有余的表现相比，巴勒斯坦在巴以危机管理上的差强人意甚至失败，与其国内派系冲突的政治局势有密切的关系。

国际体系结构对危机管理也有着至关重要的影响。对国际政治而言，国际体系就是指国家间关系的格局。[②] 国际体系中国家间的权力分配状况，有

---

① 倪世雄等著：《当代西方国际关系理论》，复旦大学出版社，2001年版，第258页。

② ［美］小约瑟夫·奈著，张小明译：《理解国际冲突：理论与历史》，上海人民出版社，2002年版，第50页。

助于我们预测国家的某些行为。由于国际体系的制约，一国在国际体系中的地位决定着该国会采取特定的行为方式，国际体系中地位相近的国家其行为方式是类似的。大国以一种方式行事，而小国则以另外一种方式行事。冷战结束后，原来的两极体制结束，国际社会进入了一超多强的体系之中，这种国际格局表现出以下特点：唯一的超级大国美国的力量强大，国际社会制约美国的力量不强。因此，美国在后冷战时期表现出明显的霸权主义和强权政治特征，突出表现在其先发制人和单边主义战略的提出与实践。与美国对外战略相联系，进攻性战略较为明显，军事手段成为美国对外战略的一个重要手段而在实践中加以运用。在当前的危机管理中，美国摒弃了许多传统的危机管理的原则与手段，把军事手段作为危机管理的重要手段加以运用。从科索沃危机到伊拉克核查危机，最后到伊拉克战争爆发，可以看出，美国在危机管理的实践中，已把军事手段作为危机管理的重要策略，为达到危机管理之目的，甚至以战争作为管理国际危机的最后手段。从整个趋势来看，在今后相当长的时期内，军事与战争作为危机管理的重要手段将会继续存在。随着全球化进程的加快，国际社会的相互依赖、相互依存关系不断加深，国际社会的任何一场危机都会牵一发而动全身。因此，任何危机的处理都涉及方方面面的利益，这对危机管理中战争手段的使用会有所抑制。同时，非政府组织、第三方在危机管理中的作用与地位将大大提升。此外，大国因素在当前国际危机管理中的地位上升。很多危机都涉及大国，无论是全球性大国，还是地区性大国，在后冷战时期，特别是在国际危机方面，即使是超级大国美国也离不开其他大国的合作与配合。这突出表现在诸如朝鲜、伊朗核危机上。

二、危机管理的前提假定

对研究对象进行某种程度的假定，是为了更好地研究该对象。在本文的论述中，假定绝大多数的危机是可以被管理的，不被管理的危机不是本文的研究范畴。

首先，绝大多数的危机具有可管理性。

之所以假定绝大多数的危机具有可管理的特性，是基于以下几个方面的原因：首先，危机只是代表着一定情势下“失败”、“崩溃”、“毁灭”等后果出现的高度可能性，而不是必然来临的同义词。因此，可能性并不一定是必然性，危机本身就包含着危险与转机两层含义，在某种情况下，二者可以相互转化。危机的危险性特征，指危机具备可能会带来凶恶的、毁灭性的后果，但这种恶性后果未必是一定要发生的，在其发展过程中还有转机的可能性存在。其次，危机作为一种社会现象，它的发生不是不可知的，对危机的应对也不是没有作为的。危机是冲突激化的结果，而冲突激化需要具备内部和外部若干条件，如果能延缓或阻止这些条件的形成，那么有可能减缓或中断激化的过程，阻止危机的发生。如果危机发生，但只要措施得当，控制得力，处置得法，那么也能避免战争。危机的认识是有规律可循的。例如冷战时期的古巴导弹危机就是美苏对抗尖锐化的表现形式。而2001年撞机事件的危机也是由于美国长期敌视中国，不断侵犯我方领空造成的。因此，绝大多数的国际危机都是有着一定的冲突背景的，通过对背景的分析，这对我们研究危机形成的根源、危机的预防与管理是有着十分重要的意义。最后，在当前的国际形势下，由于危机失控可能导致战争或严重的暴力冲突，即使是较强的一方也想尽量避免其高昂的代价和冲击性的长远影响，实力较弱的一方则更不愿意在不利的条件与对手冒险一搏。因此，和平地解决危机常常是危机当事双方的共同愿望①。这使得绝大多数危机是可以管理的。当然，在现实国际政治中，也存在一些不可管理的危机。这种不可管理的危机主要体现在以下几种情形：一是危机双方实力明显悬殊，双方无论是在政治、经济、军事方面等实力上存在着极大的差距，还是在诸如取得盟友支持、借助外部力量等方面，都存在着悬殊。当这种非对称性危机（Asymmetry crisis）发生时，实力强大的一方通常采取强制施压方式，甚至以战争作为危机管理的手段，而实力较弱的一方在危机管理方面可供选择的余地就极其有限，除了接受对方的强制性条件外，基本上别无选择。如在伊拉克战争开始前，美国和伊拉克萨达姆政权之间的爆发的危机就是这种情形。二是一方蓄意发动危机，以达到己方的战略目标，甚至不惜以战争为代价，这种危机是不可管理的。比如1939年德国希特勒政权为达到侵略波兰的目的，不惜制造危机事件。

---

① 胡平：《国际冲突分析与危机管理研究》，北京军事谊文出版社，1993年版，第167页。

其次，避免意外战争是危机角色的共同诉求。

大多数情况下，危机角色主观上想避免意外战争，“一种任何一方在外交危机之始都不愿看到或预期到但又在危机发展过程中爆发的战争”。[①] 危机的性质决定了它的风险性，但危机并不必然导致战争。危机与战争爆发的联系关键在于危机双方是否希望以冲突的方式来获取最大利益。在大多数情况下，尽管挑起危机一方会呈现剑拔弩张之势，但未必真想诉诸武力，只是企图借此谋利。因此，在危机管理中向对手提出的要求是否危及对手核心利益，可以作为该管理者是否有意和平解决危机的重要指标之一。在朝鲜核危机中，美国虽然没有完全排除武力解决的方案，但从美方参与“六方会谈”的机制中来看，美国基本上还是基本上把谈判作为解决朝核问题的优先方案，应该说，在朝鲜半岛的核危机中，美国与朝鲜长达数十年的严重对立与敌视，朝鲜发展核武器对美国战略的严重冲击，朝美经济力量与军事力量的巨大悬殊，如果美国要对朝鲜发动类似在阿富汗与伊拉克的战争，并非难事，显然，从当前来看，朝鲜半岛第二次战争之所以没有发生，这是与美方希望避免战争的意图是分不开的。

三、危机管理的内在矛盾

随着全球化进程的加快，各国相互依赖程度的加剧，危机的复杂程度加深，危机管理的难度不断加大。与此同时，国际危机管理作为一种复杂的管理活动，其自身常常面临着一些不可回避的内在矛盾，它们甚至会导致危机管理的失控，充分认识这些矛盾对于我们研究当代危机管理具有十分重要的意义。大体看来，危机管理主要表现出以下三对内在矛盾：

其一，危机主体多元性与危机管理主体独立性的矛盾。

危机是指在冲突的背景下，由于某些事件的突然性而发生的导致国家行为体的重大利益面临严重威胁的一种特殊情势，在这种情形下，如果不及时解决就可能导致包括战争等各种严重后果的外交、政治、安全、经济、社会等事件。显然，危机通常是在两个或两个以上国家之间发生的，国家行为体

① Gordon A. Craig，Alexander L. George：Force and statecraft，N. Y.：Oxford University Press，1995，p. 214.

显然是多元的。而危机的爆发是由于国家行为体之间的冲突所致造成的。2002年爆发的第二次朝核危机就是典型案例。它直接涉及朝鲜、韩国、中国、日本、美国和俄罗斯等国家的利益，这种多元利益的交汇使该地区的局势复杂化，同时也给危机管理带来一定的难度和艰巨性。但是，我们应该看到，尽管国际危机的主体呈多元化特征，但各个主体在对危机进行管理时却都是从维护本国国家利益的角度出发，从这个意义上说，危机管理的主体保持着相对的独立性，都有着不同的危机管理决策过程，在此种情况下，尤其是在危机发生初期，危机主体之间缺乏信息沟通和相互信任，危机管理的过程是各自独立完成的，这必然会导致某种程度的冲突和对抗，例如朝鲜在六方会谈中曾多次因不满谈判内容和结果而单方面退出谈判，引起六方会谈的被迫中断。[①] 因此，危机主体多元化与危机管理主体的独立性之间的矛盾非常明显。

其二，危机突发性和危机管理决策机制有效性的矛盾。

突发性是危机的典型特征。所谓突发性是指国家行为体无从知晓危机会发生在什么时间、什么地点，以什么样的方式爆发，以及爆发的程度等。尽管有的危机在发生之前有一些征兆，但多数危机发生的时间断点仍然是难以准确预料的。比如，2001年9月11日在美国发生的恐怖分子劫持飞机撞击大楼事件，不仅使美国人感到吃惊和惴惴不安，整个世界都为之震惊和恐慌。危机的特征就是威胁和军事冲突可能性的存在。[②] 在这种情况下，危机管理决策通常需要可行性和科学性，需要通过长时间论证和实践来证明其有效性，如果危机管理目标不明确，或者实现的目标与手段不一致，危机管理就有失败的可能。危机的突发性和危险性带来危机管理的紧迫性。在危机发生后，决策者做出反应的时间非常有限，时间仓促有可能导致决策缺乏理性和科学性，可能最终导致危机管理的失败。因此，危机的突发性和危险性与危机管理决策机制的可行性之间存在着明显的矛盾。

---

① 2005年2月10日朝鲜外务省突然发表声明宣称，鉴于美国丝毫没有改变对朝敌视政策，朝鲜决定无限期中止参加六方会谈，并采取措施进一步扩充核武库。2005年8月，朝鲜在六方会谈会议中提出美军第七舰队撤出日本的要求，美方表示拒绝，会议毫无结果，朝鲜再次宣布退出六方会谈。

② Raymond Platig, “crisis and superpower behavior,” in C. Olsoned. , op. cit.

其三，危机扩散性与危机管理决策集中性的矛盾。

冷战结束以来，危机的扩散性特征越发突出。这种扩散性主要表现在以下两个方面：一方面是空间上的扩大，比如1997年发生的东南亚金融危机先后波及许多国家，甚至在一些国家和地区演变成了政治和军事危机。① 另一方面是内容与范围的扩大。例如发生在20世纪90年代前南斯拉夫地区的内部冲突危机，不断演变、不断发展，最终爆发了以美国为首的北约部队军事干预的科索沃战争。当前，随着全球化进程的加快，各国之间的相互依存度不断提升，国家安全的脆弱性越发明显，危机引发的后果越发严重。在危机情势下，危机管理则要求其管理决策过程处于保密状态，决策过程必须是集中统一的，这是提高危机管理效率的重要保证。但是危机决策过程的集中性不适合危机扩散趋势的客观需要，现代国际危机管理要求更多的部门和人员参与，比如以往参与较少的公安和财政系统地应该在危机管理中发挥更大的作用。危机的传播是动态的，决策过程也应该是动态的集合，无论是情报、人员还是部门都应该根据国际危机呈现出的最新态势适时调整以收集到更准确的情报，较快地做出更科学、更可行的决策，从而为减少危机带来的损失，进行成功的危机管理，实现危机管理的目标打下坚实的基础。因此，危机的扩散性与决定过程的集中性之间的矛盾也是相当明显的。

第二节　危机管理的基本结构

危机管理的基本结构是一种三级结构，包括战略层面上的危机预测预警、战术层面上的反危机方案和组织层面上的管理机构。危机管理作为权变的管理，它主要表现出四个基本特点：适度妥协性、有限管理性、沟通畅通性和快速反应性。

一、危机管理的基本结构

罗伯特·吉尔（Robert Girr）认为："危机研究和管理的目的就是要最

① 例如1997年发生在亚洲的金融危机在东南亚一些国家引发了动乱，甚至导致政府更替，导致主政印度尼西亚多年的苏哈托政权在金融危机的冲击下黯然下台。

大限度地降低人类社会悲剧的发生。”① 为达到危机管理的目的，就有必要对危机管理的结构进行分析。而危机管理的结构与危机管理的过程紧密关联。危机管理的过程一般有以下几种划分方式：一种是PPRR模式。它把危机管理的过程分为危机前的预防（Prevention）、危机前的准备（Pre-pareation）、危机爆发期的应对（Response）和危机结束后的恢复（Recover-y）四个阶段。该模式是经美国联邦安全管理委员会修订专门用于对国际危机的管理。此外，希斯的4R模式也比较有影响力。希斯认为有效的危机管理应该包括这样四个阶段：缩减（Reduction）、准备（Readiness）、反应（Response）、恢复（Recovery）。② 而在国内，清华大学薛澜教授把危机管理分为6个环节：危机预测、危机管理准备、识别危机、隔离危机、管理危机以及管理善后并从中获益等环节。③ 尽管学术界对危机管理的阶段划分不一，但有一点是明确的，即对危机管理必须分阶段进行，认为不同的阶段要求不同的管理方法和不同的应对部门。因此，上面对危机管理过程的分类有助于把握国际危机管理的基本结构及其内涵。通常来说，危机管理的基本结构可分为三级结构：包括战略层面上的危机预测预警、战术层面上的反危机方案和组织层面上的管理机构。

在战略层面上，危机预测预警作为战略基础工作，它主要是指对危机进行预测或预警，以及进行对策方案的储备等工作。对危机管理者而言，最为成功的危机管理应当是一项中、长期政策，它致力于根本防止危机的形成或爆发，或将其遏制在萌芽状态之中。危机管理的战略基础工作主要包括以下几个方面的内容：一是长期性的战略预测和冲突分析，以确定各种可能的危机形势下的目标和动机。危机爆发的根源在于国家利益的冲突，对大多数危机来说，危机的爆发都有一个长期冲突的背景，因此，加强对可能爆发危机的地区形势进行战略预测和冲突分析，就有可能对危机形势作一个大致的把握，为危机管理的下一步工作奠定了坚实的基础。这需要对当前的国际政

---

① R. T. Curr, ed. Handbook of Political Conflict: Theories and Research. Collier & Macmillan Publisher Co., 1981, 7. 转引自胡宁生主编：《中国政府形象战略》，中共中央党校出版社，1999年版，第159页。

② ［澳］罗伯特·希斯著，王成等译：《危机管理》，中信出版社，2004年版，第21页。

③ 薛澜等著：《危机管理》，清华大学出版社，2003年版，第20页。

治、经济和社会环境的变化和动向保持密切的注视和跟踪，识别孕育中的危机，特别是加强对可能牵涉到国家利益的地区冲突事件进行跟踪与调研；二是制订各种反危机战略和反危机对策。危机的发生具有明显的情境依赖性（Context-dependence）。这说明危机事件的实质就是非程序化决策问题①。对于危机这种非程序化决策，就需要在危机状态中，要在有限信息、有限资源、有限时间的条件下寻求满意的处理方案。迅速地从正常情况转换到紧急情况的能力是危机管理的核心内容。如果急于求成，以个人主观价值判断代替了突发事件本身的价值判断，随着危机事态的发展，就会陷入没有选择余地的“霍布斯选择”②。在危机情境下，由于决策问题和决策背景的特殊性，危机事态的发展不以人的意志为转移，具有剧变性、突然性。因此，组织的决策者只能是在有限的时间内和高强度的压力下迅速作出相对满意的决策方案。决策者在这一过程中不可能经过完全深思熟虑的理性的判断，只能是利用自己的经验、智慧和对现实危机态势的体察而作出判断。因此，这种非程序性决策实质上是一种模糊决策和非预期决策，整个决策过程自然受到激烈的情感因素的影响，因而其结果也很难预料。因此，通过对危机情境的研究，找到危机发生的根源与危机事件发展变化的节点，根据危机的情势制订各种反危机战略及对策，这在危机管理环节中占有十分重要的作用。一旦危机发生后，它会降低决策者的心理压力；三是研究危机期间可能需要的各种技术措施。危机往往带来巨大的灾难与后果，根据反危机战略与对策，为应对危机的挑战，决策者应该通盘考虑，研究在危机情境下危机管理的制度建设、组织机构建设及各种应对机制的规划与完善，它包括危机信息情报分析系统、危机管理的决策、控制、执行与反馈系统，进行危机管理活动的物质保障等方面。在当代，由于危机的影响范围广，往往是牵一发而动全身，因此，在战略基础层面，危机管理部门需要将政治、经济、军事和社会等各方

---

① 一般来说，危机决策行为可以划分为两类：一类是程序化决策，即结构良好的决策；另一类是非程序化决策，即结构不良的决策。详见薛澜、张强、钟开斌著：《危机管理》，清华大学出版社，2003 年版，第 31 页。

② 托马斯·霍布斯是 16 世纪英国剑桥地区的驿站老板，当年的驿站都向顾客出租马匹。这位老板非常爱自己的马，还有一个怪脾气，坚持要按固定的顺序轮流出租他的马。主顾们虽然不能自己挑选满意的马，但也只能将就了，否则就一天没有马骑。因此所谓“霍布斯选择”就是只有一个方案、没有选择余地的“假选择”，这是理性决策的大忌。

面的手段看作一个整体，并在危机管理的实践中加以综合运用。

在战术层面上，各种应急计划作为危机管理的一项重要方面，在危机管理中发挥着关键的作用。危机管理战略层面上的基础工作必须由一系列特定的危机管理应急计划予以配合，才能有效地开展工作。在危机爆发时，即使一个很粗糙的应急计划也能减轻紧张和被动。应急计划本质上是一种反危机方案。其范围仅仅限于识别最有可能的未来挑战，同时排除那些发生可能性较小的威胁，以减少不必要的担心和顾虑。同时，要求探讨各种可能的反应方案，从中选择最为合适的反应形式。然后，为这些反应方案的实施制订工作计划，研究诸如后勤、通信保障以及协调问题，并通过现场模拟的方式来提高其反应能力①。在国际危机管理的实践中，这就要求相关部门在平时要积极收集和研究整理在可能的未来对抗中对手的各类信息，包括对手的政治、经济、文化及社会范畴的资讯，并从中捕捉到有用的信息并加以积累与分析。

在组织层面上，专门的危机管理机构至关重要。一般来说，危机管理的成败与否还取决于其组织机构的设置规划与完善程度方面。在现代社会，由于危机爆发的不可预测性和破坏的巨大性，建立健全的危机管理专门机构则显得格外重要，从组织管理的角度来说，专门的危机管理机构应包括：一是危机决策小组。其成员应由最高层的政治家和高级职能官员共同组成。如美国的国家安全委员会就是美国危机管理最重要的危机决策小组。二是设立专门的危机管理机构。配备必需的资源，并事先对与危机管理相关的各部门和机构进行协调。管理是机构和组织的运行，国际政治中的危机管理也不例外。因而有无健全完善、职责分明、彼此协调、信息畅通的组织机构在任何时候都是危机管理成败的关键。从管理学和组织学的角度来看，一个常设性的国际危机管理组织系统包括下列子系统：危机决策咨询参谋系统、信息及沟通系统、危机决策执行监督系统和危机管理效果评估系统。这些子系统相互独立又相互作用，整合成一个完整而内部协调运作的危机管理组织系统。

应该说，危机管理的三级结构对危机管理起到了巨大的指导作用，它可以帮助危机管理者在危机期间，特别是在危机爆发的初期阶段，能够争取到

---

① 胡平：《关于国际危机管理的研究》，《世界经济与政治》，1991年第4期，第31页。

一些极其宝贵的时间和回旋余地，减少临场时的被动和紧迫感，使决策者尽可能从容和理智地应对危机①。

另外，我们必须注意到，危机管理由于是在面临高度心理压力的危机情境中进行的，因此，加强危机管理的程序工作环节显得十分必要。危机管理程序工作包括预防性危机管理工作和强制性危机管理工作。前者主要用于避免危机，防止危机的爆发。这方面的工作主要包括：建立信任措施；增强透明度；加强人员交流和接触；共同裁军和军备控制；制定相关国际法规和监督机构。例如上海合作组织就属此例。它通过预防性危机管理工作，对于妥善解决中国与俄、哈、吉、塔等国的边界争端，缓解美国向中亚地区的战略扩张所造成的安全威胁，有效阻止民族分裂主义、宗教极端主义、国际恐怖主义以及跨国犯罪活动势力在中亚地区的蔓延和扩张起到了积极的意义。强制性危机管理工作用于控制危机、防止危机升级或蔓延、并逐步促使其降级甚至消除。其手段有：武器禁运、经济制裁、军事封锁、武力维和、军事打击等等。美国在冷战后的许多干涉行动都是其“强制性危机管理”的体现。如2001年美国为在全球范围内打击国际恐怖主义的嚣张气焰，对阿富汗塔利班政权发动的军事战争就是典型案例。

二、危机管理的主要特点

虽然危机的发展演变呈动态性特征，“危机管理是权变的管理”②，但危机管理活动本身也表现出以下一些特点：

其一，适度妥协性。

危机管理的一个重要特点是适度妥协。妥协的目的在于达成协议，使可能导致危机升级或引发未来危机的事件得以解决。但妥协面临的最大困境在于实现这一目的的同时尽力做出较小的让步以减少损失。一般情况下，除非实力相差过分悬殊，危机各方都希望尽力在损失较小的前提下做出让步或妥协。在一场重大的国际危机中，由于危机双方的目的是相互冲突的，因此危机管理者常常面临着上面的困境。斯奈德和戴辛认为，危机管理者必须学会

① 胡平：《关于国际危机管理的研究》，《世界经济与政治》，1991年第4期，第32页。

② 许文惠、张成福：《危机状态下的政府管理》，中国人民大学出版社，1998年版，第56页。

“谨慎施压（Cautious pressure）”和“廉价妥协”（Cheap compromise），或使二者实现最佳的结合，这是走出危机管理困境的关键所在。他们认为，危机管理包含施压与妥协这一相互对立的两个方面，每一个方面都是为了在特定的制约条件下，达成特定的目的。[①] 施压是为了赢得胜利与降低风险。施压既可以采取进攻方式，也可以采取防御手段，其目的是赢得危机胜利，或者夺取全部争端的胜利，或者夺取实质性的部分胜利。其面临的制约是如何在实现这一目的的同时避免战争或难以承受的损失。因此，在向对手施压的时候，要处理好赢得胜利与降低风险的关系。这是危机管理者面临的两难选择。既要通过妥协解决危机，又要尽力减少损失。一般情况下，除非实力相差过分悬殊，危机各方都希望尽力在损失较小的前提下作出让步妥协。让步或妥协同样存在一定的风险，让步太小对方可能不接受，让步过多损失又太大，而且，己方的让步行为可能被对方视为软弱的表现，进而诱使对方提出新的、更多的要求，直至己方彻底投降。为了防止这种情况发生，准备通过妥协而使危机得以解决的一方要考虑下列三个要素，并设法使它们达到最佳的平衡：(1) 对方接受让步的可能性；(2) 如果对方接受将给己方造成的损失；(3) 如果对方不接受将使已方面临的损失。除此之外，还有把握好妥协或让步的时机。[②] 在向对手施加压力或做出妥协时，既可以采取公开的方式也可以采取秘密的方式，二者各有利弊，应视情况而定。[③]

其二，有限管理性。

有限管理作为危机管理的另一个基本特点，它是指危机管理者力求控制危机的范围，将危机尽量限于原先的冲突范围内，也就是坚持“就事论事”的处事方法，用利益冲突而不是原则冲突的方式处理危机中的争端。同时要努力将危机限于当事方，降低危机的国际化程度。

在危机管理中，必须将国家的重大利益与一些意识形态的口号相区别开。任何社会都缺少不了意识形态，包括危机决策在内的任何政府都会受到其主导意识形态的影响。意识形态为决策者提供了一种认知模式，而这种模

① Snyder and Diesing, Conflict Among Nations, 1977, p. 234.

② Snyder and Diesing, Conflict Among Nations, 1977, pp. 243 –250.

③ Ibid., pp. 251 –254.

式中的偏好结构为决策者提高了认知、判断和决策的捷径，决策者在意识形态限定的价值前提下，意识形态的一些言词往往掩盖真正的国家利益。① 而且意识形态的一些价值观经常限定了冲突各方危机方案的选择，这时易给决策者造成“别无选择，唯有背水一战”的感觉。因此，在危机管理中，需要以国家根本利益为出发点，超越意识形态的分歧，就事论事地进行协商沟通，而避免让意识形态过多地束缚了自己的选择。此外，降低危机的国际化程度，可以有效避免外来力量的干预，减少危机事件朝更加复杂的方向发展的可能性。

在危机过程中，如果向对手提出过高的要求，或不现实地追求单方面的最大获益，很可能遭到对手的强烈反抗。因此，要防止危机升级为战争，冲突各方应采取客观、务实的态度，在危机中避免危及对手的核心利益，追求有限而明确的目标，使用与目标相应的有限手段。

其三，沟通畅通性。

与对手保持畅通的沟通是国际危机管理关键的一环，也是危机管理活动的重要特点。只有保持着沟通，减少或消除双方的分歧点，才可能有助于局势的缓和，才能避免无益的猜疑和误解，从而避免不必要的升级行动，也才可能透过各种宣传的迷雾，发现对方的切实利益所在，从而为达成一定的协议做好基础。因为在危机情境下，冲突双方的敌意越多，对对方的恶意理解可能性越大。在危机期间敌对双方通信时，应该非常清楚地向对方表达要求、开价和威胁。一是让对方明白你的底线，二是通过与对方的交流中，正确认知对方的动机。如果处于冲突各方希望和平解决国际危机，则应直接地或通过第三方间接地保持联络使渠道通畅，以避免任何可能的误解。因为随着威胁和敌意的增长，通常存在着降低正式外交联络的趋势。笼统模糊的言行极易增加对手的猜疑，而具体明确的建议则有利于表明诚意，引发对手的善意回应。② 危机时期往往是双方相互猜疑、极端不信任的高峰期。对立双方的冲突和敌意越多，对对手的言行和信号做出恶意解释的可能性越大。为

① Drabek, T. E. , &Hetmer, G. J. (Ed). (1990). Emergency management: principles and practice for local government. Washington, D. C. : ICMA.

② 胡平：《国际冲突分析与危机管理研究》，北京军事谊文出版社，1993 年版，第 173 页。

了消除或减少因上述原因带来的误解和误判，一方面要通过多种渠道对所得到的大量信息或对手发出的信号加以印证、核实，做到去粗取精、去伪存真，正确判断和把握对手意图；另一方面要尽可能直接与对手保持联络，特别是与对手保持有权威且不受国内政治干预的通信联络，向对手传递明确无误的信息。例如，古巴导弹危机的最终缓和是与当时肯尼迪和赫鲁晓夫两人频繁地互通一系列充满火药味的信件来实现分不开的。① 除此以外，非官方渠道在古巴导弹危机管理中也起到了十分重要的作用。特别是"非官方的交流渠道在危机中显然很有吸引力，它们提供了有价值的外交渠道以外的沟通渠道。"② 当时在美国的苏联高级情报官员亚历山大·弗民与克里姆林宫有自己直接的沟通渠道。他与美国广播公司外交事务记者约翰·斯卡利的会谈打破了美苏之间的僵局，首次提出了谈判的方案，为此次危机的最后解决打下了基础。

其四，快速反应性。

危机管理的首要特点在于它的快速反应性。危机管理本质上属于策略问题而非战略问题，因此它更侧重于解决危机的方式和手段，强调在突发危机面前的应急处理机制，快速反应自然成为危机管理的重要特点。现代社会是一个牵一发而动全身的大系统，任何一个细小的环节都会对整个社会大系统造成极大的震荡和冲击。特别是冲突在危机阶段节奏加快，发展进程缩短，当事国只能在有限时间内快速制定决策和组织实施。因此，危机管理部门必须在尽可能短的时间内做出决策。特别是危机管理的最高决策者尽可能早地得到危机事件消息，及时了解危机事件的现场，时间的延误可能意味着人员的更大伤亡和财产的更大损失。这就需要危机管理决策者必须果断行动，而

---

① 从1962年10月22日到12月14日间，赫鲁晓夫和肯尼迪之间往来的信件就有25封，其中在10月26日至28日仅仅3天的时间里，两者之间往来的信件就有5封之多。这些信件在当时双方是选择生存还是毁灭起了关键性的作用。事实证明，也正是这5封信最终打开了解决危机的僵局。在危机过后，美、苏两国最高领导人之间很快建立了"首脑热线"，并陆续达成了一系列危机控制协议，为双方在后来发生的危机中保持有效沟通创造了条件。参见 Alexander L. George, US-Soviet Rivalry: Norms of Competition, in Gilbert R. Winham ed., New Issues in International Crisis Management Boulder and London: Westview Press, 1988, pp. 67 – 89.

② Phil Williams, Crisis Management: Confrontation and Diplomacy in the Nuclear Age, London: Martin Robertson & CO. Ltd., 1976, p. 185.

且要行动迅速，采取断然措施隔离危机的蔓延和升级。在这里，制定正确决策的前提是有充分而准确的情报。离开这一前提，制定决策就会失去依据。因此，加快情报的收集与分析是国际危机管理中的重要环节所在。除了在情报收集与分析方面要迅速到位外，对危机的反应，特别是在危机发生后与相关方的沟通与联系也要迅速到位。由于参与危机管理的部门机构较多，特别是一些规模较大的危机事件，要使危机管理效率高，各参与机构部门必须协调行动，一般都会成立一个权威机构对管理活动进行协调，优化职能优化资源配置，以充分保障危机管理的快速反应。

第三节　危机管理的主要功能

一、危机管理的功能

危机管理的功能主要表现在以下三个方面：一是预防功能。加强危机管理研究能够有效地预防国际危机的发生；二是控制功能。在危机已爆发的情况下控制危机，通过危机管理不让其升级，以维持某种秩序的稳定状态；三是服务功能。对任何国家来说，危机既是危险与灾难，又是国家外交战略转型的契机。危机管理在一定程度上能加速实现一国外交战略目标的实现和外交战略方向的转型。

首先，危机管理的预防功能。

预防功能作为危机管理首要的基本功能，它在危机管理中的地位十分重要，其作用在于预测国际危机的发生。由于危机是当事国之间国家利益冲突升级的结果，它的发展变化具有递进性特征。因此把握制约这一过程的各种因素、过程的各个环节以及运动过程的特殊规律，便可能对是否发生危机作出准确预测和判断。危机预测又可分为长期预测和短期预测。长期预测是对潜在对手在较长时期内的目标、实力、政策趋向和挑起危机的可能性做出估计；短期预测是对潜在对手在较短时期内挑起危机的可能性及可能采取的战略、策略、具体措施做出估计。危机预测要求预测者对影响危机的大量变数及变数的作用做出科学的分析。因此，最高明的危机管理不在于危机形成和爆发以后的干预，而是在于排除可能导致危机发生前的各种可能性，从根本上防止危机的形成、爆发，也就是“防患于未然”。这就需要危机管理者积极培养危机预防意识，例如认真分析危机形成的环境。危机管理者需要对其管理范围的政治、经济、社会、自然等环境进行评估，同时要找出可能导致危机的关键因子，并尽可能提前加以解决。首要的是确认危机情景的来源。也就是说，危机管理者要评估自己的国家可能存在什么样的风险、威胁或危险。一般来说，在危机爆发之前，危机管理者有较充足的时间和充足的资源，对危机发生的风险进行评估并列出风险、威胁或危险，并以此为开端对这些危机前兆进行管理。同时，在准备应对危机的过程中，管理者的时间和资源却总是稀缺的，所以我们需要在风险评估的基础上建立某种形式的优先注意权。这种优先注意权通常是由对每种风险、威胁和危险的大小及事发频率的估量决定的，整个的过程我们称为风险评估。风险评估的准确性对危机管理活动至关重要。风险确认和评估是开展有效危机管理的重要一步，毕竟人们需要知道会出现什么样的危机情景，才知道应该怎样去应对它。因此，风险评估对危机管理预警机制的建立、危机管理计划的制定、危机管理战略资源的储备等方面具有重要的参考价值。其次，确定国际危机爆发的临界点。由于危机状态是一种非常态，尽管它的频频爆发让人感觉它几乎成了常态，危机的出现本身是国家之间冲突或矛盾越过了规定常态的临界点才爆发危机。因而要预防和控制国际危机，就必须清醒地认识和确立国际危机发生的临界点。一般来说，国际冲突只有上升到危及一个国家的核心利益和基本价值、国际社会公认的基本行为准则时才构成危机，因此，我们把是否威胁到一个国家的核心利益和基本价值、基本制度、威胁到国际社会公认的基本行为准则、利益和价值是判断国际冲突是否是国际危机的一个核心标准。因而这些因素就是确立临界点的一个重要标准。

其次，危机管理的控制功能。

控制功能是指通过危机管理，不让危机继续升级，以维持某种秩序的稳定状态。危机的形成和发展需要九大要素，① 如果当事方改变这些要素就有

① 余起芬在其《国际战略学》一书中，认为国际危机构成必须包括九大要素，有环境要素，含国际环境要素和内部要素；争端要素，要有两个以上的行为体在利益认同或利益区分上存在的矛盾和争端；媒介因素，触发危机的偶发事件激增；以及角色要素、价值观要素、时间要素、实力要素、地缘要素和大国介入要素。

可能防止国际危机的发生、减慢或者中断国际危机的发展过程。控制国际危机的具体途径主要有：平等协商、建立信任机制、利用已有的多边协商机制、利用集体安全制度、事先宣示有关原则、威慑潜在对手等等。在各种危机预案中，选择最切实可行的危机管理方案是实现危机管理控制功能的关键步骤。此项活动的主要任务是对智囊系统所提供的各种可行性选择方案进行系统的验证与对比，反复权衡各类方案的优劣与利弊得失，从中优选出或综合成最合理的方案。在最终方案形成之前，应在最高决策层主持下，进行深入的调查研究，召开专家论证人，尽量运用高技术进行模拟，对各种预案进行评估。此外，完善的危机管理决策大多是逐步调整和不断改进的决策过程，追踪/修正活动是完善的危机决策程序所不可或缺的。这一阶段的基本任务是实施决定方案，并在执行过程中，将决策方案实施的情况、出现的问题和原方案的不足之处，及时收集上报，反映给决策者，以便决策者对决策进行适当的修正或补充，甚至修订原来的目标，重新决策。这是由危机决策动态发展的性质所决定，也是整个危机决策过程中不可缺少的一环。由于危机爆发时就是危机给人们带来最大冲击的时刻，因此对危机作出反应是危机管理中最为人们关注的阶段。当危机爆发后，危机管理的效果主要取决于危机管理者对危机反应的成功与否。一般来说，危机反应中有两个方面特别重要：首先是处理既发危机，平缓其造成的冲击。要达到这个目标，需要危机管理部门在极端困难的情况下为决策者提供准确而必要的信息，决策者依靠这些信息迅速找到危机要害，及时出击，在最短的时间内遏制危机的冲击；其次，要注意隔绝危机，避免既发危机的蔓延。这就好比发生火灾时在火场周围建立隔离带以防止火势蔓延一样，危机管理者要把危机限定在一定的范围之内。防止自然灾害或经济危机蔓延为政治危机；防止政治危机蔓延为社会危机等等。另一种途径是加强媒体管理，以防止不利于危机管理的谣言流传的同时，向受危机冲击者及时发出准确而权威的信息。

加强危机管理的控制功能，这就需要危机管理决策中枢坚强有力，有很强的决断力和执行力。决策中枢能否在最短的时间内调度所有社会资源来解决危机是衡量危机管理系统是否有效的一个关键因素。同样信息收集、传递是否迅速、全面、准确对危机管理的成败起到至关重要的作用。众所周知，危机管理中最缺乏的资源就是信息。在占据充分信息的基础上，危机管理参与者更可能做出正确的决定。很多危机正是由于缺乏权威的信息造成的。

最后，危机管理的服务功能。

服务功能是指危机管理能有效为国家的外交战略服务①。一般来说，国家的对外战略属于战略层次，而危机管理属于战术层次。对任何一次重大危机所进行的管理，最终都可能为实现国家的外交战略服务并为之实践提供了契机，成为推动和加快外交战略转型与实践的重要动力。危机管理作为一种综合性的国家实力博弈，可使国家进一步认清客观的国际环境和自身实力，推动国家战略的调整与完善，最大限度地实现国家利益。这主要表现在以下几个方面：一是危机管理成为国家战略实施的安全保障。只有加强危机管理，才能促进国家战略的顺利实施，保证国家安全；二是危机管理成为国家战略实施的重要途径。一国危机管理的过程，本身同时就是该国实施国家对外战略的重要途径。例如，1994 年克林顿政府提出以“参与与扩展”（Participation and expansion）为核心的国际战略，指出在没有战略竞争对手的国际社会中，美国必须继续发挥强有力的领导作用，构建国际安全环境，保持重要地区的稳定与和平，扩大自由市场和民主“样板”的范围，确保美国国家目标的实现。这一战略明确提出将危机的预防性管理作为美国发挥领导作用的途径。正如1994 年美国国家安全战略报告所指出的那样，“为了帮助解决问题，缓和紧张局势以及在冲突转化为危机之前将其化解，我们的领导作用必须以预防性外交为主——通过诸如支持民主、提供经济援助、在海外驻军、军队对军队的接触……来进行这项工作。”② 在这里，美国在危机管理中的预防性措施显然是为实现美国的国家战略目标服务的。

二、危机管理的层次

一般来说，国际危机管理可分为国家层次和国际层次两个方面③。

---

① 国际战略具有时代性、稳定性、连续性，是针对相对较长时期的国际环境特征和国家长远、根本利益的需求而制订的全球方略，建立在一定预见性基础上。国际危机管理则具有即时性、个别性和离散性，是对突发事件的反应与控制，维护的是某时，某地的利益目标，每一危机的管理目标，手段都差别甚大，基本上无法预见。

② 1994 年美国国家安全战略报告，参见梅孜孜著：《美国国家安全战略报告汇编》，第 251 页。

③ 王鸣鸣：《国际危机中的决策与管理》，《科学决策》，2004 年第 7 期。

在国家层次上，危机管理从根本上讲就是建立一种行为方式，使得对危机的处理像对待正常而非异常的事件一样。正如基辛格所言：“当事情过于复杂以至于凭个人直觉已经无法处理的时候，以制度化为基础的决策程序就是核时代国际危机的必然产物。”① 在国家层面上，危机管理主要包括以下方面：（一）建立危机预警和应急机制，这是危机管理的战略基础。危机的根源在于国家利益的冲突，因此找到造成危机爆发的原因和判断危机出现的可能性，将危机化解在萌芽状态，这是最佳的危机管理方法。事实证明，多数成功的危机管理都是长期进行防范、跟踪、分析的结果。这就需要危机管理相关方要持续监视周围的政治、军事、经济、社会环境的变化，对即将到来的矛盾要早期发现，这样可以预防危机的发生或防止危机的升级与恶化。加强危机管理的制度化建设，制度化意味着政府各个部门能形成合力来应付危机事件，同时还意味着政府在应对危机方面有一个标准的、稳定的处理程序，并尽量使这个程序为其他国家所熟知，让对手采取行动之前能预见到自己的反应速度、方式和大致内容，从而在客观上避免对手因判断错误而采取的危机行为。② 应急机制的战略意义还在于，对国家目标和利益有明确的界定，使人们清楚回旋余地有多大，让步的底线在哪里，应该在什么情况下和分几步做出让步，只有在方向明确之后，机制才能有效运转；（二）制订完善的反危机预案，这是危机管理的战术保障。当出现危机时，危机管理决策者陡然面临着巨大的时间压力与心理压力，完善的应对方案就能降低决策者的时间压力。预案的制订必须是具体的，即针对每一种预想中的危机形式，预案中从人到物、从时间到地点都必须十分具体。为了使危机应急机制能够运转有效、决策迅速，预案还必须解决相关部门的协调与配合问题，应使各部门彼此熟悉，了解各自的功能和运作规则；（三）控制危机的升级和防止危机的蔓延，特别要谨慎对待军事手段在危机管理的运用。如果决策团队决定用武力保卫不可谈判的利益，首先使用的应该是最低限度的军事手段。因为军事手段的代价过高，而且对危机管理的负面影响太大，因此危机管理的

---

① Herry Kissinger, American Foreign Policy, New York: Pocket Books, 1976, p. 144.

② 有关各国危机处理机制的形式和特点，请参阅：中国现代国际关系研究所国际危机管理与对策研究中心编著：《国际危机管理概论》，时事出版社，2003 年版。

决策者应该努力控制危机的升级，尽量把危机控制在较低的冲突层次上。在大多数的双边危机中，对手其实是处在同一条船上解决危机的伙伴。如果只想教训对方，让对方在国际社会丢脸，危机就得不到控制。相反，如果把对手当做解决问题的伙伴，则危机就易于控制和管理。例如，在古巴导弹危机中，美国并没有要求所有苏联人员撤出古巴或驱逐卡斯特罗，目标仅限于拆除并运走导弹。苏联满足美国的要求后，也得到了美国不入侵古巴的承诺；（四）决策者始终要对各种危机信息坚持理性的分析和危机决策不受干扰的独立性原则。在任何国际危机管理的实践活动中，决策团队一定要保持冷静和理智，避免各种舆论压力和利益集团对决策过程的不适当干扰。一般而言，国内舆论在危机情况下常常出现情绪化的特征，可能对危机的升级产生推波助澜的作用，一旦决策者受到过激舆论所左右、选择了错误的行动方向，就有可能带来灾难性的后果。例如在 1898 年 2 月，美国军舰“缅因号”在古巴港口被炸，造成 250 余人死亡，美国舆论顿时一片哗然，战争和复仇的呼声普遍高涨，迫使当时的美国总统麦金利要求国会通过战争法案，对西班牙宣战，最终导致美西战争爆发①。而“缅因号”事件的元凶至今仍然是一个谜。从这个角度来看，在危机状态下，领导人用必要的手段引导国内舆论也是应对危机的重要措施之一。

在国际层面，危机管理包括威慑战略、确保战略和第三方干预三个方面。

威慑的基本含义是以实力为后盾，使对方面临不可承受的报复后果而不敢采取行动。威慑是理性选择模式的一个分支，即用理性计算的方法让潜在对手知道采取对自己不利的行为所付出的代价要超出收益。威慑理论将潜在对手采取对自己不利的意图看做一种持续不断的状态②。根据这种假设，决策者所要做的就是怎样从外部调整潜在对手的得失计算结果。威慑一方要想其威慑战略奏效，就必须确定哪些行为是不可以接受的，自己会对采取这类

① 1898 年的美西战争爆发的根本原因在于美国与西班牙这两个新老殖民帝国因争夺殖民地而发生的涉及国家利益的冲突。本文这里是从危机管理的角度来分析的。

② John Mearsheimer, Conventional Deterrence, New York: Cornell University Press, 1983, p. 2.

行为的国家给予什么样的惩罚。同时，还要具备惩罚的能力和展示惩罚的决心①。第二次世界大战结束以来，美国的威慑战略经历了漫长的历史演变。美国的第一个明晰的威慑政策是大规模报复战略，它是将美国的防御“主要建立在能以选择的手段、选择的地点立即实施报复的强大力量基础之上。”② 这种威慑并不只包括核武器。20 世纪 50 年代末 60 年代初被称为威慑理论的“黄金时代”。由于大规模报复作为一种普遍威慑的有效形式，它对于特定威慑而言不是一种连贯和可信的战略，特别是随着核技术的突飞猛进，尤其是洲际战略导弹的发展，明确有效威慑的各种条件更为迫切。在这一时期，威慑战略在美国有了长足进展。特别是有限核战争战略提出，试图研究理性运用核武器的种种可能性，但大多数观察家很快就明白将核武器用于实战是荒谬的。古巴导弹危机发生后，稳定冲突战略开始出现，与此同时，核战略开始自成一派，它被从日常的国家安全决策中分离出来，按其自身的、往往是与直觉相悖的逻辑发展着。③ 到了 20 世纪 70—80 年代，随着核弹头数量的增加，武器系统精度的提高，以及指挥与控制系统的复杂化，美国可能选择多种手段逐一摧毁对手的军事目标，在这种情形下，理性威慑战略应运而生，即灵活反应战略代替了大规模报复战略。从 20 世纪 90 年代以来，美国的威慑战略有所发展变化，几乎每届总统都要提出自己的战略主张，但灵活反应战略的基本原则沿用至今。当前，美国对所谓“邪恶轴心”国家、以色列对巴勒斯坦实行的政策都是一种威慑战略的表现形式。

确保战略与威慑战略的前提不同，虽然也认为敌意是一种持续状态，但并非源于对手寻求机会，而是他们的需要和弱点。确保战略不仅包括通过沟通减少对手的误算，而且有一整套降低彼此构成威胁或使用武力可能性的措施。例如，使用确保战略，决策者可以通过克制而不是施压或强制的方法限制对手使用武力，通过非正式地建立竞争规则来管理冲突和降低误判所导致的战争可能性、使用承诺方式就可以达到威慑才能达到的目的。决策者还可

---

① Richard Ned Lebow, “Deterrence Failures Revisited,” International Security 12 (Summer 1987), pp. 197 - 213.

② 引自美国前国务卿约翰·杜勒斯的发言。

③ ［澳］克雷格·A. 斯奈德等著，徐纬地等译：《当代安全与战略》，吉林人民出版社，2001 年版，第 154 - 155 页。

以利用正式或非正式信任机制，减少不确定因素、划定可接受的竞争范围。① 简单说，确保战略就是努力使对手感到合作和谈判比敌对和诉诸武力收益更大。例如，中国与周边国家自20世纪70年代以来，通过谈判解决边境问题，进而改善双边关系，这就是确保战略的一种表现。如中国通过与俄罗斯、中亚国家开展对话与谈判，妥善解决了边境问题。在南海问题上，我国也采取“搁置争议、共同开发”的政策，为改善我国与东南亚国家的关系奠定了基础。

国际层面的第三方干预，主要是指国际组织和非危机当事国（国家集团）对国际危机的管理行为。国际调解作为危机的一种管理实践已有数百年历史。1988 年至 1996 年，仅联合国就执行了数倍于 1988 年以前的危机干预行动。② 除了国际组织外，其他的行为体，如国家、亚国家集团乃至个人，都是能在国际危机管理中作为第三方发挥作用。由于当今的主权国家之上不存在一个世界政府，因此第三方能够在减缓或控制危机升级过程中扮演着重要的、有时甚至是关键的角色。这个角色可以发挥两方面的作用：一是和平解决危机，即用书面或非书面的方式提出一个双方都能接受的解决方案，这种方案至少能暂时解决或部分解决造成危机的问题；第二，用强制或半强制的方法使危机升级的主要矛盾方放弃或停止使用武力。第三方干预的方式主要有以下几种：一是国际社会呼吁。这是第三方管理危机最常见、效力最有限的一种方式。这种方式可以对当事国的决策者产生道义和心理压力。作为危机管理的第一步，它能为后续措施的使用奠定舆论基础；二是协助双方沟通。这包括提供会谈地点转达各方信息等；三是居中调停，这是危机管理中最常见的方法。包括仲裁、游说、提供建议、起草协议、派遣观察员等；四是国际干预，常见的有派遣维和部队，以及其他一些带有强制性的措施，如武器禁运、封锁，或者对某一方提供军事援助；五是国际法庭的裁决。

纵观二战后的国际危机史，国际社会对危机的管理总的说来是有一些成

---

① Janice Gross Stein, “Reassurance in International Conflict Management,” Political Science Quarterly, Vol. 106, No. 3 (Autrum, 1999), p. 432.

② William J. Divon, “Third-Party Techniques for Preventing Conflict Escalation and Promoting Peaceful Settlement”, International Organization, Vol. 50, No. 4 (Autumn, 1996), pp 653 - 681.

效的，世界并未爆发大规模的战争。当然，这也要归因于人类社会的发展和进步，对多数国家的决策者和广大民众来说，使用和平手段解决争端已成为一种共识，正是基于这种共识，每个国家和国际社会都建立了危机的预警和管理机制，在这种的国际条件下，使用战争手段解决危机在今天比历史上任何时候都更加不得人心。①

三、危机管理的形式

危机管理的形式众多，但概括起来，主要有以下三种基本的形式：谈判、威胁和干预。

谈判，即外交谈判，作为危机管理的一项主要方式，它是危机相关方为保持国际危机的稳定状态与避免危机升级而提出建议和反建议的一个过程。从谈判的方式来看，它包括正式的谈判与非正式的谈判、双边或者是多边的谈判、直接谈判和间接谈判等多种形式。谈判的功能就是为和平解决国际争端提供一个渠道。作为一个讨价还价的过程，谈判涉及共同的并且常常是重叠的利益。但由于对共同利益或问题的认识促成了彼此的对话。在危机管理的实践活动中，外交谈判起着关键的作用。谈判对于危机的有效管理具有十分重要的作用。例如 2001 年 4 月 1 日中美撞机危机出现后，中美两国出现了 10 天的谈判，终于化解了危机的高潮，此后的谈判为危机的最终消除创造了条件。

由于危机经常充当国际体系变迁的催化剂，作为一张威力无比的牌，危机可以改变国际体系的形态，改变单个谈判的结果。国家行为体对自身所处的危机的严重程度的认知影响着谈判的进度、可供选择方案的范围以及谈判结果的类型（条约、临时协定或不稳定的停火）。通常来说，重大的谈判发生在危机环境之中，如 1948 年柏林危机、1962 年的古巴导弹危机和 1973 年中东战争都是如此。从谈判的视角来看，危机的三个关键要素是威胁、时间压力以及两者所引发的紧张。在威胁、紧张并伴随着时间压力与最后期限

① 王鸣鸣：《国际危机中的决策与管理》，《科学决策》，2004 年第 7 期。

的氛围中进行的谈判,① 常常使决策者处于这样的处境：他们既不能充分探索可能的选择，也不能充分利用可供选择的信息源，因此，决策者往往做出的是次优选择。在有些情况下，常规谈判也具有危机环境的某些特征。经验丰富的谈判者常常可以在调停者和第三方的帮助下，将一种危机的氛围转化为一种常规的谈判环境。通过消除或至少减轻对威胁和时间有限的意识，从而降低所引起的紧张程度，谈判者可以把谈判转化为一种积极的环境，更有助于谈判者考察可供选择的方案并达成对双方都有利的结果。1995 年下半年，正当波斯尼亚持续了三年之久的战争打得难解难分之际，克林顿总统邀请波斯尼亚、克罗地亚和塞尔维亚三国的总统去俄亥俄州的代顿市开会，会上的议题包括领土、波斯尼亚的宪法、把部队撤回停火线以及部署北约维和部队。远离了诸如种族清洗、大规模平民伤亡以及对波斯尼亚基础设施的严重破坏这种极端的危机氛围，元首们在美方有力的调停下，最终通过谈判达成了《代顿和平协议》（Dayton Peace Agreement），给武装冲突画上了阶段性的句号。

威胁是指当事国显示不惜使用极端手段的决心，以迫使对手放弃促使危机升级的立场。一个国家在危机管理中，有时由于形势所迫，往往采取极端行动，因为温和与妥协容易被视为虚弱的表现。虽然国家可能愿意接受某些让步以达成问题的解决，但是它也担心对方不仅不会同样做出让步，反而会因此更加进逼，力图迫使自己做出更大的让步。因此，军事威胁类似于“比胆大”博弈②。这是国际危机管理中最极端的一种方式。它可以分以下形式：一是“胡萝卜加大棒（Carrot and stick)”模式。在危机管理中，美国长期以来一直主张实行这种方式，既向对手进行武力威胁和施加强大外交压力，又用某些好处来诱使对方作出让步。例如在 1962 年的古巴导弹危机

---

① ［美］布里吉特·斯塔奇、马克·波义耳、乔纳森·维尔肯菲尔德著:《外交谈判导论》,北京大学出版社，2005 年第 1 版，第 36 页。

② 胆小鬼博弈的情节是这样的：深夜，两名司机各自坐在车内，之间相隔大约半英里，路边有人摇晃手电筒发出信号，示意两个司机全速向对方驶去，随着它们相互越驶越近，每个司机都希望另一人先驶离马路，成为这场意志力测试的失败者。如果双方都不改变方向，两辆车将迎面相撞，两人都将死于高速撞击。但是，从一种荒谬的视角来看，车祸也表明了两人意志力都非常强，也都是赢家。如果其中一人改变了方向，则他就会被贴上“胆小鬼”的标签，在众人面前被耻笑并被视为失败者。

中，美国一方面出动大批海、空军力量对古巴进行封锁，另一方面又以承诺不入侵古巴作为交换条件，并答应撤出部署在土耳其针对苏联的导弹。在1993—1994年的第一次朝鲜核危机中，美国一方面威胁要对朝鲜进行制裁，甚至威胁要对朝鲜的核设施进行袭击；另一方面，又表示愿意以轻水反应堆来取代朝鲜的石墨减速反应堆、在轻水反应堆建成前每年向朝鲜提供50万吨原油、与朝鲜实现关系正常化等作为交换条件。二是有限危机升级方式。这种升级策略在很大程度上取决于成功地造成对手震惊、迷惑和害怕。一般来说，在危机升级策略中，一种方法是加大暴力的实际或潜在的水平；另一种方法是"问题的升级"，即深思熟虑地扩大危机的范围和程度。危机升级模式实际上是一种强制性讨价还价行动。企图通过强制性和施加压力的行动迫使对手让步或愿意和解，从而以己方满意的条件解决危机。其中最著名的强制性策略当属"威慑性威胁"，其目的是使对方相信，如果忽视威胁而做或不做某件事，几乎肯定会遭到所宣称的惩罚。三是有限战争边缘模式。即站在强制性讨价还价行动与相互冲突之间的门槛上和战争的边缘，甚至穿过门槛，向对方施加压力，迫使其让步。例如，在1955年台湾海峡危机时，艾森豪威尔总统宣称："在亚洲发生全面战争的情况下，美国会使用战术核武器。"这是典型的战争边缘策略。

一般来说，在危机管理中，军事威胁仅仅是作为危机管理的一种策略，其目的还是为危机的稳定与降级服务的，特别是战争边缘策略极易引发冲突的升级，最终导致危机管理的失效，这是得不偿失的。所以在危机管理诸多手段中，不使用暴力的军事手段，如军事演习、部队重新部署或调动、威胁使用武力①等方式则更为常见。

第三方干预是指当事国以外的国家和国际组织以及个人介入危机管理过程，以改变危机的走向。在特定的历史时期，第三方干预可以极大地影响危机管理的成败与否。通过第三方的有效干预，它能使危机相关方的谈判取得进展，能有效地缓和冲突或防止危机的进一步升级，有利于国际体系与地区

① Jonathan Wichael Brecher, Crises in the Twentieth Century (Nol. Ⅱ.), Oxford: Pergamon Press, 1988, p. 69; Michael Brecher and Jonathan Wilkenfeld, Dataset: International Crisis Behavior Project 1997, p. 13.

局势的稳定。干预包括集体干预和个别干预两种形式。集体干预主要是指联合国等国际组织和一些国家集团如北约的干预。个别干预包括以下几种形式：停留在口头的干预，仅表明态度，申明立场；以实际行动支持自己认为应该给予支援的一方；进行武装干涉。在国际危机管理的实践中，这种第三方的干预模式非常普遍。其形式主要有以下两种基本的方式：一种是法律的方式，一种是政治的方式。法律的方式是针对涉及国际法的问题。对于这些问题，相关的国家可以通过国际法庭或是地区性法庭，如欧洲法庭，解决有关的争端。不过，由于很多国家不愿意把争端提交国际法庭解决，因此这种解决问题的方式是有很大局限性的。并不具有普遍性。政治方式是比较常见的第三方介入方式。包括善意的斡旋（Good offices）、调停（Mediation）和仲裁（Arbitration）。仲裁的模式是指冲突各方同意第三方就它们的争端提出有约束力的解决办法。在国际危机管理中，外交斡旋和调停是一种常见而有效的形式。通过对有关国家的外交斡旋和调停，发生危机或冲突的双方有可能放弃冲突升级的企图，甚至可能导致冲突双方开始直接对话和谈判。如在1993年发生的第一次朝鲜核危机中，中国通过得力的外交斡旋，对危机的最终缓和起到了积极的作用。斡旋和调停的类型有以下几种方式：（1）国家进行的斡旋和调停。在现今紧张动荡的国际关系中，特别是在现代科技高度发展的情况下，任何国际争端的发生，都会波及许多国家的利益和前途，所以各国对他国之间爆发的争端都予以严重关切，并从本国的利益和国际和平与安全出发，寻求和平解决国际争端的方法，其中首先是谈判、斡旋和调停。争端当事国也大多会小心权衡本国行为和利弊得失以及同第三国的关系。为避免在国际上失去援助，他们对于非争端国的斡旋和调停，也会给予某种程度的尊重和重视。第三国进行斡旋和调停，可以是一国，也可以是数国。（2）国际组织进行的斡旋和调停。国际组织是根据某种协议而成立，一般都有自己的章程。该章程大多数规定了和平解决争端的条款。如果当事国是该国际组织的成员国，那么它就负有接受该国际组织为和平解决争端而采取的方式（其中包括斡旋和调停方式）的义务。另一方面，国际组织为维护内部团结，发展睦邻友好关系，促进本地区和平与安全以及经济发展，也应积极对成员国间的国际争端进行斡旋和调停。如中美洲国家组织积极斡旋和调停洪都拉斯与萨尔瓦多边界纠纷，终于结束了长期不和的局面。除联合国及其他政府间国际组织之外，还有其他的非政府组织也可以扮演这一角色。(3) 国际著名人士进行的斡旋和调停。它是知名人士凭着自己的声誉和威信积极进行活动，呼吁当事国和平解决国际争端。

由于第三方介入可以为危机各方提供保全面子的途径，它能使争执各方坐到一起，为谈判营造一种建设性的气氛；搜集并审慎地传达经过筛选的机密材料；协助谈判方明确他们各自的价值诉求；降低不合理的要求并软化立场；寻求双赢；确保谈判持续下去；以及系统地阐述达成协议的理由。因此这种第三方介入模式就可以营造出一种能够让当事各方自由交换意见的环境。调停者也可发挥一种更为介入性的规划性作用。

第二章 传统安全危机管理

冷战结束以来，传统安全危机频频发生，严重影响到国际社会的稳定与发展，已成为威胁当前国际安全的重大隐患。这表明传统安全问题仍然是国际安全领域的重要内容与核心要素，加强对传统安全危机的研究，仍然有着鲜明的时代意义。在当代，传统安全危机可划分为军事战争危机、地区冲突危机、核开发危机等三种形式。应该说，包括联合国在内的国际社会对这些传统安全危机进行了管理，但效果并不明显，其根源在于其危机管理模式存在重大缺陷，导致国际社会对许多重大危机的管理不得不以失败而告终。

第一节 军事战争危机管理

冷战结束以来，军事战争危机仍然是影响当前国际和平与稳定的重大安全隐患。从冷战结束之初的海湾战争危机到 20 世纪末期北约对南联盟的军事打击，从美国领导的阿富汗战争危机到 2003 年的伊拉克战争危机，军事战争危机一直伴随着国际社会，因此，当前我们研究军事战争危机的管理模式，具有十分重要的现实意义。同时，我们必须注意到这样一个现象，冷战结束后，军事外交手段作为危机管理的重要模式而在实践中不断加以运用。特别是作为超级大国的美国，无论是在应付传统安全危机还是非传统安全危机的挑战时，都比较偏爱军事外交手段来管理危机。在这里，本文考察了自愿联盟、军事同盟及大国战略三种军事战争危机的管理模式。

在军事战争危机管理中，无论是自愿联盟（Coalition of the Willing）模式还是军事同盟（Military alliance）模式，国际社会都过分强调军事性和对抗性，带有一种典型的“冷战思维（Cold War mentality）”模式，这种危机管理方式易招致对手的戒备和不信任，因而它不利于国际及地区安全与稳定。而大国战略模式，尽管在缓解大国之间的对抗、增加相互信任、促进军备透明、缓解地区冲突与危机等方面发挥了巨大作用，但必须承认该模式存在不稳定的变数，特别是大国相互之间的防范心理、军备竞赛苗头、大国之间力量对比关系都是影响其稳定的重要变量。

一、自愿联盟模式

在军事战争危机管理中，联盟（Coalition）模式一直是国际社会采用的重要手段。从17世纪以来，联盟与战争的相关性一直是人们苦苦思索的问题。冷战结束后，联盟模式在国际政治中仍然发挥着巨大的作用。特别是作为联盟外交重要表现形式的“自愿联盟”模式显得特别抢眼。“自愿联盟”（Coalition of the Willing）出自于20世纪80年代末，用来指一些在联合国授权之外擅自采取集体军事行动的国家①。自愿联盟的存在是以集体行动为前提，没有集体行动，就不会有自愿联盟。克林顿是最早提出在联合国之外组织自愿联盟的美国总统，美国前总统小布什用“自愿联盟”一词专指在伊拉克核查危机和伊拉克战争问题上支持美国的国家。② 从本质上说，自愿联盟就是一个“特别联盟”或“以任务为基础的联盟”。由于只是为了采取集体行动而临时组建的，所以一旦特定的目的达到，自愿联盟的成员就会分道扬镳，从这个角度上说，自愿联盟的约束力非常小。例如，随着在伊拉克出现大量针对占领军的暴力活动，迫于国内压力，西班牙、菲律宾、哥斯达黎加等国纷纷从伊拉克撤军，美国也无可奈何，只能表示遗憾。

冷战结束后，美国在应对军事战争危机中，不断推出自愿联盟模式，是基于以下的原因：美国为防止由于推行“单边主义（Unilateralism）”而变成“单枪匹马”，所以推出自愿联盟这种超出传统联盟而且灵活多变的结盟方式。一方面自恃没有任何力量可以与之相对抗的美国，越来越不把联合国放在眼里，一意孤行的色彩渐浓，另一方面美国必须找到新的方式，以摆脱可能面临的孤立状态。冷战时期，由于苏联威胁的存在，美国和盟友虽然时有摩擦，但总体上还能保持团结。冷战后，随着共同敌人的消失，以往被掩

① 美国学者理查德·哈斯认为，即使是参加经过联合国授权的军事行动的国家集团，也可称为“自愿联盟”。如1991年支持美国将伊拉克赶出科威特的国家。

② http://www.wikipedia.org/wili/U.S.-led-coalition-against-Iraq.

盖的矛盾浮到表面，在遇到具体问题时，由于各自的利益和目标不同，盟国之间很难达成一致。盟国的离心倾向日趋明显。例如在伊拉克问题上，很难说美国只想通过控制伊拉克的石油资源发财，它更关心的是如何阻止萨达姆政权支持恐怖主义组织发展大规模杀伤性武器，希望通过控制伊拉克来实现对中东甚至世界的控制。而法、德等国则关心它们在伊拉克的投资是否会因战乱而打水漂，担心协助美国攻打伊拉克会影响到欧洲在阿拉伯世界的形象与长期利益。因此，双方在是否应该动武的问题上产生矛盾是必然的。美国组建的自愿联盟反映了美国的意志，本质上是美国实现其政治和军事目标的工具。对于这一点，美国前国际部长拉姆斯菲尔德早在 2002 年就已一语道破："战争得益于自愿联盟，但是我们要确保战争不被委员会所左右。采用怎么样的联盟应由具体任务决定，而不是相反……"① 拉氏的话说白了，就是根据美国的立场和需要，自由确定自愿联盟的成员。美国这种自愿联盟的作用主要表现在以下方面：一方面，自愿联盟可以为美国的行动提供合法性。由于在国际安全领域拥有最高权威的联合国安理会因成员国之间存在意见分歧，不能为美国的干涉行动提供合法依据。这时，尽量多的来自世界各国的支持就会成为合法性的来源。当然，这只是指美国无法得到安理会授权的情况下退而求其次，组建自愿联盟的原因。另一个原因是出于实际的军事和经济考虑。美国依靠其强大的科技实力，能够将军事力量投送到世界各个角落，对任何目标进行陆海空多维攻击。但是，由于现代国家多奉行主权至上原则，美国在进行跨国跨洲的军事行动时，不得不事先征得一些国家的同意，才能使用其领海领空。如果这些战略上很重要的国家不与美国合作，那么美国行动的能力就要大打折扣。另外，军事行动耗资巨大，美国需要别的国家为其分担战争费用。最后，自愿联盟可以为美国外交提供回旋的余地。与正式的联盟相比，自愿联盟是一种临时组合，针对的是一个具体的目标，好聚好散，美国不需要承担长期的义务，比较灵活，而且自愿联盟的其他成员和美国立场一致，不会像安理会那样，往往因分歧严重而延误采取行动的时机，因而受到美国外交决策者的青睐。对其他国家来说，如果国内存在或多或少的反美情绪，与美国结成正式盟友关系当然会使政府面临巨大的压

① Donald H. Rumsfeld. Transforming the Military. Foreign Affairs, May/June 2002, 81 (3), p. 31.

力，而参加自愿联盟则相对压力小些。因此，美国政府只需要说服这些国家的政府官员或精英阶层就可以得到支持。

虽然美国只是就事论事，临时搭建自愿联盟，但是很明显，其主要成员都与美国有长期的合作经历或有正式的盟友关系。二战后，出于遏制苏联的需要，美国在全球各地建立起一个盘根错节的军事合作体系。这个体系在冷战后基本上保留下来。为美国建立自愿联盟提供了便利。在自愿联盟中，北约组织、美洲国家组织的成员居多，还有沙特、泰国、新加坡等与美国有正式或非正式防备合作关系的国家。虽然各国的利益与目标不同，但在长期与美国合作的过程中，其利益与美国有很大的重合。同时，从其他国家的角度来看，参加美国组织的自愿联盟可以得到诸如经济上和政治上的实惠。例如，2003 年土耳其在美国要求其提供过路之便，以便于攻打伊拉克时，土耳其借机向美索取 300 亿美元的援助。①

我们应该看到，自愿联盟是美国为了应对冷战结束后的新形势和解决单项任务的特殊形式，是美国用以绕开联合国、甚至北约来推行其单边主义的一种手段。美国主导的自愿联盟在今后的战争危机管理中，还会很有市场，特别是在涉及美国重大利益的问题上，自愿联盟还会一再出现。因此自愿联盟的组建还是有着肥沃的土壤。尽管奥巴马总统上任后，对小布什时期所推行的外交政策进行了一些调整，但是只要美国仍旧保持实力超群的地位，就会在其他问题上遇到阻力时组建新的自愿联盟。② 但很明显，在今后的各类军事行动中，美国会根据不同的目标和任务，开出不同的利益诱饵③，组成不同的自愿联盟。

---

① Barbara Slavin. U. S. Builds War Coalition with Favors. US Tcday, Feb 25, 2003, A. 01.

② 崔磊：《自愿联盟与美国外交》，载《世界经济与政治论坛》，2005 年第 2 期。

③ 美国在伊拉克战争结束后给波兰划出一个单独军事区就是典型做法。

二、军事同盟模式

“同盟（Alliance）”一词，在辞典中的含义比较宽泛①，是指一些国家为采取共同行动而结成的政治联合。在国际政治关于同盟的表述中，同盟一般是指军事同盟（Military alliance）。军事同盟是指国家间通过缔结条约的形式结成以军事合作为手段的联盟。它首先在成员构成上具有排他性，即这种条约的应用范畴仅限于这部分国家。并且排斥特定对象的参与。其次，军事同盟强调的是军事性和对抗性，既同盟成员通过军事合作来与非成员国中的现实的以及潜在的敌人进行对抗，从而达到使自身安全的目的。因此，军事同盟在目的上是自私和片面的，它寻求的只是自身利益的安全，并且很可能会以牺牲他国的安全为代价。② 冷战结束后一些国家和国家集团仍然保留军事同盟，这是典型的“冷战思维”惯性在作怪，其结果是使地区内国家间缺乏信任，甚至相互戒备，最终可能影响地区的安全与稳定。例如冷战后，在美国的主导下，北约仍然坚持东扩战略，不断压缩俄罗斯的战略空间，引发了俄罗斯的强烈反弹，使俄与北约之间缺乏一种信任感，这在某种程度上严重影响到东欧、独联体地区的安全与稳定。在当代，最典型的军事同盟组织就是北约（NATO）。

1949 年为对抗苏联而建立起来的北约这一军事同盟组织，其针对性和排他性特征十分突出。冷战结束后，随着华约（Warsaw Pact）解散，北约本来已经丧失了存在的依据，因此它除了转型之外别无选择。北约转型主要是朝两个职能发展：一是强化北约的政治职能，即北约成为实现欧洲统一和稳定的工具；二是强化北约的安全职能，即加速北约转变军事战略，应付新

① 《汉语大辞典》中把同盟看做是“两个或两个以上国家为共同行动而订立盟约所结成的集团。”《不列颠百科全书》中把同盟界定为“国际关系中不同强国或者国家进行联合行动的一个同盟，比如二战中反对德国和它的盟国的美国和欧洲国家的同盟，反对苏联和它的盟国的北约。”但是学者们使用的同盟，一般等同于军事同盟。美国学者阿诺德·沃尔弗斯认为，“‘同盟’表示两个或多个主权国家之间所做出的关于相互间进行军事援助的承诺。”这种承诺与那种松散的合作协定不同，一旦签订包含这种承诺的军事协定，国家便正式许诺和其他国家一起与共同的敌人战斗。而格林·H. 斯奈德认为，“同盟是指在特定的历史条件下，两个或者两个以上国家为了利用武力对付外来的威胁而形成的一种政治的联合。”斯蒂芬·沃尔特则认为，“同盟是两个或者多个主权国家之间在安全方面做出的正式或非正式的安排。”

② 时永明：《亚太安全中的矛盾与合作》，《国际问题研究》，1997 年第 3 期，第 47 页。

形势下新的安全战略，特别是处理危机的快速反应能力。这就要求北约在保留集体防御条款的同时，使双边和多边安全合作成为联盟的重要手段，使北约成为开放性的泛欧合作安全体系的基础。1991 年在北约罗马首脑会议上，北约通过了成立北大西洋合作理事会（NACC）的决定。它的成立，是“北约将前苏联和其他华约国家融入到欧洲安全结构中的第一个组织步骤。”①它是北约通过建立合作协商框架维护欧洲地区安全与稳定的新举措。这一步骤受到了中东欧和前苏联国家的积极响应，到 1992 年 3 月参加北约北大西洋合作理事会的成员国就达到了 33 个之多。1994 年 1 月，北约布鲁塞尔首脑会议通过了“和平伙伴关系计划”（Partnership for Peace），进一步加强北约的政治功能。通过该计划，北约与中东欧和前苏联 27 个国家建立了双边安全关系，其合作范围相当广泛，包括：危机处理、维和等。和平伙伴关系是北约与各伙伴国众多双边关系的组合，其主要目标是加强北约与伙伴国的军事合作和联系，以及在危机处理和维和中的联合军事行动。

在新战略下，北约认为它面临着种种军事和非军事威胁，其中包括欧洲—太平洋地区的不稳定因素和地区危机，北约内外一些国家严重的政治、经济和社会困难，种族与宗教仇恨，领土争端、改革的缺陷与失败等等都可能导致国内和地区的不稳定，并将影响到欧洲—太平洋地区的安全。此外，非北约成员国的强大的核力量、核生化武器及其运载工具的扩散、可用于生产武器的高技术的传播、恐怖主义行为、蓄意破坏和有组织的犯罪都将影响到北约的安全利益。北约的基本任务将从冷战时期对付前苏联的威胁转为冷战后应对各种形式的地区危机和地区冲突，其扩张和干预意识特别明显。北约使命将向预防和处理危机的方向转变，它将具备在防区内外对危机作出迅速、全面的反应能力。尽管北约大大加强了其政治职能，但它毕竟是一个具有实际能力的军事联盟，它需要调整军事战略以适应形势的变化，这也是北约维护生存的必要手段。

冷战后，美国及其盟国认为，大规模外来入侵的可能性几乎不复存在，北约成员国面临的威胁已从传统威胁向多样化、多层次、不确定性和难以预

① Hugh De Santis，“Romancing NATO：Partnership for Peace and East European Stability”，in Ted Galen Carpentered.，The Future of NATO，London：Frank Cass，1995，p. 62.

测的威胁转变，其来源和地域范围都大大拓展。北约要想生存下来，还必须具备解决新型威胁的能力，否则将蜕变为一个单纯的政治组织。正如美国参议院院外委员会委员理查德·卢格所说："北约要不走出防区，要不就关门闭市。"①鉴于此，冷战结束后，北约立即进行了战略审查，并于1992年6月奥斯陆外长会议上第一次决定参与域外维和。会议明确规定，北约将"在个案审查的基础上，支持欧安会发起的维和行动，包括使用联盟的资源和技术。"②1992年底，北约在实际参与联合国授权在波黑的一系列维和行动中，又发展了"在联合国安理会授权下"展开维和行动的安排。到1993年中，"危机处理，以及在地区冲突中维和与创造和平，已成了联盟新的核心任务。"③1995年底，北约已接替联合国全面承担了在波黑的维和使命。1999年北约战略概念文件明确规定，在继续保留成员国追求共同安全与互助合作外，"北约将寻求在其他组织合作的情况下预防冲突，一旦冲突爆发，将在国际法保持一致的情况下对危机的有效处理做出贡献，对非第五条的危机做出反应"，④"支持个案基础上的、与其自身程序相一致的、有联合国安理会授权的或者是欧安组织下的维和与其他行动"。⑤至此，危机处理与集体防御成为北约的两大使命也即"第五条"和"非第五条"使命。

"9·11"事件后，北约领导人对威胁的认知发生了新的变化，从过去强调威胁的分散化和不确定性，转而强调反恐与防扩散作为北约的核心议题。北约领导人一直强调，恐怖主义、武器扩散、失败国家和流氓国家成为"确保供应不断的不稳定"来源，而且这些威胁主要表现为一种功能性特点，不再表现为地域性特点，因而讨论北约是在域内还是域外行动已经没有任何意义。⑥

---

① Richard Lugar, "NATO: out of Area or out of Business, a Call for US Leadership to Revive and Redefine the Alliance", Presentation, to the Open Forum of the US Department of State, 2 August 1993.

② NATO, Final Commnique (Ministerial Meeting), Oslo, 4 June 1992, Sect. 11.

③ John Kriendler, "NATO's Changing Role-Opportunities and Constraints for Peacekeeping", NATO Review, No. 3, June 1993, pp. 16 - 21.

④ NATO, "The Alliance's Strategic Concept", Washignton, 1999, Para. 31.

⑤ Ibid., Para. 31.

⑥ "NATO: A Vision for 2012", Speech by NATO Secretary-General Lord Robertson, at the Conference "Prague 2002: Challenge and Change for NATO", Brussels, 3 October, 2002, http://www.nato.int.

目前来看，从北约十多年的适应性改造中，可以看到北约已经发生了重大变化。第一，北约仍然是一个拥有集体防御条款的军事联盟组织，对北约任何一个成员国的侵略都将遭受全体成员国的反击，这一点没有发生变化。但是，也应该看到，冷战结束后北约的“第五条”使命实际上因没有入侵而不得不束之高阁；第二，北约政治功能空前加强，通过和平伙伴关系计划、地中海对话计划、东南欧稳定计划等，它正将触角伸展到前苏联、中亚、北非等地，一个多种形式的泛欧合作安全网络正在依托北约建设起来；第三，北约军事战略一直在不断发生深刻变革，力量建设及指挥系统都在朝着危机管理方向转化，“9·11”后更是围绕着反恐战略及其相应能力建设转变，突破区域限制并依据任务灵活组建临时联盟，在全球范围内参与反恐斗争，正在成为北约军事战略调整的新方向。

当前，北约在应对战争与冲突的危机管理中，一是继续推进东扩战略，其最大目标当然是遏制俄罗斯重建势力范围的扩张势头，防止东欧再次落入俄罗斯手中。因此，北约东扩有一个很大的目的就是填补苏联解体后留下的权力真空，挤压俄罗斯的生存空间。北约东扩战略极大损害俄罗斯的国家安全利益，必然引发俄罗斯的强烈反应。这对欧洲的安全局势来说是不利的因素；二是积极介入各冲突地区中去。如北约目前在阿富汗的维和行动就属此类。随着北约在全球安全战略的作用与地位不断上升，其对外军事干预能力必将增强，这可能诱发北约使用武力的倾向。

三、大国战略模式

所谓大国战略，是指国际社会的主要大国之间形成的战略稳定框架，其突出表现在大国之间形成的一系列安全机制。在当代，大国战略模式在应对战争危机方面起着至关重要的作用。在当前影响国际安全与危机管理的大国战略模式主要表现为美、俄、欧、中、日等力量之间相互双边的战略关系。

应该说大国战略稳定框架模式在冷战时期最为流行并达到顶峰。当时由于美苏两极体制尖锐对立，两大集团势均力敌，面对核恐怖灾难的威胁，美苏之间形成了战略稳定框架①。冷战时期美苏之间的大国战略模式的主要特点包括：以美苏两极体制为政治基础；以核军备控制为安全基础；以“相互确保摧毁”为理论基础；以一系列军备控制协议和条约为框架。

冷战结束后，特别是“9·11”事件以来，国际战略形势出现一些新的特点：首先，非国家行为体挑战主权国家成为影响国际战略形势的一个重要因素，其中在国际安全和政治领域最突出的是国际恐怖主义。其次，非传统安全威胁在国际上的影响突出起来。再次，非对称性战争成为战争的主要形式之一，以美军为主的联军与塔利班和本·拉登进行的阿富汗战争实际上就是这种形式的战争。国际战略形势的这些新特点促使大国进一步加强合作来应对新的威胁和挑战。②

当前大国战略稳定框架模式在维护国际社会的稳定与和平，制止战争与冲突方面发挥着重要的作用。在国际军控与裁军领域，美俄两国于 2002 年 5 月签署《削减战略进攻性武器条约》和《美俄新的战略关系联合宣言》，这两个文件的签署为美俄新的大国战略关系建立起了初步的框架。这为维护世界和平与稳定起到了积极的作用。应该说目前的美俄战略关系在维护欧洲局势起到了重大作用。在亚太地区，美、中、俄、日等大国之间的战略关系对维护本地区局势起到了重大保障作用。但是我们应该看到，目前大国之间的这种战略关系还处于发展与完善的进程之中，因而它呈现出一种不完善、不稳定的状态。其根源在于冷战结束后，原先的美苏两极体制崩溃，美国成为唯一的超级大国，拥有其他大国不可匹敌的军事、经济等优势，美国凭借其超群的实力，试图谋求单极霸权。因而对冷战时期形成的大国战略稳定框架采取排斥、消除等措施，表现之一就是不顾国际社会的强烈反对，单方面退出《反弹道导弹条约》，这使长期形成的大国战略稳定框架严重受损，动摇了国际核裁军的重要基石。从目前来看，美俄之间的战略稳定框架比较完

① 美苏之间的战略稳定框架主要包括“军备竞赛稳定性”和“危机稳定性”。军备竞赛稳定性是指协调双方军备竞赛的步伐，避免发展那些刺激对方首先进行核打击的武器系统，使军备竞赛控制在不破坏战略稳定性的范围内，增加相互之间的透明度和可预见性。危机管理性指建立危机管理机制，防止双方迎头相撞。在冷战时期通常指发生政治——军事危机时的“威慑稳定性”，使双方都不感到有对对方发动致命的第一次打击的必要。

② 夏立平：《论构建新世纪大国战略稳定框架》，《当代亚太》，2003 年第 2 期。

善与稳定。中俄之间虽然也建立了战略协作伙伴关系，但不是很完善。而中美、中欧、中日之间在战略稳定框架方面还很不到位。目前中美之间战略稳定框架模式正处于起步阶段，因而呈现出极不稳定的状态。应该说目前中美之间在安全领域的合作与协调机制方面的建设正在顺利建设之中，特别是双方在反恐、地区热点、防扩散、跨国安全等方面的合作机制的共识不断取得进展，但双方在防止冲突机制和危机管理机制等方面的合作则还有相当一段的距离。而这方面的战略稳定框架在后冷战时期显得尤为重要。2001 年中美撞机危机事件发生后，中美双方一时陷于被动之中，这充分表明中美两个大国之间的战略稳定关系的缺失。2006 年 10 月在朝鲜不顾国际社会一片反对声音，悍然进行核武器试验，中美两国在朝核危机面临升级的压力下，加强双边沟通与合作，为防止全球核扩散、化解朝核危机作出巨大的努力。这充分表明中美之间在建立某种程度上的战略稳定框架迈出了可喜的一步。

在当前的国际政治实践中，双边安全这种危机管理机制的应用范围逐渐扩大，不仅包括双边裁军和多边军控，而且也开始扩展到防止武器扩散、缓解边境对抗、增加相互信任、促进军备透明等领域，运作方式目前虽以双边为主，但呈现多边之势。如我国与俄罗斯、中亚国家进行的双边多国界谈判，边境地区加强军事领域信任的协定、关于相互裁减边境地区军事力量的协定，对于地区安全与稳定是有益的。

第二节　地区冲突危机管理

冷战结束以来，地区冲突已成为影响国际与地区和平与稳定的重大安全隐患。地区冲突已经成为冷战后国际冲突的主要表现形式。约瑟夫·奈认为，比大国之间冲突更为可能、更具现实的威胁，是新崛起的地区大国获得大规模杀伤性武器并确立地区霸权。例如海湾战争这类地区性大国冲突发生的可能性要比世界大战大得多。① 这类战争会有广泛、持续的地区或全球影响，虽然与过去相比，它们导致大国之间直接军事冲突的可能性要小得多。地区冲突已成为当前国际冲突的一个重要特征。首先，地区冲突发生的频率

① 倪世雄等著：《当代西方国际关系理论》，复旦大学出版社，2001 年版，第 441 页。

加快。据有关资料显示，在1955年到1989年的45年中，世界各地发生的武装冲突和局部战争约有190起。但进入90年代，世界各地的武装冲突和局部战争却逐年增多。据不完全统计，在1990年1月至1995年6月的五年半时间里，世界上新旧武装冲突和局部战争高达83起，远远超过60年代高峰期的总数。其中，除了80年代遗留下来的24起外，其余59起都是90年代新爆发的，占总数的70%。① 其次是地区冲突发生的范围不断扩大。在冷战后地区冲突基本上遍及世界各主要战略地域。据有关专家估计，目前世界各地尚存在着180多个潜在的冲突热点。其中，80个分布在前苏联、东欧地区，20个分布在非洲，其他则散见于中东、亚洲和拉美地区。② 最后是冷战后的地区冲突爆发原因极其复杂，有些冲突源于资源纷争，有些冲突源于政权争夺、有些则是由于外部大国势力的卷入等等。

地区冲突与地区危机对当前国际与地区的稳定与安全构成了极大的战略挑战，造成对地区和平的直接伤害。如何有效管理地区冲突与地区危机，冷战结束以来，国际社会进行了一些尝试。特别是联合国对在亚洲、非洲、前南斯拉夫地区发生的一系列地区冲突与地区危机，进行了有针对性的干预③，但其功效各不相同。

---

① 倪世雄等著:《当代西方国际关系理论》，复旦大学出版社，2001年版，第441－442页。

② 张昌泰:《90年代以来地区性冲突的特点及发展趋势》，《国际战略研究》，1995年第2期。

③ 1991年联合国成立驻伊科观察团，负责监督伊科边界安全；1991年至1995年联合国驻安哥拉第二期核查团负责监督停火，强制举行大选；1991年至今联合国驻西撒哈拉公民投票特派团，负责监督停火，保证其国内和平的实现；1991年到1995年联合国驻萨尔瓦多观察团，负责监督其国内内战停火，遣散民阵游击队，协助重新分配土地；1991年至1992年联合国驻柬埔寨先遣特派团，负责在联合国柬埔寨权力机构到达之前协助柬埔寨四方维持停火；1992年至1995年联合国前南保护部队，负责在前南地区执行维和任务；1992年—1993年联合国驻柬埔寨过渡时期权力机构，负责成立过渡时期权力机构，监督各派停火，指导柬埔寨大选；1996年2月联合国普雷维拉卡观察团，负责监督并确保克罗地亚普雷维拉卡半岛的非军事化；1996—1997年联合国驻海地支助团，负责继续援助海地政府巩固恢复民主后的发展；1997年联合国驻危地马拉核查团，负责核查停火，监督反政府游击队的集结和遣散，以及政府军的裁减；1997年联合国驻安哥拉观察团，负责继续监督安哥拉的和平进程，裁军并恢复国家行政；1997年联合国驻海地过渡时期特派团，负责帮助海地政府训练警察部队专业化，维持治安；1997年联合国驻海地民事警察特派团，负责继续训练海地警察；1998年联合国塞拉利昂观察团，负责监督塞拉利昂的军事和安全形势，监督军队复员，收集和销毁武器，监督人权和法律等；1999年联合国科索沃临时行政当局，负责监督停火，非军事化，确保人权和法律秩序等；1999年联合国埃塞俄比亚和厄立特里亚特派团，负责监督停火，确保安全承诺的实现；1999年联合国塞拉利昂特派团，负责与塞拉利昂政府合作，确保和平协议的实施，监督军队复员，收集和销毁武器等计划的实现等；1999年联合国东帝汶过渡行政当局，负责在过渡时期管理东帝汶，进行法律和行政管理，与当地人民合作确保东帝汶的独立地位；1999年联合国刚果民主共和国特派团，负责确保刚果各派之间的联系，监督停火，维持和平。

国际社会在地区冲突危机管理中，尽管取得了一些成就，但也存在一些不如意的地方。从地区冲突危机管理的经验教训来看，冷战结束以来，凡是那些在联合国主导下的，由大国相互协调并通过有效的国际安排的危机管理活动都取得了比较显著的成就，例如国际社会在柬埔寨开展的维护地区和平的实践就相当成功。与此相反，凡是排斥联合国作用，强行通过干涉战争和多国占领的方式来实现对一个主权国家某一部分领土的直接管治，试图以此来缓解和消除地区冲突和地区危机的管理模式其负面作用相当大，严重影响到了地区冲突危机的有效管理。

一、柬埔寨模式

柬埔寨模式是一种在主权国家缔结和平的危机管理模式。它是联合国主导下的在柬埔寨实施的一种国际干预形式，是后冷战时期大国协调并通过国际安排在冲突地区缔结和平的典型案例。

1978 年 12 月 25 日，越南出动 10 多万正规部队向柬埔寨发动武装进攻，并于 1979 年 1 月 7 日占领了柬埔寨首都金边。由于在冷战时期超级大国冲突的背景下，国际社会要求越南从柬埔寨撤军的问题一直没有得到解决。随着美苏对抗趋于缓和及冷战的结束，柬埔寨问题的解决进一步提上了议事日程。1989 年 7 月柬埔寨问题国际会议在法国巴黎召开，确定了全面政治解决柬埔寨冲突的基本目标。会议达成了共识：联合国在柬埔寨问题的解决中居主导作用。1991 年 10 月 23 日，国际社会签署了全面政治解决柬埔寨问题的统称“和平协定”的四个文件，即《柬埔寨冲突全面政治解决协定》、《关于柬埔寨主权、独立、领土完整及其不可侵犯、中立和国家统一的协定》、《柬埔寨恢复与重建宣言》和《最后文件》，以及协定的 5 个附件。

协议要求联合国安理会成立一个柬埔寨过渡时期联合国权力机构（以下简称“联合国权力机构”），负责执行本协定所载明的权力。该机构直接对联合国秘书长负责。协定认为，在过渡时期，联合国权力机构有必要对柬埔寨的“外交、国防、财政、公安和宣传”等可能对大选结果产生直接影响的行政机构、组织和机关，“实施必要的控制”。协定还规定了对军事上的安排及难民问题等方面的处理。和平协定的签署为国际社会用和平方式解决冲突和国际争端创造了一个新的范例。国际社会也十分重视柬埔寨问题圆满解决的示范效应。柬埔寨巴黎国际会议两主席之一、法国外长迪马在宣布柬埔寨问题巴黎国际会议闭幕之前发表讲话，希望“和平的信息能传播到仍在发生冲突”的地区①。

和平协定签署以后，根据该协定的有关规定，联合国安理会于 1992 年 2 月 28 日通过了决议，批准派出联合国驻柬埔寨过渡时期权力机构②，以协助柬埔寨四方执行 1991 年 10 月在巴黎签署的和平协定。根据安理会这一决议，联合国于 1992 年到 1993 年间，先后派出来自 34 个国家的大约两万名军事人员和警察，以及大约 500 名文职人员在柬埔寨维持和平行动。期间，共耗费 23 亿美元，完成 30 多万难民的遣返工作，组织了柬埔寨大选③。联合国驻柬临时权力机构履行了如下职能：第一是通过国际安全存在，监督停火和解除各派武装，为柬埔寨过渡时期构建和平、稳定和中立的政治环境。为了制止暴力活动，联合国还派出内务警察到柬埔寨，控制和监督柬埔寨警察部队，维持治安；其次，联合国驻柬埔寨权力机构对柬埔寨重要政府权力实行了全面控制，承担了在过渡时期管理政府的职能。它对柬埔寨的外交、国防、财政、公共安全和新闻 5 个重要部门实行严格控制。除此以外，联合国驻柬埔寨机构还对公共卫生、文化古迹、教育管理、社会活动进行控制；第三，联合国驻柬临时权力机构承担了组织大选的任务，并通过大选完成了柬埔寨新政府的组织和新宪法的制定工作，从而在柬埔寨基本实现了缔造和平的目标。1993 年 5 月柬埔寨大选宣布结束，9 月柬埔寨成立新政府，同时联合国驻柬埔寨临时权力机构负责人离开柬埔寨，标志着联合国在柬埔寨的和平缔造工作正式结束。

联柬行动是一次典型的加利秘书长在其著名的《和平纲领》中所说的“在冲突后缔造和平”的行动，而不是简单的、传统的“维持和平”行动。联合国驻柬埔寨临时权力机构的政治实践表明，在柬埔寨的整个过渡时期，是不存在任何政府的。国际组织在一个冲突的主权国家里开展和平缔造工作，这一政治实践在联合国维持和平与安全行动的历史上是没有先例的。它

---

① 新华社巴黎 1991 年 10 月 23 日电。

② 其任务是直接控制柬埔寨的行政机构、监督停火和外国军队撤离，组织公正和自由的选举，裁军和复员等，参加此次维和人数共计 2.2 万人，时间是从 1992 年 3 月到 1993 年 9 月。

③ 刘明：《国际干预与国家主权》，四川人民出版社，2000 年版，第 196 – 197 页。

为联合国在后冷战时代所面临的类似问题提供了一种可供借鉴的行动模式。①

二、海湾危机模式

1990年8月2日，伊拉克大举入侵科威特并在6个小时之内占领科威特全境，从而触发了持续半年之久的海湾危机。伊拉克政权赤裸裸的侵略行为立即招致了国际社会的普遍反对，特别是美国对海湾地区的危机事态最为关切。当危机发生后，美国政府的危机管理小组迅速采取行动，很快就拟就了关于伊拉克军队立即、无条件撤出（科）的总统政策声明，提议立即冻结伊拉克和科威特在美国的资产，要求欧洲和中东国家对入侵事件采取与美国一致的立场，迅速促请联合国安理会通过谴责伊拉克的决议。第二天老布什立即组织召开国家安全委员会会议，研究分析萨达姆可能采取的行动及美国应采取的措施，在连续召开3次国家安全会议后决定，在对伊拉克实施外交孤立和经济制裁的同时，组建美国领导下的国际联盟，共同实施代号为“沙漠盾牌”的行动，慑止伊拉克可能对沙特的入侵。同时美国采取了外交措施：一是说服沙特同意美国派兵，建立阿拉伯反伊拉克联盟。在美国的强大攻势下，1990年8月10日，阿盟召开紧急会议，以微弱多数通过决议，允许外国军队进驻海湾地区。埃及、摩洛哥和叙利亚等国同意派军队保卫沙特，这是对美国军事干预最有力的政治支持；二是获得联合国授权。获得阿拉伯国家的支持至关重要，但组建国际联盟的合法性基础仍须联合国提供。在整个危机期间，美国共促请安理会通过了15项针对伊拉克的决议案，奠定了美国组建国际反伊联盟和多国部队的合法性基础。当然这些决议案背后的最主要推动力仍来自于美国的外交努力；三是筹集资金与维持联盟有效性。在危机的最初阶段，布什政府的外交努力，主要集中在获得联合国和各国政府的政治支持，以建立强大的国际反伊联盟。随着军事部署费用的不断提高，老布什政府开始提出分担责任问题。美国通过对日本、德国、沙特等国家施压与说服，成功地解决了军费开支的问题。面对美国的强势态度，萨达姆也采取了针锋相对的措施，先是宣布兼并科威特，而后又提出“议题

① 刘明：《国际干预与国家主权》，四川人民出版社，2000年版，第202页。

连接”的和解方案，试图把侵占科威特问题与阿以争端联系起来，提高己方讨价还价的筹码，但遭到老布什政府的拒绝。萨达姆随后将留在伊、科的外国侨民扣为人质。10 月底，布什政府正式决定用军事手段将伊拉克赶出科威特，同时摧毁伊拉克的战争潜力，于是发起了地面进攻，100 个小时后，伊拉克军队被赶出科威特并遭受严重打击，1991 年 2 月 28 日，老布什单方面宣布停止进攻，3 月 2 日萨达姆宣布无条件接受安理会通过的所有决议。

发生在世界格局转换时期的海湾危机，是一起典型的“非对称性危机”。美国决策者认为，伊拉克对科威特的入侵，严重威胁了其在海湾地区的经济和战略利益，是美国无法接受的。因此，美国立即做出了针锋相对的反应，迅速决定并大举进兵海湾地区。在整个危机过程中，美国的危机管理者始终以“零和游戏”的态度对待危机，对伊拉克采取“不谈判、不妥协、不给面子和不奖励侵略者”的“四不”立场。美伊之间唯一的一次高层会晤，即美国国务卿贝克和伊外长阿齐兹于 1991 年 1 月 9 日在日内瓦的会晤，还被老布什政府称为沟通而非谈判，目的只是为了平息国内的反战声浪，重申美国提出的条件并告知对方将如何实施联合国决议。① 在慑止伊拉克可能继续侵略沙特阿拉伯的同时，成功地建立了空前规模的国际反伊联盟，通过经济制裁、武器禁运、政治孤立以及武力威胁等手段，将伊拉克置于彻底孤立的地位。当美国获得了在危机地区的全面优势后，美国将危机管理的目标由恢复战前态势，扩大到同时摧毁伊拉克军队的战争潜力。而萨达姆政权始终顽固坚持“议题连接”的立场，屡屡判断失误，多次错过了减少损失的机会。最后，在联合国授权下，美国率领多国部队以极小的代价将伊军赶出了科威特，重创其战争潜力，并迫使其接受了联合国安理会通过的一系列制裁决议。在这里，我们可以看到，在危机初始阶段，各方都倾向于向对方施加压力而不是妥协，这也是导致危机升级的重要原因。在危机发展到新阶段后，萨达姆政权没有认清危机形势，仍然不肯妥协，导致伊拉克政府的最终

① 贝克和阿齐兹的会谈只进行了将近 7 个小时就宣告破裂。阿齐兹拒绝接受布什给萨达姆的信，称此信“充满威胁，完全不是正常的政府首脑之间对话应该使用的语言。”随后，美国政府立即通过媒体向全世界公开了此信的内容。参见军事科学院军事历史研究部著：《海湾战争全史》，第 118 – 121 页。

失败，而美国在这次危机行为中最成功之处在于组建并保持空前的国际反伊联盟。

海湾战争模式是通过联合国授权，由大国组建多国部队通过战争的方式来达到消除地区冲突与危机的一种模式，这种通过武力消除冲突与危机的方式在后冷战时期比较普遍。

三、科索沃模式

所谓科索沃模式，即指国际社会通过毁灭性的军事打击外加及时到位的外交斡旋模式。它强调通过干涉战争和多国占领的方式来实现对一个主权国家某一部分的领土的直接管治，试图以此来缓解或消除地区冲突和地区危机。可以这样说，在后冷战时期国际社会对某一领土实施国际管治的实践中，科索沃一案的强制性是最强的。

1993 年 3 月至 6 月，以美英为首的北约国家进行了科索沃战争。在军事打击的强大压力和国际社会的斡旋下，南斯拉夫联盟被迫与北约在马其顿签署了南联盟军队撤出科索沃，以北约为主的安全部队进驻科索沃的军事协议，随后联合国安理会通过由八国集团提出的关于政治解决科索沃危机的协议。安理会决议要求南联盟“按照一个快速的时间表开始并完成可核实的分阶段从科索沃撤出所有军事、警察和准军事部队的工作，同时将在科索沃部署国际安全存在”,① 由联合国秘书长安南任命一名特别代表来负责在科索沃地区开展人道主义救援等民事工作。关于“国际安全存在”问题，北约主要成员国原计划将科索沃分成五个区，由美、英、法、德和意在统一的指挥机构下各控制一个区，拒绝给俄罗斯分出一个区；而俄罗斯则计划派一万名军人进入科索沃，后来北约与俄就参与科索沃维和的问题达成协议。关于对科索沃过渡时期的管理问题，1999 年 6 月联合国成立了联合国科索沃临时行政当局特派团（UNMIK），规定由欧盟负责南联盟科索沃地区的战后重建工作，由欧安组织负责进行组织选举等行动。1999 年 7 月联合国秘书长安南在向安理会提交的报告中，系统阐述了联合国科索沃特派团今后的工作，它分为五个阶段：第一阶段将集中力量建立和巩固特派团的权威，并建

① 参见 1999 年 6 月 10 日联合国安全理事会第 4011 次会议通过的第 1244（1999）号决议。

立特派团的行政管理机构；第二个阶段，将着重改善当地的社会服务和水电管理，加强当地法制建设；第三阶段，主要是筹备有关成立科索沃权力机构所需的选举工作，其中包括选民登记、选举训练和监督投票等；第四阶段的主要任务是协助科索沃当选代表组建行使自治权力的临时机构；第五阶段是监督科索沃临时机构，并将权力移交给按政治解决方案成立的行政机构。

1997年7月25日，联合国驻科索沃行政长官库什内公布了该文职行政管理机构的第一项正式决策文件《法规总则》，在文件中，它宣布了"一号法令"，规定联合国秘书长的特别代表拥有全权，文件要点如下：科索沃的一切立法和行政权力，包括对司法部门的管理权，都归联合国驻科索沃使团，由联合国秘书长的特别代表行使；特别代表可任命任何包括司法部门在内的科索沃文职管理机构负责人员，也可以将其免职；在履行职责过程中，在科索沃担任公职的所有人都将遵守国际公认的人权标准，不得以任何理由歧视任何人等。根据安理会1244号决议，科索沃在联合国托管下实行"高度自治"，2002年和2004年举行了两次总统选举。但是，塞族和阿族之间的矛盾并没有得到解决，前者坚持拥有对科的主权，后者则谋求科的完全独立。2007年3月，联合国科索沃问题特使阿赫蒂萨里向安理会递交了一份关于科索沃未来地位方案的报告，建议科索沃在国际社会监督下实现独立。在这样的背景下，科索沃最终在2008年2月宣布独立。虽然目前西方世界公开支持科索沃的独立地位，但在塞尔维亚①和俄罗斯等国家的反对下，科索沃自行宣布的独立距离国际社会普遍承认的主权国家还有多长的路要走，目前还是一个问号。但是我们必须看到，科索沃问题对于坚持对科索沃享有主权的塞尔维亚来说，实际上就形成了国际干预对一个独立国家主权权利的强制分割。

---

① 2003年3月14日，南联盟领导人以及南联盟塞尔维亚和黑山两个共和国领导人在首都贝尔格莱德签署了两个共和国未来关系协议。根据协议，南联盟国家改名为"塞尔维亚和黑山"。2006年5月黑山经全民公决，正式宣布脱离塞黑国家，成立独立的黑山共和国，黑山独立正式宣布前南联盟的彻底终结。

第三节 核开发危机管理

所谓核开发危机，是指少数国家基于自身的国家利益出发，谋求获得、制造、拥有核武器，由此引发的危机事件。如1998年印度、巴基斯坦先后试爆核弹引发的危机以及朝鲜、伊朗核问题引发的核危机均属核开发危机。冷战时期，美苏两个超级大国为了争夺核优势，谋求世界霸权，进行了“马拉松式”的核军备竞赛，最终在地球上出现了一个最多时接近6万枚核弹头、可把人类文明毁灭几十次的庞大核武库。如此庞大的核武库，无论是对有核国家还是无核国家都是一个巨大威胁，因为任何一次核战争都是人类所无法承受的。冷战的结束后，虽然发生世界核大战的威胁大大降低，但核战争的危险并没有完全消除，随着国际形势的发展变化，特别是进入21世纪以来，国际社会因核开发危机而引发战争的风险不断增长，一方面，核大国特别是美国为追求霸权地位，奉行单边主义和先发制人战略，在国际事务中动辄以战争手段解决国际争端，同时继续搞核军备竞赛，继续研制小型核武器，试图将核武器从威慑变为实战武器，这极大地危及国际和平与安全。另一方面，在后冷战时期，随着非传统安全在国际安全中的地位不断上升，国际核扩散问题越发严重，已成为当前影响世界安全的重大隐患。伊拉克战争后，长期与美国为敌的朝鲜、伊朗等国则出于对自己国家安全的深度关切，试图把开发核技术、制造核武器作为对抗美国霸权和获得自保的一种有力手段。在当前，围绕核开发而引发的朝鲜和伊朗与美国之间发生的危机已严重影响到国际和地区的安全和稳定，美朝、美伊（朗）之间爆发战争的风险正在不断增长。鉴于此种情况，下面考察了国际社会围绕核开发危机进行的管理实践。整体来说，目前国际社会在核开发危机管理方面有喜有忧，喜的一面是国际社会通过核不扩散机制的强化管理，它在一定程度上减少了有核国家数量的增加，对维护世界和平与安全取得了非常积极的作用。忧的一面是国际核危机管理仍然面临着巨大的挑战，诸如核大国的军备竞赛战略，国际核不扩散机制的严重缺失，这使得国际社会在阻止地区性强国强行加入核俱乐部的行为上显得力不从心。

一、核军备竞赛模式

对于如何消除核武器的威胁，历史上美苏曾采用了现实主义的模式。现实主义模式就是以强硬对强硬、以实力对实力，以发展核力量的方式来对抗核威胁，目的是谋求核优势，以确保在核战争中战胜对方。这是典型的核军备竞赛模式。自核武器产生那天起直到现在，这种现实主义的核竞争与核对抗一直存在。这从美国近60年来的核战略演变中就可以清楚看到这一点。为应对苏联日益崛起的军事力量，1953年艾森豪威尔政府提出“实施大规模报复”核战略，强调己方拥有能给敌方造成巨大损伤的“第一次打击力量”。1961年肯尼迪总统针对所谓的“导弹差距”，炮制出“相互确保摧毁”核战略，认为美苏由于各自拥有足以摧毁对方的核力量而不敢轻易发动核战争。20世纪70年代随着苏联扩大军事实力，国际形势呈现出“苏攻美守”局面，美国提出侧重打击军事目标的“有限核打击选择”战略。以保证其核战略具有多种选择的灵活性。1981年里根入主白宫后，提出“星球大战”核战略，主张以“确保生存”理论逐步取代“相互确保摧毁”理论，认为在拥有足够核弹头的条件下，美国还应大力发展战略防御体系，为美国战略进攻性力量乃至美国本土提供有效防护。2002年美国在其《核态势回顾》报告中，提出了“单方面确保摧毁对方”战略。这表明美国开始有意降低核打击门槛，使美国的核战略由过去的“威慑”开始走向“实战”。我们从美国近60年核战略发展变化来看，美国的核战略就是通过大量发展核武器来与苏联进行核军备竞赛，以谋求相对安全优势。特别是在冷战结束十多年的今天，美国研制部署的各种导弹防御系统（如NMD、TMD等），发展机动灵活的小型核武器等等，这表明美国目前仍然是抱着冷战思维模式，即通过核军备竞赛模式来制止核战争的爆发和防止核大国的威胁。

目前，国际社会仍有不少国家坚持核军备竞赛的思维模式。很多国家依然把核威慑战略视为国家的军事、外交斗争的主要支柱。据统计，目前世界上共拥有核弹头5万多个，可以把地球整个摧毁25次，如果以核当量计算，相当于每个人头顶着3吨TNT炸药①。《全面禁止核试验条约》签署后，核

---

① 黄佐鸿：《一半是天使，一半是魔鬼》，科学普及出版社，2002年版，第132页。

大国都在为继续确保核武器安全性和可靠性，保持和发展核武器技术而努力。美俄2002年达成的《削减进攻性战略力量条约》虽然承诺继续削减双方作战部署的战略核弹头，以降低彼此间的核对抗水平，但这种削减是可逆的，一旦需要，双方都可以迅速地将退出部署的弹头重新转为现役，因此这种“搬家式”削减并没有减少世界所面临的核威胁。与此同时，在最近几年美俄宣布的核政策中，都不约而同地扩大了其首先使用核武器的范围，降低核武器使用的门槛，并正在为此发展新的方便使用的核武器。在这种情况下，一些具有开发核武器能力的国家发展核武器、试图成为“核俱乐部”新成员的努力将不会轻易停止。目前有核国家将提高核武器质量作为其努力的方向。它主要表现为在投掷方式多样化方向发展、命中精确度更高、突防能力更强，采取特殊的弹道机动变轨技术，配有多种诱饵突防措施，使它能规避多种弹道导弹防御系统①。目前美俄等核大国还在核弹头小型化的基础上发展和部署了多弹头战略核导弹。在核武器品种方面，主要是高精度、低威力核武器的出现。从20世纪90年代以来，美国一直在加紧研制新一代核武器，包括可以在战场使用的小型化核武器，如“掘地炸弹”，以及各种介于核武器与常规武器之间的“准核武器”。② 面对美国不断加强其核力量的态势，俄罗斯也不甘落后，也在研制新一代高命中精度的低威力核武器。1999年4月俄联邦安全会议决定开始研制新一代低威力核武器。此外，美国发展高性能的国家导弹防御系统和战区导弹防御系统，旨在使自身的防御性力量与进攻性力量相配套，谋求自身的绝对安全和战略优势。美国的这种做法必然导致其他国家研制、发展更为先进的进攻性导弹，因此，将不可避免地引起新一轮军备竞赛。而且，美国向其他国家或地区转让或与其联合开发战区导弹防御系统，将不可避免地造成导弹技术的扩散。这表明，在冷战结束二十年后的今天，美国仍然没有摆脱冷战思维，在对外关系中仍以军事尤其是核武器作为其外交政策的筹码，这与当今世界和平潮流是格格不入的。它不仅不利于国际军控领域多年来所做的努力，会引发新的军备竞赛，

---

① 钱绍钧主编：《现代武器装备知识丛书——核武器装备》，原子能出版社、航空出版社、兵器工业出版社，2003年版，第163页。

② Stephen I. Schwartz, “The New-Nuke Chorus up” the Bulletin of the Atomic Scientists, Vol. 57, No. 4, July/August 2001.

而且也严重影响到21世纪全球和地区战略的平衡与稳定。

历史经验证明，单凭现实主义模式来解决核威胁是行不通的。核武器巨大的杀伤作用将产生这样的影响：一方面核武器可以给对方带来毁灭性的灾难；另一方面，在双方都具有第二次核打击能力时，双方就会处于既拥有摧毁对方的能力，同时也面临被对方摧毁的困境。此时，双方就像"困于瓶中的两只蝎子"，彼此都可以置对方于死地，但自身也性命难保。因此有核武器国家并不能用核武器消除核威胁。美苏长期搞核军备竞赛，虽然生产出了大量核武器，但双方面临的核威胁最终没有消失，反而成了核扩散的罪魁祸首，世界更不安宁。冷战结束后，核军备竞赛势头未减。美俄两大军事强国继续核领域的军备竞赛，各自研制小型核弹头。在南亚地区，印度巴基斯坦两大宿敌展开了一场核军备竞赛，1998年两国先后试爆核弹，拉开了南亚地区核军备竞赛的帷幕。进入世纪之交，朝鲜伊朗核问题引发的危机不断升级。当前，从某种程度上来说，朝鲜、伊朗谋求发展核武器的一大诱因就在于他们对自身国家安全的极度担忧，而决定不计后果去发展核武器、突破核门槛的思维，试图以此来增强与美国抗衡时的资本，这种以强硬对抗强硬的逻辑本质还是一种在走冷战时期美苏的老路子，即核军备竞赛模式。

二、核不扩散模式

由于长期处在核战争阴影的笼罩下，国际社会在防止与消除核威胁方面终于达成了一些共识：人类社会必须共同做出努力，建立一种机制，禁止核武器的继续发展与扩散，减少现存的核武器和运载工具，从而为最终消除核武器创造条件。核不扩散机制是所有国际的、国家的、双边的、多边的（核）不扩散法律、政策和协定的总和。它也是为阻止核扩散而构筑的一个法律的、技术的、经济的和政治的广泛性国际网络。① 国际核不扩散机制是以国际社会1968年缔结的《不扩散核武器条约》为基石。该条约规定，禁止核武器国家直接或间接向任何接受者转让核武器或其他核爆炸装置，或是协助、鼓励、引导非核武器国家和地区生产或以其他方式获得核武器或核装

---

① 陈须隆：《核不扩散机制透析——国际安全机制的一个案例研究》，《世界经济与政治》，2000年第8期，第36页。

置；非核武器国家不得直接或间接从任何让与国接受核武器或其他核爆炸装置，不制造或以其他方式取得核武器或其他核爆炸装置以及接受这方面的其他国家的协助。同时，作为对非核武器国家承担不扩散义务的补偿，条约规定非核武器国家有权在不受歧视的基础上获得为和平目的而和平应用核技术的利益。从广义上说，国际核不扩散机制不仅包括限制核武器及核材料扩散的条约，如《不扩散核武器条约》（NPT）、《全面禁止核试验条约》（CT-BT）、《美苏关于限制反弹道导弹系统条约》（ABM）、《核材料的实物保护公约》等条约，还包括有关无核区的各种条约以及对核材料的出口控制与核查的各种国际机构，如无核武器区（NWFZ）及执行机构、国际原子能机构（LAEA）和桑戈委员会（ZAC）等，以及核裁军与核军控体系条约等等。目前全世界191个国家中共有187个国家加入了该条约，仅印度、巴基斯坦、以色列和加入后又退出的朝鲜乃非缔约国。三十多年来，以《不扩散核武器条约》为核心形成的世界范围的核不扩散机制，取得了一定的积极成效。它一方面一定程度上遏制了核武器及核原料的扩散，另一方面也促进了核军控和核裁军的进展。在核裁军领域，美俄核裁军取得了一定进展。美俄通过谈判先后达成了限制和削减战略核武器的协定，使得两个超级大国核武库大幅度减小。其次，一些有可能发展核武器的国家放弃了核武器选择。一些有可能发展核武器的国家，即所谓的“核门槛国家”，诸如南非、阿根廷、巴西等以及在苏联解体之后实际拥有过核武器的乌克兰、白俄罗斯和哈萨克斯坦，最终都选择放弃核武器。再次，无核区纷纷建立。无核区即无核武器地区，指任何国家集团在自由行使其主权时根据条约或公约而建立的、并经联合国大会承认为无核武器区的任何地区。国际社会建立无核区的最初目的是在一些已经部署了核武器的地区，例如中欧等地区消除核武器。但是由于当时处于冷战的背景下，大国争霸的国际现实使这一设想难以实现。相反，在一些不存在核武器的地区，无核的设想被试图杜绝核武器进入本地区的国家所接受并付诸实践。目前已达成以下四个无核区条约：拉丁美洲无核区条约；南太平洋无核区条约、非洲无核区条约与东南亚无核区条约。① 中亚无核区条约也已2005年7月签署。

① 杨威：《东亚无核区评析》，《东南亚研究》，1998年第4期，第16页。

总的来说，自国际核不扩散机制成立以来，发展并拥有核武器的国家比人们最初的预想要少得多。在1970年《不扩散核武器条约》生效之际，一些观察家曾预言，将来世界上会有20—30个国家宣布拥有核武器①，但这种情况并没有出现。事实证明，以《不扩散核武器条约》为基石的国际核不扩散机制为国际社会提供了一个对话平台，也为各国提供了一种行为规范。在这样一种国际制度的压力下，任何一个国家要反其道而行之，都不得不慎重掂量它可能得到的好处与必须付出的代价，从而谨慎从事。由此可以看出，国际核不扩散机制对于防止核扩散、推动核军控与核裁军，维护世界和平与安全，起到了非常积极的作用。

但是我们必须看到，目前的国际核不扩散机制仍然存在着很大的局限性，主要表现在以下几个方面：一是国际核不扩散机制标准不一，难以形成有效说服力。它对无核国家和有核国家的不公平对待②，这为一些国家抵制核不扩散机制提供了理由；二是在管理国际核危机方面的强制力不够，无法有效约束一些非成员国发展核武器的企图③；三是作为国际核不扩散机制主要基石的国际原子能机构也有着其难以克服的缺陷存在。国际原子能机构自

① Thomas Graham，. Jr.，and Douglas. B，Shaw，“Nearing a Fork in the Road：Proliferation or Nuclear Reversal?” The Nonproliferation Review，Fall 1998，Vol 6，No. 1. 参见李少军：《论核不扩散体制》。

② 根据《不扩散核武器条约》第一条规定，条约将全球所有国家分为两类：有核国家和无核国家。条约禁止有核国家向无核国家扩散、部署核武器，无核国家则不得从其他国家接受或自行发展核武器。这样的规定，从字面上讲，条约能够防止核扩散，但事实并非如此，条约实际上隐含着对两类国家不同的适用标准。条约剥夺了无核国家拥有核武器的权利，却对有核国家的核武器的扩散没有做出任何实质性的限制。实事上，在不扩散机制中，一直存在着核大国与无核国、国际原子能机构与非缔约国、美国等西方国家与第三世界国家之间的矛盾，一些核大国在高喊反核扩散的同时，却仍不放松争夺核优势的步伐，不放弃核威慑政策。核军控成为某些大国推行自己政策、谋取利益的工具，这对有意发展核武器的国家缺乏说服力。

③ 《不扩散核武器条约》的自愿原则，使得成员国可以自愿退出条约。该约第十条第1款规定：“每个缔约国如果断定与本条约主题有关的非常事件已危及其国家的最高利益，为行使其国家主权，应有权退出本条约。”2003年1月朝鲜以美国对朝实施的敌视政策已威胁到其国家最高利益为由，宣布退出《不扩散核武器条约》。按照条约的规定，朝鲜有权退出条约，因此从理论上说朝鲜退出条约是合法行为，但这可能给其他成员国在和平核开发的掩护下研制核武器创造条件，与非成员国一样，退出该条约的国家，也就没有履行核不扩散机制规定的义务。1998年印度、巴基斯坦先后核爆炸表明，只要不加入该条约，发展核武器不仅是可能的，而且是现实的。当两国进行核爆炸时，由于不是其成员，国际社会对两国的核扩散行为束手无策，拿不出阻止印巴发展核武器的有效措施。

成立以来在国际核安全机制中一直扮演着非常重要的角色，它在促进世界和平、安全使用原子能以及防止核扩散方面所起的作用是其他国际组织不可替代的。但也有一些致命性的缺陷存在着：首先是它所提供的核安全保障适用范围有很大的局限性。虽然在 1997 年 5 月国际原子能机构理事会批准了核保障协定《附加议定书》，赋予国际原子能机构工作人员更大的权利，有权检查当事国未申报的但国际原子能机构认定有必要检查的秘密核设施，这较之以前有很大进步。但由于到目前为止签署的国家却寥寥无几，因此该机构要真正使核查工作做到万无一失尚须时日。另一方面，该机构核安全保障只对主权国家的核活动负责，而对主要国家内部个人或组织的核活动则无能为力；其次，国际原子能机构核安全保障的技术局面也存在问题，主要表现为两个方面：一是缺乏精确的核查技术和估算标准。二是缺乏自己独立的情报收集系统。目前它只能依靠一些成员国提供的情报，然后对当事国提出核查要求，这是“情报－反应”模式，不仅不能及时有效地监督成员国的核活动，而且还为提供情报的成员国渗透自身政治动机提供了可能。如在伊拉克战争前，美国一再宣称自己可靠情报证明伊拉克正在秘密发展核武器，从而要求国际原子能机构对伊拉克的武器核查穷追不舍，并以此为由发动了伊拉克战争；最后，国际原子能机构重要作用的发挥在很大程度上受制于成员国的意志。一是经费不足的问题一直困扰着国际原子能机构工作的开展。二是在实际工作中常受到主权国家的干扰。当事国往往以入侵其主权和工业、军事机密等为借口，限制甚至拒绝国际原子能机构对一些核设施的安全监督与核查。同时，《不扩散核武器条约》与国际原子能机构对拒绝合作和反核查的行为没有明确的制裁标准与得力的惩罚措施。

因此，国际社会在核危机管理实践中，核不扩散机制模式尽管取得了较大的成就，但其表现也不尽如人意，特别是随着非传统安全问题的不断出现，核不扩散机制的局限性越来越明显。

三、核大国一致模式

核大国一致模式，又称印巴模式。即指国际社会的主要大国通过大国一致的合作方式对核危机进行管理的方式。该模式在核危机管理中应该说是起到了一定的作用，如它挫败了印度想通过核试验来谋求大国地位的梦想，也制约了它进一步发展核武器的野心，但由于各核大国的利益不一，对这场核危机的管理没有完全到位，客观上对国际核不扩散机制造成了极大的不良后果。

1998年5月，印度、巴基斯坦两国先后抛弃传统的“核模糊”战略，在20天之内相继公开进行10次核试验爆炸，印巴核危机爆发，世界各国为之震惊，国际核不扩散体制受到严重威胁和巨大挑战，南亚地区面临着严重核军备竞赛的威胁。从此，印度和巴基斯坦也跨入了“核门槛”，成为有核国家。这使发生在南亚地区的核危机达到高潮。印巴之间的核军备竞赛，是冷战结束后南亚地区及至整个国际关系中最重大的事件之一。印巴核试验后，国际社会对南亚局势表示出强烈的焦虑和关注。在这场印巴两国强行突破核门槛引发的核危机中，大国一致对解决这场危机起到了重要的作用。1998年6月4日，在中美两国的提议下，联合国安理会五个常任理事国在日内瓦召开了外长会议。会议发表的联合公报谴责了印巴的核试验，要求两国尽快制止由于核试验引起的紧张局势。公报还要求两国政府立即停止核试验，放弃发展核武器和进行核部署，无条件地签署《全面禁止核试验条约》和《不扩散核武器条约》。公报还强调五大国不承认印巴的核国家地位。五大国强调将继续进行合作，以防止南亚地区军备竞赛的升级。五大国承诺要加强国际防止核扩散的机制，推动印巴两国和平解决克什米尔地区的冲突。五大国决定不向印巴两国出售任何有利于其核试验和制造核武器的技术、材料和设备。美日等国还对印巴分别实行了经济制裁。显然，联合国安理会五个常任理事国的一致态度对印巴核危机的后期管理起了一定的作用。正是这个联合公报挫败了印度想通过核试验来谋取大国地位的梦想，也制约了它进一步发展核武器的野心。

但由于国际社会在管理因印巴两国试爆核弹头而引发的危机面前存在着一些分歧，最后导致在应对这场南亚核危机的危机管理中，国际社会特别是联合国安理会反应不力，未能采取有力措施来阻止南亚核军备竞赛。使得核不扩散机制在有核武器国家与无核国家之间竖起的高大屏障被炸开了一个缺口。以美国为例，作为国际核军备控制的主要支持国家，美国的言行对国际军备控制都会产生很大影响。印巴核试验之后，美国虽然带头实施了对印巴的经济、军事和外交制裁，但美国从自身的国家利益出发，很快对自己的政策进行了调整。美国为了自己全球战略，希望通过提升印度在美国国际战略中的地位来起到通过印度围堵中国的目的，美国国会在1999年底通过将美印关系提升为战略伙伴的决议，特别在2000年离印度试爆核弹头不到两年的时间美国总统克林顿访问印度，布什政府上台后，为了在反恐战场上获得国际社会最广泛的支援和合作，美国开始解除了对印度的经济制裁。特别是2006年12月美国正式批准向印度出口民用核燃料和核技术，客观上对目前的核不扩散机制造成了巨大的冲击。

发生在南亚地区的核军备竞赛，它严重破坏了国际社会关于禁止核试验、防止核扩散的努力，违背了当前和平、发展的时代潮流。不仅打破了南亚地区脆弱的和平均势，而且威胁到亚洲和世界的和平与稳定，其影响是巨大而深远的。使印巴之间矛盾更加复杂。由于两国之间长期存在着宗教、民族、领土纠纷，冷战后，其在边境和争议地区仍保持着紧张的军事对峙状态。核试爆后，一旦矛盾激化，有可能把原有的常规战争上升为核战争。同时，印巴强行跨入“核门槛”的行为会诱使其他“后备核成员”国家重新考虑其核政策，使国际安全面临新的挑战。对冷战后的世界安全局势造成重大冲击。印巴在南亚开展的核军备竞赛开创了打破核格局的先例，它将起到一种不好的示范作用，可能诱使其他国家步其后尘将潜在核能力变为实际核能力，这使世界核军控面临十分严峻的形势。特别是当前核不扩散机制缺乏对地区性强国的制约力，由于核武器对于提升自身实力的巨大作用。一些地区性强国试图打破目前国际上的核不扩散机制，以跻身于核俱乐部中。当前几个正处于核门槛的主要国家都未加入核不扩散机制，而核不扩散机制对此类国家也无可奈何。事实证明，核不扩散机制像所有强权政治一样，主要是针对那些没有反抗能力的弱小国家，却阻止不了其他大国发展核武器。特别是对那些强行加入核俱乐部的地区性强国和严重违反核不扩散规定的国家，核不扩散机制除了采取制裁，谴责等有限手段外，别无他策，力度十分有限。

第四节　分离主义危机管理

分离主义是某些国家内部的激进分离主义者以种族、宗教、文化等理由企图分裂国土、建立独立国家的言行。由于其实力不足以同当地政府对抗，分离主义者往往采用暗杀、爆炸、破坏等恐怖主义手段来达到自己的目的。分离主义者常常使用恐怖主义手段，一方面是为了造成当地的恐慌和骚动，从而削弱政府的控制和影响力；另一方面也是为了吸引国际上的注意，增加国际压力，取得某些外国势力的支援。分离主义运动历史比较悠久，但冷战结束后，世界范围内发生了较大规模的分离主义运动。造成许多民族国家分裂为两个或十多个国家。虽然还有很多国家最终没有分裂成功，但无疑当前世界许多国家都存在着分离主义运动的威胁，有些国家的分离主义运动甚至长期造成该国政治动荡、经济凋敝等严重后果，长期影响到国家的发展。例如，西班牙的巴斯克和加泰罗尼亚，英国的北爱尔兰，法国的科西嘉以及比利时法语区和荷兰语区的分裂意识，加拿大魁北克独立运动、印度尼西亚的亚齐、泰国南部地区、俄罗斯的车臣、格鲁吉亚和阿塞拜疆等地的分离分裂活动，他们都曾经长期遭到国家的清剿和镇压。这种分裂国土的行径是国际法和联合国宪章所不容许的，因为它直接破坏国家的领土主权完整和政治独立。前联合国秘书长加利在1992年指出："如果每个种族、宗教或语言集团都要求建立国家，那么世界将会出现一种完全支离破碎的局面，全人类的和平、安全与经济利益都要遭殃。"他警告说："以种族、宗教社会、文化和语言为借口进行反叛斗争，正在威胁着国与国之间的和睦关系。"①

一、魁北克模式

魁北克独立运动指的是追求加拿大魁北克省实现独立建国或拥有更多自治权的政治运动。加拿大的魁北克省，面积150多万平方公里，人口占加拿大国家总人口的四分之一，80%人口是法国人后裔，讲法语，位置优越，经济发达。魁北克在历史上曾经是法国的殖民地，现在其民众也大多讲法语。魁北克独立问题可以追溯到17世纪，但有组织、有纲领的独立运动是从20世纪中叶才开始。上个世纪60年代末，法裔魁北克人组建了魁人党，并且得到了比较广泛的支持。1976年力主独立的魁人党赢得省内选举之后，要求独立的呼声迅速提高。在1980年举行的公民投票中，独派虽然最终失败，

① http：//www. chinataiwan. org/plzhx/zhjzhl/tyzhj/lwz/200311/t20031125_ 125169. htm.

但已经得到了40%左右的民意支持，而在1995年的再次公投中，独派力量竟然获得了49.44%的支持。20世纪90年代在苏东地区分裂浪潮的影响下，魁北克独立运动再度兴起。

加拿大联邦政府面对魁北克愈演愈烈的独立运动，领导人坚决反对其分离运动。① 决定通过采取强硬的法律手段来加以阻止其从联邦政府中分离出去。1982年，加国最高法院通过宪法法案，确定宪法的增修必须得到三分之二省份的支持。1998年8月20日加拿大最高法院发布法规，法令明确宣布魁北克不能单方面决定独立，而必须得到联邦和其他省份的认可。最高法院在对魁北克问题的最终裁决中，宣布魁北克独立运动既违反加拿大国内法，也违反国际法。因为根据加拿大宪法魁北克省无权宣布独立，国际法也不赋予魁北克以独立的权利。为了有效执行1998年最高法院对分离原则的判决，2000年加拿大国会又通过“清晰法案”。对一个省的“独立公投”作了重重苛刻限制，使“公投独立”根本不可能实现。一个省要独立公投，首先在文字上必须清晰表明独立的意图，不能用含糊的文字来降低人民对独立后果的认识，而且赞成独立的票简单多数不行，必须绝对多数。文字是否清晰，赞成票是否占绝对多数，只有国会有权决定。即使这两个条件都具备，还必须举行联邦政府和所有省份都参加的谈判，达到三分之二同意方可独立。一个说法语的省份面对那么多说英语省份，它怎么能得到三分之二的支持呢？加上，魁北克人民从1867年以来一直在加拿大一个大家庭里生活，既享受高度自治的好处，又享受作为加拿大一员的好处，大多数民意并不支持独立。就这样，“魁北克独立运动”这几年已不大听到声音了。该法案规定，今后魁北克省若再就独立问题举行公民投票，不论结果如何，都必须得到联邦政府的批准才能生效。这项法案授权下议院检讨所有省级公投议题，以决定是否明确，并特别指出，如果公投议题只要求选民授权谈判主权独立，而不让选民直接说明他们是否愿意脱离加拿大，那么，该议题就是不明确的。这意味着，魁人党在1980年和1995年全民投票中的议题都是不能接

---

① 在1995年魁北克公投前的国会会议上，克雷蒂安总理坚定地说：“百分之五十加一票就可以分裂一个国家？这不是民主！”他认为公民投票方式无疑比战争手段要好，但如果一个省、一个城市由于有某种不满情绪就擅自举行公投，以达到从国家母体中分裂出去的目的，这完全是对民主政治的歪曲。

受的，投票结果是无效的。“清晰法案”于2000年3月在国会通过，自此，加拿大的分裂危机从根本上得到了控制。从加拿大联邦政府对待魁独的有力举措上就不难看出，即使在西方最民主的国家，分裂性独立从来都是中央政府所不允许的，也不是仅仅在那个省搞个全民公投就可以合法化的。

二、北爱尔兰模式

北爱尔兰位于爱尔兰岛东北部，北濒大西洋，东南临爱尔兰海，西部、南部与爱尔兰接界。面积14139平方公里，人口不到200万。所谓北爱尔兰问题，其实质就是新教徒和天主教徒对北爱尔兰归属的争端及由此引发的对立和冲突，实质上是英国殖民主义政策遗留下的极为复杂的历史问题。

北爱尔兰原是英国的一个殖民地，数个世纪前，英国吞并了爱尔兰，随即大量殖民并屠杀当地居民，迫使不少爱尔兰人流亡北美，以至20世纪初爱尔兰南部独立时，爱尔兰北部的英国人数量超过了爱尔兰人，所以后来北爱尔兰投票决定前途时，当然是占多数的英国人要求留在英国。但是占少数的爱尔兰人仍然不屈不挠地进行武装斗争。北爱尔兰人口中60%的人是信奉新教的英格兰人和苏格兰人的后裔，其余40%是信仰天主教的爱尔兰人。北爱原为爱尔兰的一部分。1169年，英国入侵爱尔兰。为了进一步控制爱尔兰，16世纪，由英国国王兼任爱尔兰国王，1801年，英国完成了对爱尔兰的吞并，宣告大不列颠及爱尔兰联合王国成立，同时为加强其统治，不断向该岛北部地区大批移民。随着新教徒的涌入，新旧教派之间的矛盾日趋尖锐。19世纪，不断加剧的宗教派别之争演变成一场争取爱尔兰自治的政治运动。1921年12月，英国被迫允许爱尔兰南部26个郡成立“自由邦”，但北部6个郡仍归英国统治，爱尔兰岛从此形成南北分裂的局面。1948年12月，爱尔兰自由邦脱离英联邦。1949年4月，英国承认爱尔兰独立。爱尔兰政府成立后一直要求和平统一南北爱尔兰，而北爱尔兰部分对此反应却不尽一致：天主教徒大多数持赞成态度，而占人口多数的新教教徒则拒绝脱离英国。长期以来，英国通过法律人为地规定新、旧教徒在政治、经济、文化等方面处于不平等地位，对天主教徒实行排斥和歧视政策，使两派间矛盾冲突不断加剧，终于在1969年发展为大规模暴乱。为了控制局势，英国政府派军队进驻北爱尔兰，并从1972年起，对拥有自治政府的北爱尔兰实行

"直接统治"。然而"直接统治"并未消除北爱尔兰两派之间的对立和冲突，30多年来，已有3000余人在流血冲突中丧生，其中绝大多数是无辜平民。

自20世纪70年代以来，英国、爱尔兰两国不断谋求解决北爱尔兰问题的途径，却历经挫折，进展缓慢。1997年5月，英国工党政府一上台即调整对北爱尔兰的和谈方针。同年9月15日，北爱尔兰多党和平谈判开始举行。1998年4月10日，英国、爱尔兰和北爱尔兰有关各方终于达成和平协议，该协议需交由公民投票表决，并经英国、爱尔兰两国议会通过后生效。1998年5月22日，和平协议在南北爱尔兰同时举行的全民公决中以压倒多数获得通过。这是南北爱尔兰在经过30年的血腥暴力冲突后，第一次共同选择自己的未来。根据《贝尔法斯特协定》（一般被称为"耶稣受难日协定"），北爱尔兰和平进程包括多数准军事组织宣布停火并解除武装，警察部门的改革和相应地从街道和敏感界线上比如南阿马与弗马纳撤军。该文件重申了长久以来未被历任爱尔兰政府完全认可的英国的一贯立场，即北爱尔兰将保留在联合王国境内直到大多数人投票脱离。另一方面，英国政府第一次承认该原则：即从所谓的"爱尔兰因素"视角来看，爱尔兰岛的人民作为一个整体有权利，不受任何外界干扰，在双方自愿的情况下解决南北问题。后者是从民族主义和共和派方面赢得支持的关键。协议也确定在北爱尔兰建立一个权力共享的政府（现暂中止运作）。该政府必须由联合派和民族派双方党派组成。北爱问题牵涉到北爱尔兰人民的日常生活，偶尔也会蔓延到英国和爱尔兰共和国。另外，在1969年至1998年之间有好几次看起来北爱尔兰问题可能升级为一场真实的内战，比如在1972年发生了"血腥星期天"的事件；在1981年爱尔兰绝食运动当中，两派进行互相敌对的大规模武装冲突。

从北爱尔模式来看，它主要表现以下几个方面的显著特点：

其一，和平对话与合作仍是北爱尔兰政治发展的主流声音。双方内部的主和力量仍占据上风。爱尔兰共和军开始解除武装是一令人鼓舞的转折，新的国际大局势也有利于促使共和军等激进民族主义组织进一步向主流政治靠拢。因此，尽管北爱和平再次遇到挫折，但英政府和北爱各方对北爱和平前景仍较乐观。北爱社会民主工党和新芬党领导人均已明确表示希望尽快恢复地方联合政府，并承诺两党将严守和平协议义务。

其二，决定北爱尔兰和平前景的外部力量希望能够找到北爱尔兰内部和解之路。北爱尔这种长期混乱的状态使英国和爱尔兰政府都不得安宁。它们企图找和解办法。1980 年两国政府举行定期讨论。1981 年达成协议，英国同意与爱尔兰政府共同讨论和处理北爱尔兰的许多重要问题，包括法制、治安、边界来往等具体事务。更加重要的是，两国政府第一次声明，北爱尔目前的地位可以改变，但需要由北爱尔兰人口的多数投票决定。北爱尔兰的联英派反对这个决议。英国和爱尔兰两国政府都反对爱尔兰共和军的恐怖活动。他们同意同共和军的政治组织新芬党谈判，但坚持要求新芬党声明永远放弃使用暴力。这一条件新芬党很难接受。1995 年 2 月爱尔兰共和国政府发表声明，同意修改宪法，放弃它对北爱尔兰 6 个郡有管辖权的条款，这使得它同英国的关系更加协调。同时美国克林顿总统也对北爱尔兰问题表示很关切。他的这种积极主动的行动对推进和解起了很好的作用。2007 年 3 月 26 日新教政党民主统一党与天主教政党新芬党领袖达成协议，决定从 2007 年 5 月 8 日开始建立地方自治联合政府，分享政权。2009 年 10 月 11 日，原属爱尔兰共和军旗下的一支准军事组织爱尔兰民族解放军在爱尔兰威克洛县宣布放下武器，为北爱尔兰的和平进程又添一个积极因素。

第三章　非传统安全危机管理

冷战结束以来，在国际安全领域，“非传统安全”因素不断凸显，并对国际安全产生了深远的影响。长期以来，由于惯性思维的作用，非传统安全问题在人们的安全观念中经常被置于次要地位，没有受到足够的重视。冷战结束后特别是“9·11”事件以来，国际社会对非传统安全的关注逐步增强。在当代，由非传统安全因素引发的危机频频发生，对国际和平与安全构成严重的威胁和冲击。特别是非传统安全常常与传统安全威胁相互交织，严重威胁着人类的生存与发展。如何应对这些来自非传统安全领域的威胁和挑战，已成为当前国际社会共同关注的重大难题。因此，考察国际社会对非传统安全国际危机的管理，有着十分重要的现实意义。目前，在非传统安全领域，大规模杀伤性武器（WMD）扩散①、国际恐怖主义和人道主义灾难引发的危机正成为影响国际安全与地区局势的重大战略险情。尽管国际社会对非传统安全危机进行了大量的管理工作，但效果并不明显。

第一节　武器扩散危机管理

随着全球化进程的加速，国际恐怖主义、跨国有组织犯罪等活动日益猖獗。它们在政治、宗教、经济利益的驱使下，对武器的追求，特别是对大规

---

① 武器扩散本来是传统安全中的一个重要问题，现在与国际恐怖主义因素联系起来，也成为非传统安全中的一个严重问题。因此，在本文的论述中，将印度、巴基斯坦核发展核武器、朝鲜、伊朗进行核技术开发活动等视为传统安全范畴，而把乌克兰等独联体国家可能面临的核扩散行为，以及利比亚、伊拉克等国曾试图获得包括核在内的大规模杀伤性武器等行为视为非传统安全范畴。

模杀伤性武器①的追求更是不惜代价，已引起国际社会的严重关切。“9·11”事件后，国际恐怖主义与大规模杀伤性武器相结合的危险陡然增大，尤其是非国家行为体拥有大规模杀伤性武器的可能性与现实危险性明显增加，使国际社会在应对传统安全领域武器扩散问题的同时，又面临着非传统安全领域武器扩散的严峻挑战。

从大规模武器扩散的方式来看，它主要有以下三种方式：第一种是某国完全依靠自己的努力最终拥有核武器，如印度、巴基斯坦等国。此外，朝鲜、伊朗等国目前进行的核开发活动也属此列；第二种是国家间的扩散，导致越来越多的国家拥有核武器；第三种是大规模杀伤性武器由国家向非国家组织和团体扩散。如当前国际社会的“地下核交易网络（Underground nuclear trading network）”就属此列。第一种和第二种扩散方式涉及战争与和平问题，属于传统安全研究范畴。这里所谈的大规模杀伤性武器扩散是指第三种扩散方式，属于非传统安全研究范畴。这种扩散直接改变了大规模杀伤性武器扩散的性质，使扩散行为从传统安全问题转变成与非传统安全息息相关的问题，尤其与恐怖和反恐怖密切相关的问题。②

作为暴力活动的工具，武器扩散必然导致紧张局势升级、国家关系紧张、局部冲突不断、安全环境恶化，直接造成巨大人力物力损失，干扰经济发展，破坏社会稳定。一方面，武器扩散尤其武器走私严重冲击着国际社会军备控制的努力，还不断引发地区冲突及种族分裂活动。目前许多地区的武装冲突是各种矛盾长期积累与激化所致，但武器走私所造成的武器失控无疑是关键诱因之一。另一方面，武器扩散不仅造成了社会暴力犯罪行为频频发生，而且还为恐怖组织及跨国组织犯罪获取武器提供可乘之机，使其活动的破坏性与危害性增大。因此，武器扩散直接危害到国际和平与安全，从这个角度上讲，国际社会要维护和平就必须在控制、制止和减少武器扩散方面多

① 武器的效应在于其杀伤力，依据不同的杀伤力，武器扩散可大致分为大规模杀伤性武器扩散、常规武器扩散和小武器扩散。所谓大规模杀伤性武器，是指能够造成大范围人力物力破坏的器械与设施，是相对于常规武器而言，包括核武、化武及生武及相关运载工具，也包括武器级核生化材料等。根据美国国防部定义，任何武器或装置通过释放毒素、化学有害物质、致病生物体、辐射与放射性物体等，旨在或拥有能力造成大量人口伤亡的均属大规模杀伤性武器。在本文，大规模杀伤性武器主要是指核生化武器。

② 在本文的论述中，朝鲜、伊朗核危机属于传统安全国际危机范畴。

下功夫。

在当代，由于国际恐怖主义与大规模杀伤性武器扩散相结合的危险性越来越大，国际社会加大了对大规模杀伤性武器扩散国际危机的管理力度，但效果反差较大。目前国际社会在应对大规模杀伤性武器扩散危机的管理模式上，主要有以下三种模式：一是采取战争手段，通过政权更替来彻底实现消除大规模杀伤性武器扩散危机的目的。如美国对伊拉克发动的战争，通过军事战争使萨达姆政权得到更替，从而消除与终止伊拉克在武器扩散方面的行为；二是采取外交封锁、经济制裁、带有斩首性质的外科手术打击来迫使对手主动放弃武器扩散行为。如利比亚在国际社会长时期的制裁下，加上美国的威胁利诱最后主动放弃扩散行为；三是国际社会通过大国施压与大国保证安全的方式来促进某些国家自动放弃国家核扩散。如美俄在独联体地区迫使乌克兰等国家放弃了核武器。我们应该看到，目前国际社会在应对非传统安全领域的武器扩散引发的国际危机面前，使用战争手段这种方式，显然是用解决传统安全国际危机的方式来管理非传统安全国际危机，其功效值得怀疑，而且其负面作用相当严重，它显然不利于世界局势的稳定。相反，国际社会在管理利比亚和独联体国家在武器扩散引发的危机时，采取非战争手段来进行，诸如经济制裁、大国安全保障等形式，其危机管理的手段显然既实用又高明，因而起到了良好的效果。

一、伊拉克模式

所谓伊拉克模式，是指国际社会在应对大规模杀伤性武器扩散引发的危机面前，采取战争这种极端方式，通过政权更替的办法来达到彻底消除大规模杀伤性扩散之目的。应该说该模式的效果非常明显，但其后遗症也十分严重。

2003 年美国以伊拉克拥有大规模杀伤性武器、萨达姆政权支持国际恐怖组织搞恐怖活动为借口，不顾国际社会的普遍反对，公然绕开联合国对伊拉克发动了战争，最终在伊拉克实现了政权更替。应该说，在对付伊拉克大规模杀伤性武器扩散问题上，美国走的是一条激进的“大棒政策”。这一点突出地体现在伊战后暴露出来的关于伊拉克大规模杀伤性武器的情报失误上。决心奉行单边主义、谋求建立单极世界的美国小布什政府在伊拉克问题上不惜与其传统盟国法国、德国等国家分道扬镳甚至反目为仇。然而，伊拉克战争结束后，海湾局势一片混乱，恐怖主义袭击、绑架人质事件频频发生，美军更是遭到了伊拉克武装的频繁袭击，使美国深陷伊拉克泥潭而不能脱身。截止2010年1月4日，美国已为伊拉克战争至少付出4370名军人丧生，31613名军人受伤①、高达7150亿美元的战争开销代价，但国际社会并没有立即看到一个和平、民主、秩序井然的伊拉克。伊拉克模式给人们的思考似乎更多地应在于如何维护国际法准则的权威性上。

应该说，伊拉克模式之所以得以实现的条件主要有以下：首先，冷战结束以来，美国凭借其一超独霸的地位和超强的军事实力，在对外战略中实行单边主义和先发制人的战略，在许多重大的国际危机面前，美国排斥联合国作用，采取强硬的军事手段，依靠单干或结盟的方式来进行危机管理。伊拉克战争爆发前，在国际社会解决伊拉克核查危机的过程中，美国一直是把军事手段作为重要手段加以利用，可以说正是由于美国伊拉克之间存在的这种实力上的非对称性特征，决定了它们在危机管理中博弈上鲜明的零和性特点，也决定了美伊这场博弈的结局只会是以伊拉克的彻底出局告终。其次，伊拉克模式，即以战争这种武力手段解决问题的方式，是美国在全球开展反恐战争的重大策略与必然步骤。“9·11”事件后，美国在全球范围内进行反恐战争，阿富汗塔利班政权的轰然垮台与基地组织的迅速瓦解，在客观上刺激了美国动用军事力量来管理因大规模杀伤性武器扩散而引发危机的心理，与此同时，美国对萨达姆政权拥有大规模杀伤性武器的质疑与美国对在中东地区进行民主改造的宏大抱负相结合，使伊拉克自然成了美国军事战略的目标。因此，美国采取伊拉克模式来应对大规模杀伤性武器扩散引发的危机，此举绝对不是什么偶然所为，而是一种战略选择的必然。在伊拉克战争后，利比亚最终放弃大规模杀伤性武器扩散计划决定的一个重要原因显然是与美国的武力模式分不开的。

显然，美国在消除大规模杀伤性武器方面采取的伊拉克模式，对国际社会造成了严重的负面影响：首先是造成了全球反恐联盟的解体，影响了国际反恐的整体合作，使得国际反恐的努力遭受重大的挫折。美国不顾国际社会

---

① 据美国国防部截止到2010年1月4日统计的数字，详情参见美联社的相关报道。

的普遍反对，坚持对伊拉克动武，使得美国与俄罗斯、法国、德国等大国的关系受到一定程度的损害；其次是它在国际社会开了一个极其不好的先例，它属典型的强权政治、霸权主义行径；再次是严重损害了联合国的权威，使联合国面临被边缘化的危险；最后是强化了一些弱小国家希望通过获得核武器来谋求自保的意愿与决心。美国推行的伊拉克模式非但不能有效彻底管理全球的大规模杀伤性武器扩散危机，相反在一定程度却刺激了一些国家谋求大规模杀伤性武器的胃口。在伊拉克战争后，朝鲜、伊朗在核问题上的不妥协立场愈演愈烈，这显然是与对其国家安全的极度关切是分不开的。

二、利比亚模式

所谓利比亚模式，就是指国际社会通过长期的外交封锁、经济制裁、带有斩首性质的外科手术打击来迫使那些致力于进行大规模杀伤性武器扩散的国家自愿主动放弃扩散行为的模式。该模式的优点在于其危机管理手段与方式的非暴力性，并且其效果非常显著，缺点是由于它需要的时间较长，国际社会可能缺乏必要的耐心与毅力。

1969 年卡扎菲在利比亚掌权后，开始实行亲苏反美的外交政策，把以武力向全世界推广极端的革命理想作为利比亚国家政策的首要目标，凭借其丰富的石油资源向其他国家的革命运动和恐怖活动提供帮助。据称，自 20 世纪 70 年代早期，利比亚就开始向众多恐怖主义组织提供资金和武器资助，甚至还直接参与发生在欧洲的数起恐怖袭击，并为被通缉的恐怖分子提供庇护。① 同时，在冷战时期，卡扎菲政权为弥补常规军方面的不足而试图发展大规模杀伤性武器，希望以此来提高其在阿拉伯国家和非洲国家中的政治地位。利比亚发展核武器和生化武器开始于 20 世纪 70 年代，采取的方式主要从国外购买相关技术。② 在核生化武器方面均取得了一些进展，20 世纪 80 年代末 90 年代初，利比亚曾被美国列为“大规模杀伤性武器扩散最为严重的国家”的行列。③ 由于美国认定利比亚发展大规模杀伤性武器的计划与支

① Boaz ganor “libya and terrorism” http：//www. ict. org. il/articles/articles3. htm.

② Joseph Cirincione with Jon B. Wolfsthal and Miriam Rajkumar Deadly Arsenals，pp. 305 – 306.

③ Jogh Eledrige “reassessing Libya：an analysis from Jane's NBC defense”，站 http：//www. janes. com/security/international_ security/news/nbcd/nbcd031223_ 1_ n. shtml.

持恐怖主义活动相结合对美国的国家安全形成了严重威胁。1977 年福特政府把利比亚列为美国的第 4 大敌人。1986 年里根总统宣布美国与利比亚的关系进入了紧急状态，并且断绝了与利比亚的经济联系，并冻结了利比亚在美国的资产，开始对利比亚实施全方位的经济制裁。最后导致对利比亚制裁由美国的单边制裁扩展到联合国多边制裁是 1988 年发生的洛克比空难事件。由于利比亚未按照安理会决议的要求把两名嫌疑犯引渡给英美，安理会对其实施了广泛的制裁。苏联解体后，利比亚失去了苏联的支持，在国际制裁和外交孤立的巨大压力下，利比亚在洛克比案上做出让步，并逐渐停止了对恐怖主义的支持，表示出重返国际社会，同西方修复关系的意愿。1999 年利比亚交出了两名嫌疑犯，联合国因此中止了对利比亚的制裁，但由于美国坚持认为利比亚没有依照英美的要求为该案件承担责任，所以安理会对利比亚的制裁一直没能彻底解除。美国一直把取消安理会制裁与要求利比亚政府为该事件承担责任和赔偿受难者家属、放弃和结束对恐怖主义活动和恐怖主义组织的支持相挂钩。2003 年利比亚与代表洛克比空难家属的律师们在伦敦达到协议后，联合国安理会于同年 9 月通过第 1506 号决议，决定解除联合国对利比亚实施的长达 11 年的制裁，但法国和美国均在投票中弃权①。

尽管利比亚达到了促使联合国解除制裁的目的，但小布什政府却把美国对其实施的单边制裁同利比亚支持恐怖主义特别是利比亚发展大规模杀伤性武器的问题联系起来，明确宣布美国不会就此取消。因而美国继续维持对利比亚的制裁，利比亚也继续留在美国国务院拟定的支持恐怖主义国家的“黑名单”上。② 为此，利比亚于 2003 年 12 月宣布将停止发展大规模杀伤性武器，完全销毁化学及核武器部件，并将向国际原子能机构公布一切发展核原料的行动，无条件同意国际武器核查人员立即进入利比亚进行核查。2003 年 12 月 19 日利比亚领导人卡扎非发表声明，称利比亚自主放弃发展

① 在 1988 年洛克比空难后，法国一架民航客机 1989 年也在非洲国家尼日尔上空失事。事后经调查，法国把罪责归于利比亚卡扎非政府。利比亚曾为此作出了总共约 3300 万美元的赔偿。在利比亚答允对洛克比空难家属每位支付 1000 万美元的赔偿后，法国认为当初它的失事航班的家属获得的赔偿太少了，因而要求追加赔偿。法国表示，除非利比亚增加赔偿的金额，否则法国将在联合国安理会行使否决权。

② 《利比亚承认对洛克比空难负责，美仍维持单方制裁》，解放日报，2003 年 8 月 17 日。

违禁武器的决定是“明智之举”。他认为利决定放弃发展违禁武器是“勇敢的步骤”，它将使利比亚成为世界各国、特别是中东地区、非洲和第三世界国家中放弃发展大规模杀伤性武器的“先驱国家”。[①] 对此国际社会表示了赞赏，同样美国对利比亚的举动也表示了欢迎。利比亚于2004年1月加入《化学武器公约》，3月利将最后一批核武器、生化武器部件和文件运至美国。同年3月10日利比亚正式签署了《不扩散核武器条约》的附属议定书，同意国际原子能机构进行突击检查。[②]

利比亚曾是一个让美国政府十分担忧的一个“危险国家”。但利比亚政府却突然改弦易辙，令国际社会大为不解。利比亚最终放弃大规模杀伤性武器扩散的决定主要有以下几个方面：一是在美国发动对伊拉克战争后，在国际反恐格局发生重大调整的背景下，特别是美国对伊拉克进行的更替政权的战争，利比亚领导人不得不为自己的命运考虑。避免重蹈萨达姆覆辙，是利比亚政治领导人的首要选择。利比亚领导人不得不担心其支持恐怖主义的历史和发展大规模杀伤性武器计划可能使其成为美国打击的目标。这也是英美官方强调伊拉克战争中美国的胜利和英美先发制人的反恐决心给利比亚造成震慑，迫使卡扎非“改弦更张”[③]；二是在长期的国际制裁下，利比亚的经济遭到严重的损害。长期的经济制裁使得利比亚经济十分萧条。利比亚称因国际社会的经济制裁，其经济蒙受了330亿美元的损失。[④] 利比亚国内经济的衰退，加之伊斯兰势力和军队势力造成的严重的国内动乱，对卡扎非政权的稳定造成了不利影响，这些迫使利比亚放弃了反对西方国家和极端的革命意识形态，走上以经济发展为重的道路。不可否认，利比亚主动放弃发展大规模杀伤性武器的计划，是为了最终改善与美英等西方大国的关系，达到解除对其经济制裁，恢复国民经济。

利比亚模式一方面在某种程度上实现了以美国为首的西方国家的战略目

---

① http：//news. sina. com. cn/w/2003 - 12 - 20/14441389688s. shtml.

② 《美英力捧利比亚，为在中东树榜样》，《解放日报》，2004年3月26日。

③ 白宫新闻秘书办公室：《总统反对大规模杀伤性武器的国家安全战略：利比亚的声明》，情况简报，2003年12月19日。http：//whitehouse. gov/news/releases/2003/12/20031219 - 8. html。

④ Ray Takeyh. “The rogue who came in from the cold” Foreign Affairs. May/Jun 2001. Vol. 80, Iss. 3.

标，会刺激它们继续挥舞大棒与胡萝卜，强迫其他正在谋求发展大规模杀伤性武器特别是正在进行核开发活动的国家走上利比亚模式之路。另一方，国际社会只要有耐心，可以用外交、经济手段，通过协商与谈判的方式，使致力于大规模杀伤性武器扩散的国家能够最终自愿和平的放弃扩散计划。①

三、独联体模式

所谓独联体模式，即国际社会通过多国、大国保证安全的方式来促进独联体国家乌克兰、哈萨克斯坦和白俄罗斯三国放弃其境内的核武器的危机管理模式。

1991 年底前苏联解体，其境内的不少加盟共和国都保留有核武器，主要集中在俄罗斯、乌克兰、哈萨克斯坦和白俄罗斯四国，这一状况令世界突然又增加了三个核国家，② 引发了核武器、核材料与核技术扩散的现实威胁。2.7 万枚核弹头和 1350 吨可用于武器的核材料“星罗棋布”地分散在原苏联广阔的空间内，混乱的政治浪潮使这些恐怖之物远比历史上的任何时期显得更可怕。苏联解体的直接后果就是在 1992 - 1994 年间在世界上滋长了横向核扩散的危险性；在苏联解体后的最初两年间，是人类历史上面临最严峻的核扩散威胁的时期。如何解决这一问题，成为国际社会普遍关注的焦点。特别是当时独联体国家普遍社会不稳定，经济不景气，这让国际社会怀疑这些国家控制和保护核武器安全的能力。如果这些核武器被境外的恐怖主义分子获得，其后果将不堪设想。国际社会特别是美国对独联体境内的这些核武器的安全和最终命运始终是忧心忡忡，更担心一旦发生核扩散，情况将变得更为棘手。1992 年 5 月，美国与俄罗斯、乌克兰、哈萨克斯坦、白俄

---

① “The World Just Got Safer. Give Diplomacy the Credit”, http: //www. ceip. org/files/nonprolif/templates/Publications. asp? p = 8&PublicationID = 1445.

② 1991 年底苏联解体时，原苏联地区大约保留着 27000 多枚核弹头，其中包括 11000 多枚战略核弹头和大约 15000 多枚战术核弹头。当时，80% 的战略核武器部署在俄罗斯，其余的则分散在乌克兰、哈萨克斯坦和白俄罗斯 3 国增内。乌克兰有 130 枚 SS - 19 洲际弹道导弹、46 枚 SS - 24 洲际弹道导弹、40 多架战略轰炸机和 500 多枚空中发射的巡航导弹。哈萨克斯坦有 104 枚 SS - 18 洲际弹道导弹和 40 架“熊”式 H 战略轰炸机。白俄罗斯有 81 枚 SS - 25 单弹头的机动式洲际弹道导弹。资料详见 Amy Woolf, Nuclear Weapons in Russia: Safety, Security, and Control Issues, United States Information.

罗斯签署了《里斯本协议》，根据这个协议分布在上述四个独联体领土上的前苏联战略核武器只能由俄罗斯继承，其余三国的战略核武器必须运交俄罗斯，按协议规定进行处理。这三国必须以无核国家的名义参加《不扩散核武器条约》。但在具体执行《里斯本协议》时，乌克兰弃核心理发生了微妙的变化。尽管乌克兰自独立伊始就宣布奉行无核化的政策，但是其部分领导人特别是乌克兰议会始终希望利用手中掌握的核武器这张王牌以提高对美国谈判的价码，这使得乌克兰对销毁其境内的核武器一直表现出犹豫的态度。乌克兰犹豫不决的立场遭到了美国和俄罗斯两个核大国的强烈不满，特别是1993年中旬，美国对乌克兰采取孤立政策，中止两国间的对话与经济合作。美国一直把乌克兰销毁其境内的全部核武器、批准《第一阶段削减进攻性战略武器条约》作为发展两国政治和经济关系的先决条件，对乌克兰实行经济援助与消除核武器联系起来解决的政策。在巨大的政治、经济压力下，乌克兰终于接受美国方面的立场，开始着手销毁、或向俄罗斯转移其境内的战术、战略核武器。1994年5月，美英俄同乌签署了一项多边备忘录，规定乌克兰放弃苏联解体时继承的核武器。到1996年11月，苏联解体时留在乌克兰、哈萨克斯坦和白俄罗斯三国的战略核武器已全部转移到俄罗斯。①这使得因前苏联解体在独联体地区上演的核扩散危机最终得到妥善解决。

在积极撤出乌克兰、哈萨克斯坦和白俄罗斯境内的核武器之后，俄罗斯并未对独联体国家建立国家出口监督机制的问题表现出特别的积极性。在这种背景下，美国就代替了俄罗斯的角色。在20世纪90年代，美国在财政与技术培训上向独联体国家提供了大量的援助，以期降低核扩散的危险性。美国在帮助原苏联国家销毁核生化武器及其相关设施自始至终是美国“合作减少威胁”计划的核心。美国国防部负责管理并执行“合作减少威胁”计划中的拆除武器系统及其相关设施的项目。美国“合作减少威胁”计划在哈萨克斯坦的实践使这个在冷战结束后出现的核武器大国实现了无核化。帮助哈萨克斯坦销毁了其境内的所有进攻性战略武器。乌克兰无核化的进程也是在美国计划的直接帮助下完成的。美国在帮助乌克兰发挥了关键的作用。在美国的直接参与下，到1996年6月1日，部署在乌克兰境内的全部大约

① Ronald E. Powaski，Russia：The Nuclear menace within，CURRENT HISTORY，October 1999.

1900 枚核弹头已被运往俄罗斯。随着乌、哈、白向俄罗斯转运核武器的后续工作接近尾声，美国对俄罗斯核武器保护、控制与衡算的重点转向核武器设施的安全。美国对俄罗斯原来的旧系统进行了自动化升级。美方提供了计算机与软件，负责对有关人员进行了培训，并参与了固定通信设备的安装。应该说美国的这些措施极大地缓解了独联体地区核扩散危机。

应该说，独联体模式最终能够成功的原因主要有以下几点：一是国际社会特别是美国成功的战略战术。它主要表现为政治施压与经援诱惑的巧妙运用。为了消除独联体国家拥有核武器的危机，美国向这些国家提供了大量的经济援助。① 美国前总统克林顿曾说过，美国向独联体国家提供的援助中有 2/3 是为了实现核安全，即用于销毁核武器和保证核材料的安全。② 在苏联解体后不久，美国就立即采取了很多手段来迫使哈、乌、白三国无核化。1992 年 5 月美国与三国签订的《里斯本协议》的核心内容就是要求三国以书面形式保证必须销毁三国境内的所有核武器。并加入《不扩散核武器条约》。这被称为了美国解决原苏联加盟共和国核武器扩散问题的法律文件。美国利用三国独立不久，经济上困难重重急需恢复国民经济的情况对三国软硬兼施。二是军事力量依然强大的俄罗斯对乌克兰等独联体有核国家仍有着巨大的不可替代的影响，俄罗斯不希望周边新出现核国家对自己的安全构成威胁，因此俄罗斯也反对乌、哈、白三国拥有核武器。三是国际社会为消除独联体国家的国家安全上的顾虑也作出了积极贡献。主要表现在美英俄三国于 1992 年的欧洲安全会议上共同签署备忘录，对乌、哈、白三国提供核安全保障，作出了不首先使用核武器的承诺，最终消除了这些国家弃核的顾虑。

---

① 截止到 1999 年底，美国通过由其国防部负责实施的“纳恩 - 卢格尔减少威胁合作计划”，总共向俄罗斯和其他有关的独联体国家提供了 21 亿美元的援助，主要用于安全的运输、储存和销毁削减进攻性战略武器条约所要求销毁的核武器。在同一时间，美国还通过其能源部向俄罗斯和其他独联体国家提供了 7. 93 亿美元的援助，主要用于加强武器级核材料的安全。详见 Curt Tarnoff, The former Soviet Union and U. S. Foreign Assistance, June 15, 2000, CRS REPORT FOR CONGRESS, IB 95077; Ronald E. Powaski, Russia: The Nuclear menace within, current history, October 1999; Stuart D. Goldman, Russia, CRS ISSUE BRIEF, April 19, 2000, IB 92089.

② Agency France Press (AFP), Washington, December 8, 1999.

第二节　恐怖主义危机管理

何为恐怖主义（Terrorism），可谓千人千说，百人百论。一直到目前，国际社会对恐怖主义还没有形成一个完全一致的概念。因而有学者甚至断言，“一个被普遍接受的全面的恐怖主义概念现在不存在，而且将来也不会存在”①。据统计关于恐怖主义的众多定义中，有一定影响的就达 100 种以上。② 尽管目前国际社会对恐怖主义这一概念的准确含义各有不同，但在构成这一概念的一些基本要素方面国际社会却达成了很多共识：一是恐怖主义涉及暴力使用或暴力威胁。几乎所有的恐怖主义概念都认为恐怖主义是一种暴力行为，而且这种暴力是蓄意的行为。这表明具有一定破坏力后果是恐怖主义的重要标志；二是恐怖主义行为具有政治目的。这主要是指恐怖主义组织为达到其自身的政治目的而采取的以暴力恐怖手段为特征的行为方式；三是恐怖主义的受害者具有象征性价值。指的是恐怖主义的袭击对象往往是精心挑选而并不完全是随意挑选的；四是恐怖主义分子希望引起公众注意。其目的在于能引起外部世界的关注，希望能影响或改变公众观点和态度，让更多的人注意到他们的要求、主张或不满；五是恐怖主义的破坏性具有不可预测性。这主要是恐怖主义活动是一种具有一定隐蔽性和突发性的暗藏行为，常常让人难以预料。结合目前国际社会对恐怖主义概念的界定及共识，在这里，本书尝试给恐怖主义作如下定义：所谓恐怖主义是指有组织的以暴力方式来实现其特定政治目标的实践活动。而国际恐怖主义则是指恐怖活动的组织、目标及实施具有跨国界特点的恐怖主义。

恐怖活动自古有之③。但直到 20 世纪 90 年代以后，由于现代高科技应用的普及和推广，国际恐怖主义活动掀起新一轮高潮。特别是 2001 年国际

---

① Walter Laqueur, The Age of Terrorism, Boston: Little Brown and Company, 1987, p. 149.

② 胡联合:《当代世界恐怖主义与对策》，东方出版社，2001 年版，第 1－17 页。

③ 学术界一般认为，现代恐怖主义兴起于 20 世纪 60 年代末。当时风起云涌的世界范围内各殖民地人们争取民族解放运动告一段落，但仍有许多民族问题并未得到彻底解决。同时，许多西方国家受极左思潮的影响与控制的各种组织也日趋活跃，1968—1969 年，出现了暗杀、爆炸、绑架、劫机、炸机等恐怖活动高潮。此后，类似的恐怖活动更是愈演愈烈。

恐怖组织针对美国发动的“9·11”恐怖袭击事件，引发了国际社会对恐怖主义现象的重新认识。如果说传统意义上的恐怖主义通常只是一群亡命之徒，还不具备全面挑战整个主权国家的能力，那么“9·11”事件则向全世界敲响了警钟，恐怖主义已进入到了一个能够挑战主权国家的新发展阶段。国际学术界普遍认为，“9·11”事件标志着从1990年底开始的所谓的后冷战时代的终结，表明人类遇到了一个新的更不可预知的冲突与挑战。它有两个最明显的后果：一是长期以来国际社会一直倚重的依靠军事手段抵御外族入侵的维护国家安全的传统安全理念受到了挑战，非传统安全威胁的不断上升和扩大趋势，迫使世人不得不重新思考国家新的安全观念；二是由于恐怖主义已发展成为全球或至少是许多国家安全的最大威胁，因而围绕恐怖主义威胁而展开的反恐和防止大规模杀伤性武器扩散的国际合作，便已日益成为影响国际关系的一个重要因素。“9·11”事件对国际关系的影响是巨大的，它迫使国际社会不得不重新思考如何放弃许多过时的传统安全战略理念，并探寻新的战略思维。

在全球化时代，由于恐怖主义等非传统安全威胁与传统安全问题交织，正在影响和改变着国际安全合作的目标、方式，对国际社会安全合作提出了新的要求。受其影响，世界各国各地区都在积极探索应对国际安全与国际危机新形势的途径。“9·11”事件后，世界各国以及联合国和其他国际组织都严厉谴责恐怖主义，在反恐问题上表现出空前的一致。世界各国在全球反恐斗争中加强合作，国际社会形成了反对国际恐怖主义斗争的高潮，在全世界范围内形成了以美国为首的反恐合作的统一阵线，这在客观上遏制了国际恐怖主义在全球蔓延的势头，使国际恐怖主义大伤元气。但国际反恐战争还没有取得最后的胜利。随着反恐战争的深入和持续，国际反恐战争也暴露出许多问题来，这在一定程度上影响了国际合作反恐的整体战略，这引发了人们对国际社会反恐模式的深度思考。

在当代，国际恐怖主义成为国际社会的最大公害，反恐合作成为国际社会的普遍共识。从整体上看，目前国际社会在反恐斗争中形成了三种管理模式：美国模式、欧洲模式和东盟模式。美国模式强调以美国利益为核心，以美国的单边行动能力为依托，以国际多边支持为辅助，注重用军事手段快速实现安全目标。这种模式对于消除目标明确的恐怖主义势力具有效率高、速度快的优势，但对于应对隐蔽的对手和从源头上治理恐怖主义等问题来说，则难以奏效。而且其负面十分明显。欧洲模式倡导以泛地区和全球性的一体化机制为依托，制定一体化的社会、政治、法律、经济和文化政策，强调从根源上治理恐怖主义等国际安全问题，应该说这种模式有其合理性，但这种危机管理模式要求有长期的过程，而中短期则难见其效。东盟模式注重从社会深层审视和管理国际危机，不主张过分依赖军事手段，重视对话与协调在国际安全合作中的意义。主张根据本地区客观形势来制定安全与危机管理的合作框架，对于危机管理的合作机制采取多样化、多层次、逐步推进、滚动发展的推进方式。该模式的缺陷在于由于某些安全机制形式上比较松散，面对突发危机时存在如何提高效率的难题。

一、美国模式

“9·11”事件深刻影响了美国，在某种意义上改变了美国的战略和行为取向。美国的反恐理念和战略在很大程度上，是由美国国家安全所面临的威胁和威胁的性质所决定的。恐怖主义对美国的威胁是紧迫而全新的。与过去不同的是，对美国的新威胁并非来自某个大国或大国集团，而是来自恐怖分子和“无赖国家”。美国认为只有通过在海外采取强有力的行动，在国内提高警惕才能得到保护，免遭攻击。① 同时，新威胁表明美国传统的威慑战略有着明显的局限性。2002 年《美国国家安全战略》报告指出，“历史告诉我们，威慑是有可能失败的；经验告诉我们，有些敌人是威慑不了的”。② 面对这一新威胁，虽然威慑没有完全失去效用，但美国必须超越威慑，采取包括先发制人攻击、切断其财源和发动思想战等在内的各种手段。③ 当然，美国也认识到要有效地打击恐怖主义，仅有美国一国之力是远远不够的，必须获得盟国和友邦的支持。这就需要建立一个广泛的联盟，即自愿联盟

---

① 美国总统布什 2002 年 1 月 29 日的国情咨文。详情参见 http：//www. whitehouse. gov/ news / releases /2002/06/20020129 – 11. html。

② The White House，The National Security Strategy of the United States of America，September 2002，p. 7. 参见“Bush Shifts Military Policy to A Strike-first Stragety”，New York Times，September 20，2002.

③ 杨洁勉：《国际合作反恐：超级地缘政治的思考》，时事出版社，2003 年版，第 161 页。

(Coalition of willing)。用前国务卿鲍威尔在2003年4月30在美国发布《2002年全球恐怖主义形势报告》时的讲话来说，“现在，每个国家都认识到，我们必须同舟共济，任何一个人都不能单独对抗恐怖主义。对这个全球性的威胁必须有全球性的回应。协同行动至关重要。”①

美国前总统小布什强调的反恐战争，主要表现出以下特点：一是不对恐怖分子作任何妥协，不同他们交换任何条件；二是将恐怖主义分子绳之以法；三是孤立支持恐怖主义的国家并对它们施加压力，迫使其改弦易辙。同时把古巴、伊朗、朝鲜、苏丹和叙利亚等国家被美国确定为支持恐怖主义的国家；四是对于那些同美国合作并需要帮助的国家，提高它们反恐的能力。如美国加大对巴基斯坦、沙特阿拉伯等反恐伙伴国家的援助。

美国在反对恐怖主义的战略中，军事打击仍然是其主要的和鲜明的特点。“9·11”事件前，面对国际危机爆发的时间、地点和结构的不确定性，美国就认识到如果危机爆发后再进行被动管理不仅会遭受极大损失，而且会疲于应付，最终失去控制，国际危机管理模式必须是“预防—准备”型。也就是通过塑造美国标准的国际环境，以彻底消除国际危机。1994年克林顿总统提出以“参与与扩展”为核心的国际战略，指出在没有战略竞争对手的国际社会中，美国必须继续发挥强有力的领导作用，构建国际安全环境，保持重要地区的稳定与和平，扩大自由市场和民主板块的范围，确保美国基本国家目标的实现。这一战略明确提出将国际危机的预防性管理作为美国发挥领导作用的途径。“为了帮助解决问题、缓和紧张局势以及在冲突转化为危机之前将其化解，我们的领导作用必须以预防性外交为主—通过诸如支持民主、提供经济援助、在海外驻军、军队对军队的接触……来进行这项工作”。② 1997年克林顿第二届政府提出以“塑造、反应与准备”为核心的国际战略，强调继续通过军事、经济、外交手段塑造有利于美国的国际环境，对直接的危机作出全方位的反应和不确定的未来挑战做好准备，确保美国的领导地位不受挑战。其中，“对危机的反应”成为重点内容。“9·11”

---

① 参见“Bush Shifts Military Policy to A Strike-first Stragety”, New York Times, September 20, 2003.

② 梅孜：《美国国家安全战略报告汇编》，时事出版社，1996年版，第251页。

事件后，小布什政府认定邪恶轴心、无赖国家“在全球范围内支持恐怖主义，憎恨美国及其代表的一切”，[①] 因而提出了以美国标榜的“自由”统一全世界为核心的国际战略。与美国国际战略调整相适应的是，美国国际危机管理也适时由“预防—准备”型转为“进攻—消除”型。美国认为恐怖主义势力和无赖国家会在“没有任何预兆的情况下使用”大规模杀伤性武器攻击美国，无从预防，难以准备，只能以先发制人的军事打击摧毁具有威胁能力的敌人，才能彻底消除国际危机根源。这一新型的国际危机管理模式，内含于美国以强力更迭敌对政权、改造世界的国际战略之中。阿富汗战争、伊拉克战争就是这一危机管理模式的尝试。

无论是2001秋美国对阿富汗塔利班政权及其庇护下的“基地”组织发动的战争，还是2003年对伊拉克萨达姆政府发动的政权更替的战争，都是美国全球反恐战略的重要一环。美国这种反恐模式主要有以下特征：强调以美国利益为核心，以美国单边行动能力为依托，以国际多边支持为辅助，注重用军事手段快速实现安全目标。这种方式对于消除目标明确的恐怖主义势力和其他国际威胁来说，具有效率高、速度快的优势，但对于应对隐蔽的对手和从源头上治理恐怖主义等问题来说，则难以奏效。从长远来看，这种方式给国际社会带来的负面影响十分突出，在实践中难以维持。以美国利益为中心，不会赢得世界其他国家的真心支持。过分倚重军事打击，对于解决许多安全问题意义不大。而且，美国单边行动能力永远是相对的，不会一成不变，以此为基础推行安全合作与危机管理是靠不住的。

二、欧洲模式

欧洲模式主要是指欧盟在反恐战争中的一整套原则、方法及应对措施等。欧盟作为西方世界的重要一员，特别是作为一个超国家的机构，它在国际合作反恐方面有其独特的理论、政策和实践。欧盟对恐怖主义有其自己的定义，根据欧盟有关的条约、声明和决议，欧盟对恐怖主义的定义主要概括为：恐怖主义是对民主、人权、法治、繁荣的威胁；恐怖主义活动把欧洲作

---

① 2002年《美国国家安全战略》前言，参见《“9·11”事件后美国国家安全战略文件选编》，第653页。

为打击的主要对象，或者把欧洲作为活动的主要基地；恐怖主义的类别主要是传统的恐怖主义、生态恐怖主义、极权恐怖主义。适合上述条件的恐怖主义是欧盟打击的重点。“9·11”事件后，欧盟认识到，其反恐的主要任务应是针对伊斯兰极端恐怖主义以及把欧洲作为恐怖活动基地的组织。①

在全球化时代，欧盟国际合作反恐理论是建立在相互依存理论基础上的“共同安全观”。2002 年 2 月在德国慕尼黑召开的第 38 届国际安全政策会议上，欧盟及其成员国在该会议上提出了一种以互利合作、共同发展为核心的新的安全观。应该说欧盟一直非常重视其危机管理领域作用的发挥，无论是在危机管理的预警体系，还是在冲突后的协调与管理方面都有一整套完善的组织制度来保障。在早期预警方面，欧安组织（OSCE）② 现成可用的工具主要是“欧安会框架和机构中的定期深入的政治磋商”。1993 年 12 月，常设委员会的建立进一步拓展了磋商与对话的范围，其每周召开一次正式会议，通过各国代表的经常对话和交流，“缓解了可能出现的紧张局势，澄清了相互之间的误解”。另一个早期预警的工具是欧安会（CSCE）框架下每两个月召开一次的欧安会审议会议。欧安会的信任与安全磋商可以作为早期预警的指标。每年一度的信任与安全措施的落实审查会议也被认为是讨论潜

---

① Frank Gregory：“The EU’s Role in the War on Terror”，Jane’s International Review，January 2003，pp. 14－17.

② 欧洲安全和合作组织（简称欧安组织）的前身是欧洲安全与合作会议（1995 年更名），即通常所说的欧安会。欧安会是 20 世纪 70 年代东西方缓和的产物，其初始动力来自于苏联谋求加强对中东欧国家的控制和西德试图通过“新东方政策”为东西方缓和寻求一个稳定的基础这两种愿望的结合。欧安组织的发展则是对 20 世纪 70 年代以来欧洲安全格局、尤其是美苏（俄）关系变化的直接反映。欧安会筹备会议于 1972 年 11 月至次年 6 月在芬兰首都赫尔辛基举行，起草了《赫尔辛基最后建议蓝皮书》，1975 年 35 个欧安会参加国正式签署了《欧洲安全与合作赫尔辛基最后文件》。目前欧安会已发展成为一个囊括全部欧洲、中亚国家以及美、加 54 国、横跨欧亚大陆的欧洲地区安全和合作机构。进入 20 世纪 90 年代以后，随着冷战结束，东西方对抗的终结，欧洲发生大规模战争的可能性减少，但中东欧和独联体内部的民族、宗教、领土、边界纠纷和冲突不断，为适应变化了的欧洲形势，欧安组织的职能主要侧重于防止冲突和提高处理突发性危机的能力。1990 年欧安会巴黎首脑会议决定在维也纳设立“防止冲突中心”，负责交流各国军事情报，以减少和防止冲突。1991 年欧安会又通过《建立突发事件磋商和合作机制》（简称应急机制）和《和平解决争端》两个文件。“应急机制”规定，如一成员国认为某国可能出现危及欧洲和平、安全或稳定的紧急事件，可要求其在 48 小时内对事件做出说明，如问题未获解决，只要有 13 个成员国（欧安会 1/4 成员国）同意，欧安会即可在 3 天内召开高级官员会议进行磋商，就解决方案提出看法和建议。《和平解决争端》规定，扩大和加强“预防冲突中心的作用”，为加强防止冲突机制，开展合作论坛，以解决成员国之间的争执与冲突。

在危机可能性的机会。此外，少数民族问题高级专员，也是欧安会“早期预警的一个工具”。① 少数民族问题高级专员被赋予了两个使命，一是对欧安会地区少数民族问题引起的有可能发展成为冲突的紧张局势“在尽可能早的阶段加以遏制和解决”②；二是在紧张局势进一步发展不可避免的情况下，尽早提请欧安组织注意并采取必要的措施。在预防冲突方面，欧安会在20世纪90年代建立的维也纳机制、莫斯科机制以及柏林机制虽然存在很多问题，但在预防冲突方面通过现场了解情况，启动欧安组织会议机制，决定是否派出事实调查小组而发挥一定的作用。事实调查小组是欧安组织以不偏不倚原则派往当事国现场的小组，他们了解一手材料，提出欧安组织下一步的行动建议。在必要的情况下，欧安组织还可以派出长期使团，促进对话与合作。第一支由8人组成的长期使团是1992年为避免前南地区冲突进一步发展向前南马其顿派出的，主要是避免马其顿卷入冲突。同月还向科索沃等地派出了3个长期使团，主要是负责当局与地方的对话，建立相互信任。在预防冲突方面，少数民族问题高级专员深入现场展开外交活动，向欧安会提出建议，因而也是冲突预防的工具。危机处理是欧安组织的重要工作，主要由高官委员会和常设委员会负责，有时也建立个案指导小组专门负责处理某个危机，如11人组成的明斯克小组负责那戈尔诺—卡拉巴赫地区的冲突调解；1993年4月组成的摩尔多瓦6人使团负责解决跨达尼尔斯塔地区的冲突问题。这些使团的工作主要是促进对话与和解，就必要的法律和政治安排提出建议，跟踪了解事态发展等，负责协调使团工作、提供政治上指导的是欧安全组织当值主席。

从欧洲模式来分析，它重视发展问题、重视解决恐怖主义产生的根源；重视建立在平等互信和对话基础上的国际合作，提供充分发挥联合国在反恐中的主导作用；把恐怖主义与宗教区分开来。其中特别强调了发展问题。③在欧盟的反国际恐怖主义的实践中，其“共同安全观”是指导欧盟反恐的基本理论，它所遵循的最根本的原则是合作、预防、发展。欧盟反恐模式主

① CSCE, Helsimki Document 1992, Helsinki Summmit Declaration: promises and Problems of Change, p. 20.

② Ibid, p. 23.

③ 王芳：《国际安全观的交锋》，《人民日报》，2002年2月8日，第3版。

要体现出以下特点：倡导以泛地区和全球性的一体化机制为依托，制定一体化的社会、政治、法律、财政、经济和文化政策，强调从根源上治理恐怖主义等国际安全问题。与美国不同，欧盟认为当今的恐怖主义具有跨国性质，只有通过与相关国家的合作，才能真正消除恐怖主义的隐患。因此，欧盟主张与所谓的“无赖国家”发展关系，认为对这些国家要耐心地敦促和支持其政治、经济和社会的改革，而不应对其打压和制裁，甚至诉诸武力，只有合作才能有助于恐怖主义的消除。① 这种主张对于应对非传统安全问题，在方向上有其合理性。但问题在于其一体化的推进方式，在现实中有许多困难，中短期内难以落实，至少在欧洲以外的地区是如此。因此，这是一种带有理想主义色彩的危机管理主张。

目前来看，欧洲模式在中欧、东欧地区的危机管理方面比较有成效，但在欧洲以外地区的效果还没有显现出来。

三、东盟模式

亚太地区的恐怖主义活动主要集中于东南亚地带。“9·11”事件后，东南亚地区恐怖主义的扩散以及东南亚各国的反恐斗争成为国际社会关注的焦点之一。“9·11”事件后，东南亚地区恐怖活动日益猖獗和蔓延表明东南亚一些恐怖组织开始把制造大规模恐怖活动作为实现自己目标和在国际上扩大影响的手段，这些恐怖组织也已形成了相当严密的网络，彼此之间以及与世界其他地区的恐怖组织也有着相当的人员、财政和行动上的联系。“9·11”事件后美国和西方国家本土防范较严，恐怖分子把主要活动目标进行了转移，而一些东南亚国家政府起初在打击恐怖主义方面的措施不力，边界管理也普遍较为松散，使得东南亚地区成为恐怖主义活动的重灾区。

2002年11月，第八次东盟首脑会议（The Eighth ASEAN Summit）各国领导人重申反对一切形式的恐怖主义，提出加强措施，共同预防和打击恐怖组织在该地区的活动。同时，东盟还决定在吉隆坡成立一个反恐区域训练中心，该中心主要定位于训练反恐官员和对区域内激进分子的行为进行分析，以促进地区安全。中心带有研究机构的性质，将承办以强化边境安全和恐怖

① 《欧盟不理会黑名单》，《新华每日电讯稿》，2002年6月19日，第5版。

袭击后的危机处理等内容为主题的研讨会和讲习班，并以恐怖主义行动进行追踪研究和数据评估。2002 年巴厘岛事件后，东盟国家加强了反恐协作，决心加大力度摧毁本区域的恐怖主义网络。① 同时，为了加强亚太地区的反恐合作，东盟各国与中国、日本等国家也开展了积极有效的合作与交流。

近年来在东南亚国家恐怖主义威胁和恐怖活动不断增多，东盟国家 2007 年 1 月在菲律宾宿务召开的第 12 届东盟峰会上签署了东盟历史上第一份《东盟反恐公约》（ASEAN anti-terrorism conventions），进而全面加强东盟国家之间以及东盟与其他国家和国际组织的反恐合作。“9·11”事件后，东南亚国家与美国加强了反恐合作，并成为美国在全球反恐战争的第二战场，同时，东南亚各国之间也提升了反恐领域的合作。尽管如此，东南亚的恐怖主义活动仍然不断：印尼先后发生了 2002 年 10 月巴厘岛、2003 年 8 月雅加达万豪酒店以及 2005 年 10 月巴厘岛等爆炸袭击事件；菲律宾发生 2004 年 2 月的超级渡轮爆炸案及 2005 年情人节三城市连环炸弹袭击事件；2006 年 9 月泰国南部旅游胜地合艾市发生连环爆炸袭击，等等。恐怖活动不断升级不仅夺走了无辜的生命，冲击了地区和平与安全，更直接影响了东盟国家经济的发展，阻碍了东盟共同体建设的进程，因此进一步加强东盟内部的反恐合作势在必行。《东盟反恐公约》对恐怖主义行为作了详细的界定，凡属于 1963 年《东京公约》、1970 年《海牙公约》、1971 年《蒙特利尔公约》、《核材料实物保护公约》、《制止资助国际恐怖主义公约》等文件规定的犯罪行为均属于恐怖主义行为。东盟国家将加大信息与情报的共享与交流，提升地区培训与技术合作，建立地区数据库，采取措施控制恐怖分子资金和人员在东盟内部的流动，加强在起诉恐怖分子等司法和执法方面的合作，加强引渡恐怖分子的合作。公约还规定，各国将建立或指定一个全国性的反恐机构作为实施此公约的权威机构。同时公约还建议，公约实施两年后，东盟国家应召开反恐首脑会议。

东盟模式在某些方面与欧洲模式有相似的一面，即注重从社会深层审视和处理国际危机，不主张过分依赖军事手段，重视对话与协商在国际安全合作中的意义。但与欧盟方式不同，亚洲各国更加注重地区客观形势特点出发

① ［新加坡］《联合早报》，2002 年 12 月 19 日。

制定安全与危机管理的合作框架，对于危机管理的合作机制建设采取多样化、多层次、逐步推进、滚动发展的推进方式，对于地区一体化的政策和组织机构持谨慎态度。在国际合作反恐方面，亚太模式也与欧洲模式有所不同。鉴于历史传统和国际格局的现实，东盟各国反恐的国际协作主要是与美国的合作。原因在于东南亚作为世界恐怖活动的主要热点地区之一自然成为美国关注的焦点，小布什政府也把印尼确定为对美国“有利害关系的地方”。① 同时，反恐战争正好为美军加大在东南亚的军事存在提供了一个机会。对于美国大规模地卷入东南亚的反恐行动，对东南亚未来的反恐进程将产生重大的影响。对于东南亚的反恐而言，美军在军事上的直接卷入具有一定的积极意义，但也可能进一步激化当地穆斯林的反美情绪，增加民众对本国政府的不满，反而使得当地的恐怖组织有了进行更多恐怖活动的动机和目标。对于这些国家而言，它们既希望利用美国军事反恐对己有利的方面，又想避免被美国的全球和地区战略所利用，因而又试图与美若即若离。正如泰国的《亚洲时报》所指出的那样，东南亚“有所得的国家无不利用美国的反恐言论来实现自己的目标，同时与美国的行动保持了一定距离。②”

当前，东盟模式已超越东盟区域，为世界其他地区以管理恐怖主义危机方面提供了一种新的途径和可选择的平台。即国际社会在应对国际恐怖主义危机时，必须坚持走合作反恐的方式，通过情报交流与合作，扩大反恐合作机制，从根源上寻求解决恐怖主义的对策。

从总体上来看，这种模式适合亚太地区形势的特点。但这种模式也存在一些问题，如某些安全合作机制由于形式上比较松散，对于应对一些突发性危机存在如何进一步提高效率的问题。整个来说，目前东盟模式还不能完全适应当前日益复杂的安全形势与危机管理的需要。

第三节 人道主义危机管理

所谓人道主义灾难是指因自然灾害或人为原因使某国或某一地区面临严

---

① ［美］戴维·菲利普斯：《下一阶段的反恐战争》，［美］《国际先驱论坛报》，2002 年 3 月 23 日。

② 格里·拉摩希：《“9·11”后亚洲的赢家和输家》，［泰］《亚洲时报》，2002 年 9 月 13 日。

重的生命、财产损失的威胁，而且该国国家管理机能失调，出现无法应付的状态。人道主义灾难危机管理就是指在面对人道主义灾难所采取的救助行动的全部活动。国际人道主义救助工作的任务是帮助难民、国内流离失所者和其他遭受人道主义灾难的人，他们由于这样或那样的原因不能维持生计，因而依赖社会的救助和帮助以求得生存。然而，这一任务任重道远。当前，自然灾难、内战的发生日渐频繁，经济的全球化并没有带来全球性的经济繁荣，却使更多的人陷入赤贫。在人权的正统性日益加强的情况下，特别是由于国际人道主义救助行动中的政治因素、国家利益因素严重损害了人道主义事业的权威性，因而使得国际人道主义救助行动面临各种困难和挑战，当前国际人道主义危机管理陷入了进退失据的窘境。

在长期的人道主义救助活动的实践中，国际社会逐渐形成了一整套关于人道主义危机管理的制度安排，包括健全的组织管理机构与完善的法规制度等。

从组织机构层面来说，目前国际社会基本上有以下五个层次。第一个层面是联合国机构。救灾是联合国的事情，联合国的很多机构都与救灾有关，如世界粮食计划署（The World Food Program）、联合国难民署（UNHCR）、世界卫生组织（the World Health Organization）、儿童基金会（UNICEF）、人道主义事务协调厅（the Office for the Coordination of Humanitarian Affairs）等。在联合国的六大工作领域中，人道主义救援是其中的重要组成部分。在联合国机构中，联合国人道事务协调办公室地位非常重要，其职能是负责协调整个社会的国际人道主义援助。鉴于联合国人道主义工作的综合复杂性，人道主义援助领域的任务几乎涉及联合国所有活动和职能，在联合国大会，人道主义议程项目散布于全体会议及第二和第三委员会的议程之中。全体会议负责处理与协调工作人员、安保和自然灾害等方面；第二委员会处理对具体国家和区域的人道主义援助、灾害、脆弱性和减少风险等方面；第三委员会处理对境内流离失所者和难民的援助及国际人道主义新秩序。第二个层面是区域性和地区性国际组织。这些区域组织的区域属性使得其能够有效地开展人道主义危机管理工作。欧盟（EU）、非盟（the African Union）、阿拉伯联盟（Arab League）、东盟（ASEAN）、美洲国家组织（the Organization of American States）以及次区域组织，包括亚洲开发银行、美洲国家银行等都在区域范围内有效地开展了人道主义危机管理的工作。如非盟在苏丹达尔富尔地区开展的人道主义危机管理就比较卓有成效。第三个层面是援助国，多数提供援助的国家都设立了专门负责人道主义援助的办公室。其中美国自然灾害援助办公室、加拿大国际人道主义事务办公室、英联邦世界发展办公室和欧洲人道主义事务办公室等机构最为活跃与知名。第四个层面是非政府机构。世界范围内有上千个非政府组织，部分或全部任务为提供国际人道主义援助、人权、卫生问题，并提供物资，技术，有时提供现金。世界范围内有影响的非政府组织有“世界志愿者委员会”（World Volunteer Committee）、“协同行动”（Concerted action）、“人道主义援助救援委员会”（Humanitarian assistance Rescue Committee）以及国际红十字会（the International Red Cross）、红色新月会（Red Crescent）、国际卫生服务协会（the International Health Association）、基督教救援服务中心（the Christian relief center）、路德国际联盟（the Lutheran League）等等。① 在运作上，非政府组织比联合国机构更灵活地满足人们的需要。由于这个原因，援助国越来越倾向于将他们的援助物资或援助款通过非政府的渠道，而不是国与国之间的双边机构运到受援国。第五个层面是军队。受灾国的本国军队，直接或通过国民防御系统，承担了救灾工作中后勤（运输和通讯）方面的主要责任。当地空军经常负责在救灾过程中做空中巡查。军队在救灾过程中虽然作用很重要，但也是一种辅助力量，不能替代救援工作其他成员的作用。

从制度安排方面来看，国际人道主义危机管理的程序主要有以下三个层面：第一个层面是受援助国发出国际呼吁，要求进行人道主义援助，这种呼吁是非常正规的政府行为，一般来说应由该国的民政部门出面直接向联合国驻该国代表的协调员发出，然后由协调员和人道事务办公室统一协调援助。第二个层面是危机灾难信息的共享。发生灾难了，还没有到那么大规模的时候，或者还没有到要求国际援助的时候，这时要尽早地把信息向国际社会通报，一方面是为了今后一旦发展到非常严重的程度，可以比较快地进入国际援助的体系中间去。第三个层面是灾难管理或减灾。它是灾难风险控制的层

① 赵炜、程云松、黎檀实：《灾难医学继续教育项目：VI 灾难救援中的国际间合作》，《中国危重病急救医学》，2005 年第 10 期。

面，这通常是与国际社会一道把灾难风险，即发生的可能性以及以后的规模和影响降低到最小的程度。

应当说明，在国际人道主义危机管理中，联合国的作用至关重要。联合国人道主义事务协调办公室在可能或已出现人道主义危机的时候，立即提醒国际社会的注意并协调国际人道主义救援行动。如派出协调小组帮助当地的协调工作。但在实践中，联合国为中心的人道主义危机管理机制，由于其自身的局限性也受到一些批评。如联合国内部综合协调行动较差，表现在其内部多头管理，造成了力量的分散。同时，由于自身实力有限，在应对人道主义危机时，面临大国的制约，有些力不从心，或者延误时机。同时，在国际人道主义危机管理中，受援助国的政府要承担起首要的，最重要的救援职责。也就是说国际人道主义援助应该是这个国家救援的一个补充。

通常来说，国际人道主义危机管理有两种模式。一种是正常模式。诸如发生自然灾害等造成的严重人道主义危机。在这种模式下，国际社会通过各种途径向受灾国提供援助。另外一种模式是非正常模式，即强制性的干预模式。特别是因复杂紧急事件引发的人道主义危机。所谓复杂紧急事件，是指在一个国家、区域或社会中由于内部或外部冲突致使主管当局严重崩溃而发生的人道主义灾难危机，它需要超国家的力量和国际反应来加以解决。它包括以下情形：广泛的暴力和生命的丧失；大量的流离失所者；对社会和经济造成的普遍损害；需要大规模、多方面的人道主义援助；由于政治和军事制约造成的对人道主义援助的障碍或阻碍；以及一些地区对人道主义救援人员造成的重大安全危险等。在这种情况下，国际社会主要是联合国安理会通过强制干预，以武力的方式来保障对人道主义危机的管理。冷战结束以来，第二种模式的人道主义危机管理越来越突出。如国际社会在前南地区、非洲及海地等开展的强制人道主义干预就很典型。

冷战结束以来，大多数人道主义紧急情况均与内部冲突有关①。从实践中看，国际人道主义干涉主要有制裁和武力介入两种表现形式。制裁，尤其是经济制裁在国际政治的实践中使用得比较普遍。但制裁往往会带来一系列负面后果，在一些情况下甚至构成了数项国际罪行，却通常达不到需要达到

① http：//daccessdds. un. org/UNDOC/GEN/NO1/415/52/PDF/NO141552. pdf? Open Element.

的政治目标（制裁措施针对的目标因为享有特权而归于无效），反而加大了人道主义灾难的程度与后果。有鉴于此，国际社会为了降低全面制裁的灾难性后果，20世纪90年代以后，安理会采取了明智的制裁手段，以针对特定地区甚至特定人物为显著特征。如联合国对塞拉里昂的制裁仅限于石油禁运、武器禁运以及限制军阀的旅行，在苏丹，联合国也实行了同样性质的飞行禁令。① 事实上，无论是全面制裁还是针对性制裁，并不会产生预期效果，在国际人道主义行动领域更是如此。制裁往往延误对受灾人群的救济，导致更大范围的生命、物质损失。在武力介入方面，联合国1992—1995年在索马里的行动是安理会第一次因为“完全的人道主义原因”运用武力。北约对南联盟采取的军事行动也是强制人道主义行动的典型案例。应当说，从执行的结果看，运用武力是执行人道主义救助行动最快、最有效的手段。但其合法性却广受争议。武力的使用作为强制国际人道主义行动的手段必须有严格的规定，应当是最后的选择。

当前，主权国家和地区组织在强制人道主义救助行动地位问题成为争论的热点。《联合国宪章》第二条第七款规定，不得干涉在本质上属于任何国家国内管辖的事件。但由于安理会在冷战后的几次人道主义危机中没有做出反应，又引发了对联合国未能有效履行职责的争论。应该说，以执行人道主义救助为目的的军事行动在道义上是站得住脚的，至少从表面上看，多边的强制人道主义救助行动显示了国际社会对人道主义救助受阻作出反应的意愿。但问题的关键在于作出这种反应的总是少数一些国家，而人道主义可能并不是它们使用武力手段的唯一动机。② 其更为严重的后果是这种多边行动损害了联合国的权威性以及国际法律秩序。从这个角度上，单个国家或者某个国家共同体都不宜于作为执行强制性人道主义救助的主体。科索沃危机引发出一个问题，政府间组织是否有权出于人道主义考虑对一国动用武力。这个问题至今远远未能解决。但是，越来越多的迹象表明，各种类型的地区组织正在更多地介入到人道主义事务之中，这种介入也得到了联合国的承认。

① Matthew Graven, Humanitarianism and the Quest for Smarter Sanctions in European Journal of International Law. (2002), vol. 13, no. 1, p. 48.

② 美国打着人道主义幌子在格林纳达、巴拿马以及中美洲的武装干涉受到了广泛的质疑，这些行动都具有明显的经济以及地缘政治色彩，并且从未得到安理会或者美洲国家组织的授权。

以达尔富尔问题为例，安理会于2004年通过1564号决议，要求苏丹政府采取措施改善达尔富尔地区的安全局势，并与非盟全面合作，否则安理会将对苏丹采取一系列制裁措施。①

在后冷战时期，国际社会对许多地区的人道主义灾难危机进行了管理，但其效果有好有坏。其中以在索马里、卢旺达和东帝汶进行的人道主义危机管理最为突出。索马里模式是指国际社会通过武力强行在冲突地区强加和平、强制实施人道主义援助的一种方式。该模式的缺陷在于容易引发冲突与激化矛盾，对人道主义危机管理的有效实施带来不便。卢旺达模式是指国际社会在人道主义灾难引发的危机面前采取反应迟缓、行动拖沓的消极被动方式，它只会加剧更大范围内人道主义危机灾难的发生。东帝汶模式是指国际社会在人道主义灾难引发的危机面前，及时采取措施，应对有方，最终使危机得到有效缓解或消除的一种方式。东帝汶模式表明国际社会特别是联合国只要开展广泛的合作，及时采取积极有效的应对措施，缓解和消除人道主义灾难危机是完全可能的。

一、索马里模式

所谓索马里模式，就是指国际社会在管理因地区冲突而引发的人道主义危机时，通过武力方式在冲突地区强加和平、强制实施援助的一种方法或措施。由于国际社会在索马里开展的人道主义救助活动中，美军严重损兵折将，② 迫于国内压力，美国宣布撤军，美国单方面的撤军行为最终导致这次人道主义危机管理失败。

20世纪90年代以来，索马里各派武装割据混战，处于无政府状态，引发了严重的人道主义危机。1992年1月联合国安理会通过第773（1992）号决议，决定对索马里实行武器禁运，并要求索马里各对立派别停止敌对行

① 见联合国安理会第1564（2004）号决议，2004年9月18日第5040次会议通过。http://www.un.org/chinese/aboutun/prinorgs/sc/sres/04/s1564.htm。

② 1993年7月中旬，美军向索马里民族联盟领导人艾迪德的指挥中心实施导弹袭击后，艾迪德向美国宣战。当年10月，美军出动海军陆战队追杀艾迪德，因情报有误，结果导致两架“黑鹰”直升级被击落，18名美军士兵死亡，78人受伤，后来艾迪务的部下拖着美军士兵的尸体在首都摩加迪沙游街示众，此事对美国民众造成极大的心理创伤。

动。1992年4月，安理会通过第751（1992）号决议，决定建立联合国索马里行动（UNOSOM）。联合国派出了50名军事观察员和500名保安部队，以监督停火，维护为期90天的人道主义援助。但由于遭到索马里国内军阀的阻挠，人道主义援助工作开展得并不顺利。1992年12月安理会通过决议授权美国采取一切措施为索马里境内的人道主义救助工作尽快建立安全的环境。随后以美国为首的多国联合特种部队37000人——定名为“恢复希望行动”——登陆索马里，其目的是护送食物、药品等救济物资，救济灾民，这就是第一期联索行动（UNOSOM-Ⅰ）。① 随着形势的发展，1993年3月安理会通过第814（1993）号决议，批准了第二期联合国索马里行动（UNOSOM-Ⅱ），授权维和部队用武力维持和平，解除各派武装，为索马里的重建和人道主义援助行动提供安全保障。从4月份开始，联合国军队频频遭到袭击，6月安理会在美国的推动下通过了第837号决议，谴责对联索部队的袭击，要求采取必要行动，惩罚袭击的所有发动者，并尽快解除索马里各派的武装。联索部队开始对索马里的艾迪德派采取惩罚措施，并发布了逮捕艾迪德的命令。联合国维和部队的行动开始超出了人道主义救助使命的范畴，变成了与索马里军阀的武力对抗，同时也使它“脱离了公正的中立调解人地位”，② 直接卷入索马里的国内斗争。军阀部队及其支持者并不示弱，频频发动反击，导致多名维和士兵死亡。美军在摩加迪沙的巷战中遭受意外损失，美国总统克林顿迫于国内压力于1993年10月单方面宣布撤军，缉拿艾迪德的行动宣告失败，联合国的人道主义援助行动也陷入停顿。1994年11月，安理会通过第954号决议，决定第二期行动于1995年3月结束，联合国在索马里开展的人道主义救援行动宣告失败。

从这里，我们可以看出所谓索马里模式，就是指在开展人道主义救援时，通过武力在冲突地区强加和平、实施援助的一种方法或措施。这种方式易卷入冲突双方中去，极易引起冲突一方的指责或认为不公，或认为有失偏

① 邹念祖：《美国的索马利亚政策》，台湾《问题与研究》，1995年第34卷第3期，第23-38页；《美国对联合国和平行动的态度》，台湾《问题与研究》，1996年第35卷第11期，第50-59页。

② 方连庆等主编：《战后国际关系史（1945—1995）》，北京大学出版社，1999年版，第882页。

祖，难以真正达到目的。

联合国索马里开展的人道主义救援行动历时27个月，耗资20多亿美元，夺去了132名维和士兵和1万多名索马里平民的生命①，是联合国维和史上最惨痛的失败，为维和行动之“滑铁卢”。② 联索行动之所以失败，主要有以下几点原因：其一是武力维持和平战略的实施③。在美国的操纵下，联合国索马里行动带有明显的使用武力强制实现和平的特点，安理会第814号决议和第837号决议都明确授权维和部队必要时“采取一切必要行动”，包括进攻性军事行动。军事化色彩日益浓厚使得联合国帮助索马里恢复社会秩序的努力受到削弱。此外，联索行动的授权并不明确，联索行动处理的是由许多复杂的种族和宗教派别纷争导致的内部冲突，没有明确而可行的使命注定了该行动的悲剧结局。④

联合国在索马里维和行动的失败和人道主义救援工作的终止，产生了极其严重的后果。美国在联合国随后的维和行动及人道主义援助工作方面兴趣大减，并单方面削减维和经费比例，美国还对联合国行政效率低下提出批评，美国与联合国就联索行动失败的后果由谁来承担问题上发生了争执。这一事件影响了美国与联合国在以后的维持和平行动关系上的合作⑤。1998年，联合国秘书长安南向安理会汇报联合国维和部队“汲取教训组”对联索行动的反思时指出，联合国在索马里的经历在很大程度上影响国际社会对维和行动的看法，“对这次行动的记忆继续妨碍着联合国对危机作出迅速和具有决定性反应的能力”。⑥ 正是由于在管理索马里人道主义灾难危机的失

---

① 魏宗雷、邱桂荣、孙茹：《西方“人道主义干预”理论与实践》，时事出版社，2002年版，第137页。

② 门洪华：《和平的纬度：联合国集体安全机制研究》，上海人民出版社，2002年版，第325页。

③ ［美］菲利斯·本尼斯：《发号施令——美国是如何控制联合国的》，新华出版社，1999年版，第156页。

④ 许通美：《探究世界秩序——一位务实的理想主义者的观点》，中央编译出版社，1999年版，第59页。

⑤ 美军在索马里开展的人道主义灾难危机管理失败后，克林顿总统的第25号总统训令给未来美国的和平援助行动拟定了条件和限制：除非国家利益受到威胁，盟国能够参与，备有安全的退出战略与明确的托管权，而且部队受美国的指挥，任何美国士兵不得在和平无从维持的地区再次面对维和行动。

⑥ 刘恩照：《联合国维持和平行动》，法律出版社，1999年版，第245页。

败，使国际社会在随后的卢旺达大屠杀危机面前束手束脚，最终导致了范围更大、程度更为严重的人道主义灾难。

二、卢旺达模式

所谓卢旺达模式，就是指国际社会在管理因地区冲突而引发的人道主义危机时，采取反应迟缓、行动拖沓的消极被动，甚至不作为的方式。通常来说，这种模式将会加剧更大范围人道主义灾难危机的发生。

卢旺达大屠杀的直接导火索是卢旺达总统专机失事。1994 年 4 月 6 日晚，卢旺达总统哈比亚利马纳和布隆迪总统恩塔里亚米拉在赴坦桑尼亚首都出席关于地区和平的首脑会议后，同机返回卢旺达首都基加利，未料飞机在机场降落时坠毁，两位总统和机上随行人员全部遇难。事发后，关于谁是凶手传说不一，两大部族之间互相猜疑，基加利的局势迅速恶化。次日，由胡图族组成的总统卫队绑架并杀害了图西族总理乌维兰吉伊马纳女士和 3 名部长，同时组建了临时政府；8 日，图西族反政府武装“爱国阵线”拒绝承认将其排除在外的临时政府，宣布向首都进军。至此，卢旺达内战再度爆发，伴随着两派武装在前线的激烈厮杀，胡图族极端分子在全国范围内大肆残杀图西族和胡图族温和派，实行种族灭绝政策。甚至相当偏远的山区也发生了部族屠杀，一卡车一卡车逃难的妇女、儿童被杀死，路边沟旁尸横遍野，惨不忍睹。短短百日之内，近百万无辜者被残酷杀害，200 多万难民逃亡国外，另有 200 多万人流离失所。① 从而在卢旺达全国范围造成了最惨不忍睹的人道主义灾难危机。

应该说，这场大屠杀是长期殖民统治种下的一个恶果。② 胡图族和图西族是卢旺达的两大部族，分别占全国总人口的 85% 和 14%。③ 在欧洲殖民

① 卢旺达政府报告指出，共有 1074017 人在 1994 年大屠杀中丧失，参见 New York Times, February 14，2002。

② M. Chossudovsky，“Econom is Shock, The mpy in Rwanda”，African Agenda，Vol 1，No，2，1994，pp. 24 – 26；G. Prunier，The Rwanda Crisis History of a Genocide 1959—1994，Condon，Hurst 1995，p. 157.

③ Virgin in Morris and Miokacl P. Scharf，The International Criminal Tribunal for Rwanda，New York：Transnational Publishers，Vol. 1，p. 48，1998. 此外，还有一个赫瓦族（Twa）仅占全国人口约 1%。

者来到卢旺达之前，胡图、图西两个部族之间并没有什么矛盾。殖民主义者在卢旺达实行“以夷制夷”的政策，在两大部族之间轮番制造矛盾，从而埋下两大部族不和的种子。20世纪60年代以前，图西族占据统治地位，拥有绝大部分土地。1959年，胡图族掌握政权，对土地进行重新分配，许多图西族贵族只好逃往邻国。1962年卢旺达独立，独立前后就发生过多次部族仇杀，造成大批难民外逃，部族矛盾进一步加深。1990年10月，侨居乌干达的图西族难民组织卢旺达爱国阵线与胡图族政府军又爆发长达3年的内战，双方虽于1993年8月签署了和平协定，终因积怨太甚而未能实施，在1994年总统遇难时再度爆发全面内战。

卢旺达大屠杀在发生前曾有明显迹象。1994年1月11日，大屠杀发生前3个月，当时联合国驻卢旺达维和部队的指挥官达莱尔就对可能发生的大屠杀有了预感，曾向联合国维和行动部发出电报，报告卢旺达胡图族武装正在囤积武器，准备对图西族大开杀戒，图西族处于危险之中。然而，联合国维和行动部以“超越权限”为由，拒绝了达莱尔的请求。① 接着，达莱尔奉命向比利时、法国和美国驻卢旺达大使通报了胡图族正在加紧备战的情报，但仍未引起注意。当年4月7日，卢旺达女总理在途中惨遭杀害，胡图族军人还打死了奉命护送她的10名比利时维和军人。比利时于是决定撤回全部维和部队。比利时部队在驻卢旺达维和部队中装备最好，其撤出不但使联合国卢旺达援助团陷入困境，而且助长了胡图族民兵的嚣张气焰。大屠杀开始后，联合国安理会曾试图采取行动，由于美英两国的漠视和不介入政策，始终未能采取有效行动。美国几个月前曾在索马里受挫，美驻联合国大使奥尔布赖特建议，仅在基加利保留“最小限度”的存在以显示联合国的“决心”。达莱尔将军认为，在局势迅速恶化的情况下，许多图西族人没有选择逃离而留了下来，正是出于他们对维和部队的信任，未料却遭到了背弃。他认为，如果国际社会采取坚决措施完全可以制止这次大屠杀。联合国在卢旺达开展人道主义失败的最主要原因当属国际社会面对紧迫的危险无动于衷，

① 李安山：《论民族、国家和国际政治的互动——对卢旺达大屠杀的反思》，《世界政治与经济》，2005年第1期，第14页。

反应缓慢所致。①

国际社会关于卢旺达人道主义危机管理失败的根源主要有以下几点：一是国际社会特别是联合国安理会对卢旺达部族矛盾以及演变为大屠杀的可能性估计不足，缺乏应付紧急危机事件的能力。尤其是安理会在决议中要求秘书长减少联合国卢旺达援助团的规模，注意节约经费。② 由此造成联合国卢旺达援助团的权力有限，维和部队的规模也很小，从来没有超出 2500 人；二是受索马里维和失败的影响，大国缺乏解决非洲危机的政治意愿。美国政府从索马里撤军后，在维和问题上发生了很大转变，开始实行谨慎的态度，即坚持奉行严格原则，不允许对美国没有真正的国家利益的非洲国家派遣美国军队。

三、东帝汶模式

所谓东帝汶模式，就是指国际社会在管理因冲突而引发的人道主义灾难危机时，及时采取措施，应对有方，最终使危机得到有效缓解或消除的一种措施。

自 17 世纪以来，东帝汶开始沦为葡萄牙的殖民统治。二战后随着全球范围内民族解放运动的普遍高涨，1960 年联大将东帝汶列入非自治领土名单，从而将东帝汶问题提上国际议程。1975 年葡萄牙政府宣布东帝汶举行公民投票，实行民主自决。当时葡萄牙试图在东帝汶建立临时政府和人民议会，以决定东帝汶地位，但东帝汶内部赞成独立的派别与主张同印尼合并的派别之间爆发内战，葡萄牙无法控制局势，撤出了东帝汶。同年 11 月东帝汶独立革命阵线宣布东帝汶独立，并宣布成立东帝汶民主共和国。但在几天后，印尼军队大规模入侵并最终占领了东帝汶。③ 1975 年 12 月联合国大会通过决议，要求印尼军队撤出东帝汶。④ 自 1982 年以来，应联大的要求，

---

① Alan J. Kupeman, The Limits of Humanitarian Intervention Genocide in Rwanda, Washington. D. C: Brookings Institution Press, 2000.

② www. un. org/Docs/scres/1993/827E. pdf.

③ 鲁虎：《东帝汶问题的由来与演变》，《世界历史》，2000 年第 2 期，第 97 页。

④ 1975 年 12 月 12 日联合国大会、12 月 22 日安理会通过决议，要求印尼撤军，呼吁各国尊重东帝汶的领土完整和人民的自决权力，1976 年 12 月 1 日，联合国大会通过了 3153 号决议，不承认印尼合并东帝汶。

历任秘书长均同印尼和葡萄牙定期举行会谈，以解决该领土地位问题。① 冷战的结束为东帝汶独立问题提供了更大的空间。1998 年 8 月印尼提议东帝汶在印尼领土范围内实行有限自治。该提议提出后，谈判迅速取得进展，印尼和葡萄牙最后于 1999 年在纽约签署了一套协定；两国政府同意在联合国的主持下开展一次“全民协商”，以确定东帝汶人民是否接受东帝汶在印尼国内享有特别自治的提议。同时规定，联合国安理会设立联合国东帝汶特派团，从投票结束后到东帝汶人民的决定开始执行前负责全部监督工作。②1999 年 8 月 30 日，联合国主持了东帝汶全民公决，超过 78% 的东帝汶居民投票选择了独立，③ 随后的几天里，那些亲印尼的民兵组织在印尼政府的暗中支持下，开始进行更大规模地破坏。他们对原本就很贫困的东帝汶老百姓大肆烧杀抢掠，使这个还没有能力管理自己国家的小小的南太平洋岛国一夜之间临近崩溃的边缘。虽然印尼当局向国际社会承诺要维护东帝汶的社会稳定，但它实际上未对暴力行为采取有效应对措施，因此造成多达 10 万的东帝汶人丧生，多达 50 万人流离失所，引发了严重的人道主义灾难危机④。

面对东帝汶严重的人道主义灾难危机，联合国秘书长为此开展了艰苦的外交努力，寻求各国政府支持，安理会还授权派驻一支多国部队，以控制局势，多国部队（东帝汶国际部队）由澳大利亚维和部队统一指挥，旨在恢复东帝汶境内的和平与安全，保护和资助东帝汶特派团履行任务并在兵力允许的范围内协助人道主义救助行动。由于东帝汶民兵是苏哈托政权在东帝汶扶持的亲印尼势力，他们得到印尼前政府和军方的经济、武器支援，在东帝汶为非作歹，反对东帝汶脱离印尼独立。为达到重新控制东帝汶部分地区的目的，这些民兵把在停留在西帝汶的 12 万难民作为人质，不让其返回东帝汶，同时，他们不断滋事，干扰和破坏国际社会对东帝汶难民的人道主义救援行动，更为严重的是，他们竟杀害了 3 名联合国难民署驻西帝汶办事处的

---

① 1982 年联合国大会作出决议时，50 票赞成，50 票弃权，46 票反对，许多成员国不想再在联合国讨论东帝汶，而是要求秘书长“与直接当事国各方进行协商，以期求得全面解决”。

② 联合国为投票活动投入 3000 万美元，并派出了 460 名民事警察，300 名军事观察员以及 600 人的投票观察团。

③ 杨孝文：《东帝汶独立的前前后后》，《环球军事》，2002 年第 11 期。

④ 魏宗雷、邱桂荣、孙茹：《西方“人道主义干预”理论与实践》，时事出版社，2002 年版，第 179 页。

工作人员。这一事件激怒了联合国，安理会通过决议，要求印尼政府负起在西帝汶的治安责任，解除东帝汶民兵武装，国际组织和金融机构也向印尼发出了停止援助的威胁。面对气焰嚣张的东帝汶民兵和国际社会的压力，印尼政府不得已才下令让东帝汶民兵缴械，刚开始的时候，缴械进程相当缓慢。但在当时联合国驻东帝汶过渡行政当局负责人德梅洛的外交斡旋下，印尼政府最终采取了强有力的措施，将民兵的武器收缴工作按期完成。① 紧接着，联合国开始了大规模紧急人道主义救济活动，包括空投食品、派遣援助车队、提供住房和基本卫生设施，以解决从印尼自愿遣返的约25万东帝汶人的生活定居问题。国际组织也迅速筹措了近2亿美元的经费以支持救济行动。随着安全局势的改善，越来越多的救济人员和供应品得到部署，最终使难民和民兵问题在3年内基本得到了解决。

东帝汶危机的成功处理，显示了联合国在管理人道主义灾难国际危机方面高超的外交能力，为当今国际社会合作处理地区性安全事务树立了一个典范，是联合国赢得当年诺贝尔和平奖的主要原因。2002年5月东帝汶成为一个独立国家，结束了在联合国的指导下长达3年的独立之路。由安理会建立的联合国东帝汶支助团为东帝汶提供为期两年的援助，直到所有可运作的权力完全交接给东帝汶当局。东帝汶模式表明，在面对严重的人道主义灾难危机时，国际社会特别是联合国只要开展广泛合作，及时采取积极有效的应对措施，缓解或消除人道主义灾难危机是完全可能的。

① 刘新生：《走向独立的东帝汶》，《当代亚太》，2000年第4期，第38页。

第四章　中国危机管理的能力评估

冷战结束以来，世界和平的潮流继续向前发展，世界多极化、全球化趋势继续向前推进，对我国来说，机遇大于挑战的态势继续存在，和平、缓和、发展与合作仍是当前国际形势的主流。但是我们应该看到，随着国际安全结构的变迁，我国国家安全环境也出现了一些变化，从总体上看我国的安全环境有所改观，但在局部范围也面临着严重的战略挑战。我们必须清醒地认识到我国目前国家安全环境仍然存在着诸多不确定因素，更应看到随着我国国际地位的逐步提高和融入国际社会进程的加快，重大危机事件对我国造成的直接或间接的影响将会越来越大，这对我国的危机管理能力提出了较高的要求。特别是在全球化时代，重大国际危机造成的影响与破坏力日渐增大，甚至可能会危及到我国和平发展战略的顺利实施。从这个意义说，面对瞬息万变的国际形势，有效化解危机，选择最优的危机管理模式成为当前我国必须面对的一个战略抉择。

第一节　我国危机管理面临的挑战

改革开放20多年来，随着我国综合国力不断增强，我国危机管理的能力也得到很大的提高。但整体来看，我国危机管理水平还远远落后于我国社会经济发展的现实，从某种意义说，它已严重滞后于维护我国国家利益、特别是安全利益的需要。我国作为发展中的大国，综合国力在不断增强，正日益跻身于世界强国之林。因此，中国国家利益的内涵和外延也在不断延伸，中国遭遇危机，特别是国际危机冲突的可能性也在增加。当前我国危机管理面临的战略挑战主要表现在以下几个方面：

首先，在传统安全领域，霸权主义与强权政治仍然是我国面临的主要威胁。从当前的国际局势来看，传统军事安全因素的重要性重新抬头，军控与裁军进程可能发生某种逆转，军备竞赛和发生高强度局部战争的危险性始终不能排除。美国在2000年至2005年额外增加军费1120亿，年增约200亿美元。美国2001财年国防预算较2000年增加180亿元，① 创冷战后新高。无论是发生在1999年的中国驻南联盟大使馆被炸引发的危机，还是2001年中美撞机引发的外交危机，其根源都在于霸权主义和强权政治的产物。当前，它主要表现为美国试图凭借其超级大国的地位，在全球推行单边主义，试图建立起美国治下的霸权国际体系。美国的这一做法与世界的民主化潮流背道而驰，在客观上对我国构成了挑战。在当前的情势下，如何应对以美国为代表西方霸权的挑战，在反霸权中如何做到既斗争又不破裂，有冲突但又合作，是面临很大挑战的。从某种意义上说，在今后相当长的一段时期内，中美之间的危机将是我国必须面临的最重要的战略挑战。特别是随着中国经济的不断发展，中国综合国力的不断增强，中美之间的冲突的可能性将大大提高，不排除美国为达到巩固其霸权利益之私利而在中美之间制造重大危机的可能性，这不仅会影响我国具体的国家利益，而且还将会对我国的和平发展战略的顺利实施构成重大挑战。

其次，我国周边仍有很多不确定的因素存在，这些不确定因素极有可能引发重大危机事件，把我国牵涉在内。它主要有三类：第一类是沿陆海边疆，“台独”、“藏独”、“疆独”势力存在，且各有国际背景，如“台独”以美日为背景、“藏独”以美印为背景、“疆独”以原教旨主义为背景。第二类是中国与一些邻国存在领土、领海争端，包括钓鱼岛争端、东海大陆架争端、南沙争端、中印边界争端，涉及中国与韩、日、印及东南亚地区的菲、马、越、印尼等众多国家，美国也保持着准备介入的姿态。第三类是周边国家存在动荡局面或诱因，其中朝鲜半岛南北方目前还是军事对峙状态，极易引发武装冲突。印度尼西亚政局不稳，仍可能发生新的内乱，柬埔寨的和平尚未真正巩固下来，缅甸的政治前景也不确定，阿富汗还在动乱之中，印巴克什米尔之争悬而未决，两国核竞赛方兴未艾。② 上述不确定性因素，

① 杨洁勉：《美国的全球战略和中国的战略机遇期》，载《21世纪中国国家安全论坛论文集》，2003年版。

② 何兰：《国际战略与国家安全研究》，中国传媒大学出版社，2005年版，第282页。

都极易引发危机的爆发，如果这些危机得不到及时有效的控制与管理，极有可能引发冲突与战争，对我国的国家安全造成重大威胁。特别是第一类和第二类因素引发的危机将严重损害到我国国家根本利益，在危机管理方面回旋和妥协的余地不大，因此，如何防范这类危机的发生至关重要。

再次，在经济领域，我国面临着重大危机的挑战。在全球化背景下，经济安全的地位不断上升，构成了国家安全的主要部分。所谓国家经济安全，是指主权国家的经济发展、经济利益不受外部或内部的威胁和侵害而保持稳定、均衡和持续发展的状态。① 20 世纪 90 年代以来，随着融入全球化进程的不断加快，尤其是加入 WTO 以来，我国经济安全面临的风险范围不断扩大、程度不断加深。一是金融安全面临严峻考验。金融是现代市场经济的核心。由于金融业渗透到社会经济生活的各个领域，金融体系能否安全、高效运作，对经济全局的稳定和发展至关重要。在全球化背景下，我国金融领域也隐藏着极大的风险隐患。当前我国金融安全的风险，首先是来自中国金融的内在脆弱性。其次是金融市场的不断开放而带来的国际风险。特别是金融业的不断扩展对我国产生了巨大的压力。随着中国金融业日益扩大的对外开放，导致中国很容易受到国际金融风险的冲击和影响。尤其是我国金融市场体系很不健全，防范国际游资冲击的能力较弱，更容易使国际投机者有机可乘。在当代，由于政治与经济、社会的高度融合与关联，包括金融危机在内的经济危机，很容易引发政治危机，进而影响到国家的安全。如发生在 1997 年的亚洲金融危机，由经济危机引发了政治危机，使印尼等国出现政局动荡、国家领导人下台等危机事件。二是能源危机问题比较突出。随着我国经济高速发展，能源需求量日益增加和供应不足的巨大反差，使国家的能源安全问题日益突出。目前我国取代日本成为全球第二大石油消费国，仅次于美国。② 同时，我国石油进口来源和进口通道过于单一，更增加了风险隐患。目前我国有 60% 以上石油来自中东、非洲几个国家。大多要经过马六甲海峡，一旦马六甲海峡被外国封锁，将会使中国石油等重要能源安全面临巨大挑战和威胁。我们应该清醒地看到，随着我国经济的不断发展，能源危

① 倪健民：《中国国际战略》，人民出版社，2003 年版，第 325 页。

② 台湾《中国工商时报》，2003 年 7 月 28 日。

机问题越发突出，已成为我国经济安全中最易引发国际危机的重大隐患。

第四，在非传统安全其他领域，我国也面临着许多重大的危机挑战。诸如国际恐怖主义、贩毒制毒、传染病扩散、大规模杀伤性武器扩散、跨国犯罪等方面。全球恐怖主义等非传统因素的威胁，已严重损害到我国的国际利益。特别是随着我国加快发展和经济全球化的急剧膨胀，使得我国的海外利益范围不断扩大，海外利益的扩大与延伸，必须带来一系列安全因素的考量，近几年来，我国公民在海外受害、中国海外利益受冲击的案例不断增加，已成为当前我国必须重视的问题。它不但事关我国的国际形象，更对我国的国家安全构成了越来越大的现实压力，关系到我国如何进一步融入全球化、走出国门、迈步世界有着巨大深远的影响。由于海外利益受损引发的危机及其管理将呈现出不断增长的态势，是我国今后重点关注的方面。

最后，目前我国危机管理面临着机制不完善、危机管理能力不强的窘境。表现为：我国在应对危机方面的机制建设不完善，特别是应对危机的预案方面明显欠缺，对许多重大危机的预测能力不强，导致危机到来后的应对不力等困境。目前这种现状与我国综合国力不断提升，国家利益不断拓展的现实不相适应，已严重影响到我国国家利益。

第二节　中国危机管理的能力评估

任何一个国家危机管理的成功与否，受多方面因素的制约，诸如国家的综合国力、战略同盟、介入时机等多方面因素的影响，其中国家实力是最重要的决定性因素，国家实力在总体上基本决定了危机管理进程中的总体方向和大致的结局，但其他因素对一国在危机管理中的成败也起着非常大的作用。因此，正确对国家在危机管理中的能力进行评估，无疑具有十分重要的意义。

首先，目前我国危机管理能力得到了很大的加强，但整体综合的危机管理能力仍然十分有限。

在当代，我国正处在社会主义建设事业不断发展的历史进程之中，我国的综合国力有了较大的提高，这为我国进行危机管理提供了一定的物质基础，随着我国在国际社会的地位与作用不断提高，我国参与危机管理的力度将不断提升。当前中国积极介入朝核危机、伊朗核危机，本身就表明我国国际地位的不断上升，参与危机管理的能力得到加强。但是我们应该看到，尽管我国综合国力有了较大程度的提高，但与一些发达国家相比仍然存在比较大的差距，这表明我国危机管理能力是十分有限的，在危机管理方面，特别是与大国之间的危机管理方面我们基本上作为一个危机的应对者角度，而不是一个挑战者的角度，这决定了我们在危机管理上的被动应战。这就要求我们在危机管理实践活动中，一定要量力而行，不能超出自己的国力范围之外。在无政府状态的国际社会中，国家实力在很大程度上决定了其危机管理的效能与结局，正如在伊拉克核查危机中，萨达姆面对美国的攻势，尽管施展了各种外交手段，但最终危机管理失败，其根源就在于国力不强。特别是随着中国国际地位不断上升，实力不断加强，我国的国家利益必然不断延伸，中国与世界其他大国，特别是同美国之间的摩擦与冲突将会呈现出增长之势，引发危机的可能性大大增加。因为随着全球化进程不断加深，中美之间的相互依赖性不断增加，这种相互依赖导致的一个后果就是相互之间的敏感性和脆弱性也随之出现。① 中美作为具有世界影响的大国，而美国作为当今世界上唯一的超级大国，面对中国不断发展，国力不断增强，美国防范与遏制中国的心理也在显著加强，在这种情势下，中美之间可能因一些敏感的问题而发生争执甚至引发重大危机，这将严重考验中国的危机管理能力，以目前中美两国实力的差距来看，中美两国的危机中，中国绝大多数情况下只能是以作为危机的应对者角色出现，在危机管理中的被动局面在短期内不可能有大的改观。这就决定了中国在应对中美之间爆发的危机时，在不损害根本利益的前提下，尽量以中美关系的大局为重，正确区分根本利益与一般利益的区别，作出一定程度的让步，以求得中美危机的有效管理。

其次，目前影响我国危机管理能力的因素有很多，既有有利因素，也有不利因素。但总体来说，有利因素多于不利因素。

从我国对外战略来看，由于我国奉行的是独立自主的和平外交政策，和平共处五项基本原则是我国处理对外关系的基本准则，这是我国能与周边国

---

① ［美］罗伯特·基欧汉、约瑟夫·奈：《权力与相互依赖》，北京大学出版社，2002 年版，第 12－13 页。

家建立起睦邻友好关系的重要保证。此外，由于我国坚持不结盟政策，不与他国组成军事同盟，不针对第三国，这有利于我国不树敌，有利于建立一个稳定的国际安全环境。从国家的对外战略来看，我国奉行的是独立自主的和平外交政策，和平共处五项基本原则是我国处理对外关系的基本准则，从这个角度上说，我国主动挑起的危机较少，这种政策也不易与他国发生危机。由于树敌较少，能够赢得国际同情心，这也是危机管理的有利资源。同时，在危机到来时，我们采取的是理性态度，没有激化危机的企图。这对危机的管理比较有益。这从我国对炸馆危机、撞机危机等事件的管理中就可以看出来。从国内政治因素看，我国实行的是中央集权的国家，在应对危机时，上下是垂直关系，这易于危机管理时信息、指挥系统的畅通。同时，它在动员全社会力量方面有优势，这对危机管理是比较有利的。

但是，从许多重大的危机管理实践来看，在危机到来时，同盟的作用非常重要。由于我国实行的是不结盟的外交政策，在重大危机到来时，能够出手支持的国家相对较少，这是我国危机管理面临的最大劣势所在。此外，改革开放以来，我国一直把对外开放作为一项基本国策，特别重视对外交往中的经济利益因素，因此，在发展对外关系中，一改过去强调国际形象的传统，因此，在当前对外交往中，特别是与广大发展中国家来往时，主要强调的是经济利益关系，当然在当今全球市场经济中，这种现实主义态度无可厚非，是值得肯定的。但它也可能会导致这样一个后果：可能会导致中国与一些贫困的第三世界国家关系的疏远，从某种程度上说它不利于中国在国际社会特别是广大第三世界国家中形象的提升。

再次，我国危机管理战略取向应该是理性的有选择的介入。

对危机管理的卷入程度并非越多越好，关键要看自身的力量，即国家实力。如果一味插手，不但不利于危机的解决，反而影响国家的形象，造成不必要的对抗。从这个角度上说，当前我国的危机管理应该是有战略性的考虑，有选择的介入，而不是四面出击。有的危机涉及我们的战略利益，我们必须介入，但有的危机，我们不易介入。一句话，在危机管理的对象上要有所选择，有所舍弃，只能是有理性的选择介入。应该看到，目前我国危机管理的着力点应为：一是台海局势引发的危机。一旦因“台独”势力引发台海危机，极有可能引发中美、中日之间的对抗甚至军事冲突，这就需要我们加强这方面危机管理的战略研究。但是从目前台海地区的形势来观察，目前台海地区爆发冲突的可能性大大降低。因为随着国民党在台湾岛内重新执政，马英九当局大幅调整了民进党执政时期的两岸政策，两岸关系快速进入了和平发展的新时期。虽然两岸关系有了较大程度的改善，但是我们还要看到，外部势力企图干预和影响两岸关系和平发展进程的动作仍然会不时出现，因此，我们仍然要对未来的台海局势发展保持高度的警惕；二是因能源、资源等问题引发的危机。在21世纪，能源是经济发展的最大保障，能源已成为世界各国经济竞争的核心要素所在；三是关系中国重大地区战略利益的危机，比如朝鲜核危机等。对于上述三类危机，我们必须要特别加强关注，因为它们涉及了我国重大的核心利益。

第三节　中国危机管理的基本模式

危机管理的战略目标决定危机管理的模式选择。研究我国危机管理的模式，就必须对我国危机管理的战略目标进行定位。一般来说，不同的历史时期，国家国际战略的具体目标都不完全一样，没有一劳永逸、一成不变的目标。一般都是随着国际形势特别是本国周边环境的变化、国家整体发展战略的调整和国家实力增强或减弱，而进行必要的程度不同的调整。当然国家的这种调整是基于最大程度上维护国家利益而做出的。从这个角度上说，任何一个国家的危机管理战略目标的制定，都是基于其国家利益出发的。

当前，中国国家利益包括核心利益和一般利益。核心利益主要有以下几个方面：首先，维护国家的主权、独立、统一和领土完整，不容许任何国家、国家集团、国际组织和个人，以任何方式进行破坏，当前特别要警惕并制定相应的战略，特别是要防范西方大国“分化”我国的图谋。以及它们支持的“台独”、“藏独”、“疆独”等分裂祖国的活动，防止并准备应对因领土争端和地区霸权主义而引发的边境冲突。其次，捍卫国家安全、包括国防、经济、资源、文化、信息等诸方面的安全。当前要特别警惕并相应的危机管理战略，对国际恐怖主义的破坏活动，积极应对周边地区可能出现的危及我国安全的严重事态。再次，保证国家的生存和发展权、扩大对外开放不受侵犯，为国家的现代化建设创造良好的国际环境和和平环境的周边环境。

第四，保护国民的正常物质、文化、政治生活和自己民主权利不受外来势力的干扰破坏。最后，保障社会主义政治制度和国家机构及其有效管理的稳定。

在一般利益方面。包括应对国际形势、特别是周边环境的变化带来的影响，甚至潜在的威胁、不稳定和不安全因素，应对各相关国家、地区和国家集团国际战略的调整所形成的直接或间接挑战。如中国积极参与建构上海合作组织，其根本目的在于通过与中亚、俄罗斯等国开展合作，防止和消除中亚地区的国际恐怖主义、民族分裂主义、宗教极端主义等三股势力对我国西北边境的危害。这也是危机管理中的一般利益的管理。

从我国国家利益来分析，目前我国危机管理的重点应当是以下三个方面：以中美关系为核心的大国关系、台湾问题和非传统安全威胁等方面。在管理大国危机方面，我国当前重点是管理好中美及中日之间的危机。中美两国作为当今世界大国，双方存在着诸如意识形态和社会制度分歧、地缘摩擦、崛起大国与既有霸权国之间的"天然对立"以及在台湾问题上难以轻易化解的利害纠纷等矛盾，但两国在涉及全球重大国际事务，共同维护国际局势等方面却有着结构性合作的一面。① 当前加强中美危机管理，对维护世界局势的稳定，改善两国关系均具有重大意义。特别是在中国和平发展壮大的进程中，努力消除两国相互猜忌，加强高层战略对话，在政治、经济、文化及民间等方面建立起战略对话小组，妥善解决两国分歧。这样才能推动两国关系的健康发展。中日两国作为在亚洲和世界具有重要影响力的大国，两国关系的好坏直接影响到亚洲的和平与稳定。从中日两国危机爆发的情况来看，多数情形都是缘于历史或主权等问题引发出两国的危机出现，特别是历史问题涉及两国民众情感，容易引发两国政治关系的紧张。对中日两国来说，每当面临因历史问题而引发的危机时，应不要使这一问题影响中日之间其他领域的合作进展，采取政治经济相分离、分别解决具体问题的办法，不要使一种政治摩擦点燃另一种政治摩擦。台湾问题虽然是我国的内政问题，是国共两党内战的产物，但由于国际势力企图干预和介入到台湾问题之中，

① 中国现代国际关系研究院美国研究所：《中美战略关系新论》，时事出版社，2005 年版，第 91 页。

这造成了台湾问题在一定程度上出现了向国际化趋势发展的势头。在台湾问题上，我国要切实加强对台湾问题的相关研究。虽然目前两岸关系得到了极大的改善，两岸关系和平发展的局面不断形成与巩固，但是我们还要看到，选举已是台湾政治生活的常态，我们无法排除未来民进党等“独”派政治势力重新上台执政的可能性，因此，中国政府要尽早建立起应对台海局势的危机管理体制，同时加强推动两岸的经贸、政治、文化等各项交流，利用当前两岸关系和平发展的有利局面，不断在岛内削弱“台独”势力的支持基础，努力构建起两岸关系和平发展的稳定框架。在非传统安全领域，重点是防止国际恐怖主义、民族分裂主义、宗教极端主义势力在境内的破坏活动；保障我国在世界各国各地区经济活动的顺利开展，维持我国的经济安全等等。

结合我国综合国力和危机管理战略目标来看，当前我国危机管理的基本模式应包括以下几个方面：

首先，政治上的睦邻友好模式。近年来，我国与周边国家的关系全面改善，在各个领域的相互合作不断深入。对我国来说，积极创建和平、安宁、和谐的周边地区安全环境，并以此作为我国国家安全的基础性依托力量，其意义非常重要。特别是伊拉克战争后，世界形势更趋复杂多变，国际环境对我国安全的不利和不确定的一面有所增加，这种地区性依托对国际危机冲击的屏蔽作用将更加突出。周边国家涉及我国安全、主权、领土等重大问题。新中国成立以来，我国许多重大的国际危机都是与周边国家有着直接关联的。冷战结束以来，我国还面临着由于历史因素造成的领土争端、民族分离主义、跨国的宗教极端主义、国际恐怖主义、地区霸权主义的严重威胁。同时，朝鲜核危机、印巴掌握核武器及其长期持久的纠纷和冲突、阿富汗混乱动荡，中亚地区的潜在危机，导致我国的地缘安全环境相当险恶。因此，从地缘政治的角度分析，处理好同周边国家的关系，对于实现我国的战略目标至关重要。因此，在和平共处五项原则的基础上与周边国家建立睦邻友好互信的关系：我们必须本着搁置争议、共同开发的原则，处理我国与日本、东南亚等国在领土、领海问题上的争端；积极支持朝鲜自主和平统一、印巴和平解决争端，阿富汗重建，继续在上海合作组织框架下，加强同中亚合作，共同反对民族分离主义，宗教极端主义和国际恐怖主义，维护地区安全，发展区域经济特别是能源合作。为了给国内经济建设营造一个良好的周边安全环境，维护国际和地区的和平与稳定，我国积极在周边地区推动和促进区域安全合作，取得了一系列积极成果，给中国传统的睦邻友好政策注入了“睦邻、富邻、安邻”的新内涵。

其次，经济上的合作共赢模式。这种通过共同发展战略来加强危机管理的模式，它本质上是一种间接战略。所谓间接战略就是通过间接的、多维度的、迂回的方法和手段来谋求直接战略目标的战略。① 在全球化时代，经济交往、相互联系已成为国际社会最显著的特征。在冷战时期，中美危机不断，影响了两国关系健康的发展。但在冷战后，由于两国经济关系不断融合，两国目前在经济关系中，已形成了“你中有我，我中有你”、“一荣俱荣，一损俱损”的局面，相互之间已形成强大的互制影响力。中美贸易额从1979年的不足25亿美元，迅速增长到2005年2116亿美元，增长了80多倍。目前，美国是中国第二大贸易伙伴、第一大出口市场，第六在来源进口地，第三在技术进口来源地；中国是美国第三大贸易伙伴，第四大出口市场，第二大进口来源地。截止到2008年年底，美国在华投资项目累计达5.7万个，对华投资总额超过600亿美元。目前美国仍是我国最大的外资来源地之一。② 中美之间密切的经贸关系已成为两国关系日趋稳定发展的重要基础。③ 这对双方的危机管理起到了一定的抑制作用。因此，从1989年的“政治风波”、1992年银河号事件，1995—1996年的台海危机，1999年的考克斯报告及炸馆事件，2001年的撞机危机等等。但都没有从根本上危害中美关系发展，反而是在危机之后，中美关系又走上一个新的高峰期。当前我国在对外宣传中，为了打消其他国家对中国发展壮大的顾虑，应该不断强调中国的发展实际上是跟世界共享的发展，中国的发展不仅有益于中国，造福于中国人民，而且也给全世界带来了发展。

第三，外交上的多元制衡模式。随着综合国力的不断上升，我国面临的

---

① 王家福：《国际战略学》，黑龙江人民出版社，1986年版，第213－221页。

② 参见商务部网站的相关数据。

③ 李景治、罗天虹：《国际战略学》，中国人民大学出版社，2003年版，第45页。

危机也呈大量增长之势①。这就需要在外交上采取多元制衡的危机管理模式，这对中国维护长期稳定的国际和平环境至关重要。多元制衡的危机管理模式是指在世界主要战略力量之间维持相对均衡，以确保危机管理取得成效。冷战结束后，尽管美国作为唯一的超级大国，试图建立一个美国领导的“单极世界”，但多极化的发展趋势越发明显，世界各大力量之间已形成了某种相对的均势状态。无论是在中美日、中美欧、中美俄、中俄日等三角关系中，中国的分量都不容轻视②。因此，中国完全可能利用各种力量的相互制衡寻求新的战略平衡，努力推动多极化趋势朝着力量相对均衡、相互制约、形成相对稳定的结构方向发展，把世界和平与稳定建立在新的战略平衡的支点上，客观上有利于我国国际危机管理战略的实施。我们应该看到，大国三角关系的平衡与否，有着极大的主观能动性，对中国来说，为了防止其中某个双边关系的不平衡，如为了防止中美或中日关系出现滑坡，除了主动做好当事国的工作，也可能运用战略平衡原则通过“三角”关系加以牵制。在当前，随着中国综合实力的不断壮大，西方大国对我防范之心不断增加，中国就可以利用西方矛盾，拓宽对外战略的回旋余地，充分发挥战略平衡的作用。当前，世界主要国家和国家集团都在加快对外战略的调整，这为中国奉行战略平衡原则提供了进一步的依据。特别是近年来我国积极推动多边外交，主动改善与世界各主要力量中心的关系，对推动国际关系向健康和平的方向发展作出了重要的贡献。在以联合国为代表的全球多边场合，在亚太经合组织、上海合作组织、朝核问题六方会谈等区域性的多边场合中，中国积

① 当前我国面临的国际危机，就其来源来说主要有以下几个方面：一是因国家主权、统一、领土完整等因素引发的国际危机，具体说包括因“台独”分裂势力挑起引发的中美、中日之间的政治、军事危机；中日因东海油气资源纠纷引发的冲突或危机；中日因钓鱼岛等归属引发的危机或冲突；中国与东南亚国家因南中国海主权问题引发的危机，二是国际恐怖主义、极端民族主义、宗教主义等因素引发的危机事件。如“疆独”、“藏独”等等，三是霸权主义、强权政治引发的国际危机。主要表现是以美国为首的西方大国在国际关系中采取的单边主义战略、霸权主义政策引发的危机等等。

② 早在20世纪七八十年代的中美苏三角关系中，中国就充分发挥了战略平衡的特殊作用。美苏关系是中美苏三角的主要矛盾，两家都想拉拢中国抗衡对方，使中国处于主动地位，成为一个重要的战略砝码。冷战结束后，中美日三角关系中，中国的处境虽然最为不利，但在美国、日本的亚太战略中，中国的存在和利益都是考虑的重点。在中美俄三角关系中，中国已成为重要的一角，中俄关系要好于中美关系和俄美关系。在中俄日三角关系中，中国处于较为有利的地位，俄日关系发展较慢。此外，在中欧美三角关系中，由于美欧分歧不断增大，中国的分量也在不断增长。

极参与，作出了建设性的贡献。中国还积极利用多边外交推动解决中美、中日等双边外交中的困难与问题。胡锦涛在谈到中国多边外交任务时指出：要在政治、经济、社会、裁军、军控等多边领域发挥中国的建设性作用，维护联合国宪章的宗旨和原则以及公认的国际关系基本准则，支持反映人类社会发展规律、符合各国共同利益的共识①。上述讲话表明，中国正以更主动和积极的姿态推进多边外交。作为在国际社会中承担负责任的大国②，中国通过奉行多边外交、多元制衡的战略原则，将有利于促进国际危机的良性管理。

第四，文化上的共存互补模式。我们应该鼓励不同文明间的对话，主张不同文明之间要求同存异，相互学习，共同发展。当前，美国面临严重的国际恐怖主义威胁，特别是伊斯兰极端势力与美国呈现出一种水火不容的严峻态势。其中的一个重要根源在于以美国为代表的西方文化在世界范围内的扩展过程中严重影响到伊斯兰文化的纯粹性与生存危机，这导致了伊斯兰极端势力对自己文化在全球化浪潮中不断被边缘化危险的极度不满与仇视心理。③ 因此，要从根本上解决目前这种困境，就需要强调不同文化间的共存互补，积极推动不同文明的相互交流、相互借鉴。

第五，方法上的和平解决模式。在危机管理的方法方式上，我们强调以和平方式，反对以武力的方式来解决危机。④ 所谓危机的和平解决，是指按照现代国际法用和平方法解决争端的原则和制度。在危机管理实践中，应该大力提倡以和平方式，通过谈判或协商的方式来管理国际危机，不易提倡武力、单边主义作用。在当前的国际政治实践中，采用和平方式解决危机应包括以下几种：（1）谈判方式；（2）调查方式；（3）斡旋与调停方式；（4）和解方式；（5）仲裁方式；（6）司法解决方式；（7）区域性国际组织解决方式；（8）联合国解决方式。从冷战后许多重大危机管理的实践来看，坚

---

① 《人民日报》，2004 年 8 月 30 日，第 1 版。

② 李景治、罗天虹：《国际战略学》，中国人民大学出版社，2003 年版，第 428 - 429 页。

③ ［美］罗伯特·基欧汉、约瑟夫·奈著：《权力与相互依赖》（第 3 版），北京大学出版社，2002 年版，第 284 页。

④ 塞谬尔·P. 亨廷顿强调用军事手段对国际危机进行干预，一旦失败易导致自我怀疑或信任危机。详情参见 Samuel P. Huntington, The Clash of Civilization and the Remaking of World Order, New Yord: Simon and Schuster, 1996.

持和平解决方式管理危机，其效果十分明显，而动辄诉诸武力，谋求用军事手段来管理危机，其后遗症非常严重。目前美国深陷伊拉克泥潭就充分说明武力解决危机模式的灾难性后果十分严重，和平解决危机才是国际社会的正确选择。

第六，策略上的主动塑造模式。我们应该看到，危机的形成与爆发频率是与国际安全环境状况有着十分密切的关系。全球化时代，任何国际危机都是牵一发而动全身，影响到国际安全环境中的方方面面，因此，为最大限度的维护我国国家利益，就需要积极参与和塑造稳定、和平、和谐的国际安全环境，从而为我国危机管理活动搭建有利的平台。从本质上说，在危机管理的策略上强调主动塑造模式，其实质就是通过参与，主动消除危机爆发的根源，从源头上根除危机形成和危机升级的因素。当前我国积极介入朝核问题六方会谈，其本身既是防止大规模杀伤性武器扩散，同时也是在消除我国边境安全的隐患。此外，我国积极加强与非洲国家的交往，构建中非之间新型和谐、合作伙伴关系，不仅能推动中非全面战略伙伴关系的深入发展，而且能增强我国管理能源危机的能力。

第四节　中国危机管理的理性思考

新中国成立以来，我国曾多次面临重大的外交与军事危机，我国政府在对这些危机的管理中获得了宝贵的经验和教训。① 因此，加强对危机管理的研究具有十分重大的意义。

首先，加强危机管理，有利于提升我国危机管理的战略研究水平。

① 新中国成立以来，我国多次面临重大的国际危机。我国政府应对这些国际危机的管理模式主要有以下几种类型：（1）战争模式。如朝鲜战争危机期间，我国政府通过介入战争的方式来加强危机管理，并取得了保家卫国的战略目的；越南战争危机期间，我国政府采取循序渐进方式，对介入战争的程度实行有效地控制；中印边境冲突危机期间，中国政府采取军事打击措施来应对印度企图通过武力破坏边界现状的野心；中越边境冲突危机，中国政府采取以武力表达决心，通过有限的军事打击来迫使越南收敛其扩张行为，使危机得到控制。（2）外交模式。比如1999年的炸馆危机和2001年撞机危机，最终通过外交途径控制和化解了危机。（3）升级模式。20世纪60年代末到80年代初，中苏之间爆发了严重的边境冲突危机。双方由于意识形态的分歧使这场危机不断升级，严重恶化了两国关系，也对我国的安全造成了极大的威胁。因此对中国政府来说，此次危机管理并不理想。

危机管理与国际战略有着十分密切的联系。国际战略指导、制约着危机管理，而危机管理也能起到对国际战略进行调整与完善的作用，在当代，危机管理已日益成为国际战略的重要组成部分。两者只有有机结合和良性互动才能更好地推进国家利益得到最大限度的实现。由于危机常常使国家面临艰难的战略选择，甚至是和平或战争的重大战略抉择，因此，危机管理必须接受国际战略的指导和制约。危机管理目标要服从、服务于国际战略的目标。因此，在任何重大的危机管理中，必须要把危机管理的目标纳入国际战略轨道中去。此外，危机管理还受制于国家战略实力及国家的战略方向，① 对我国来说，加强国际战略与危机管理研究，主要有以下几个方面：一个是加强对美国国际战略的研究，力争把握美国战略的主攻方向，战略要点，这样当我们面对与美国发生危机时能够及早有预案，心中有数。二是对我国自身的国际战略也要有清晰准确的把握，特别是对我国战略与美国战略相矛盾相冲突的地方，我们一定要及早有所准备。同时要加强对危机根源的研究。这对我们进行危机管理具有重大的现实意义。任何一场国际危机，都有其深刻的国际国内背景，这个背景就是危机产生的根源。在全球化时代，国际危机的形成与发展的根源越来越具有经济化的特征。所谓经济化是指危机与经济已经密切相关，不可分割。马克思主义的辩证唯物论告诉我们，经济基础决定上层建筑，因此，研究经济基础是研究国际问题的一条重要途径。② 当代世界发生的许多国际危机，都表现出强烈的经济目的。伊拉克战争危机、巴以

---

① 国际危机管理的手段受制于国家战略实力。国家战略实力是指一定时期内国家政治、经济、军事和外交实力的总体水平，既包括国家客观具备的绝对实力，但更多的是国际格局中的相对优势，其中经济和军事实力是其基础。国家战略实力在很大程度上决定了国际危机管理的手段。国家战略实力越强的国家，在国际危机管理手段上的选择性就较大。国际战略主要方向决定着国际危机管理主要对手。所谓战略方向是指国家利益最大或威胁最大的方向。这从美国国际战略与国际危机管理的关系上可以看出。例如，“从19世纪90年代到20世纪40年代，美国对外政策主要是从世界上两个地区－拉丁美洲和亚洲，积极地促进政治稳定和推动美国的经济扩张。” 于是美国便与亚太和拉美地区国家发生了一系列国际危机，如1898年美西“缅因号”危机、1902年委内瑞拉债务危机、巴拿马运河危机，1938年美日“帕奈号”国际危机等，而与其他地区的危机则较少。而到了冷战时期，随着东欧和欧亚大陆边缘地带成为美国重要的战略方向，该地区国家如苏联、中国、越南、朝鲜等国遂成为美国国际危机管理重要对手，美国与它们先后发生过三次柏林危机、二次台海危机等，甚至有的危机升级为战争，如朝鲜战争和越南战争。

② 陈启达：《多维的世界与多维的思维：国际问题研究方法概论》，时事出版社，1999年版，第2页。

冲突危机、伊朗核危机无不带有经济目的。特别是随着能源资源在国际社会中的地位越发突出，各国为争夺资源而引发的危机与冲突将越演越烈，我们加强危机管理研究，当前特别需要从资源引发危机的角度进行研究，及时为我国的对外战略提出有益的贡献。除了危机根源之外，我们还要加强对危机管理机制的研究。除了弄清危机管理机制的构成部分、各主要危机管理机构的运行等情况外，我们还要深入研究与探讨建立一个什么样的危机管理模式更适合21世纪国际社会发展的需要。

其次，加强危机管理，有利于推动世界政治经济新秩序的形成与发展。

危机管理与推动世界政治经济新秩序的形成与发展有着十分密切的关系。一方面，加强危机管理，有利于消除国际社会中引发地区或国际局势不稳定的因素，通过危机管理，把国际与地区冲突控制在一定范围内，避免冲突的进一步升级，这为创造一个稳定和平的国际或地区环境提供了有利的条件。另一方面，危机对国际体系结构平衡与稳定会带来挑战。如20世纪90年代南联盟境内连续发生的几起危机，最后演变成20世纪90年代最严重的危机之一，导致了国家的分裂、各加盟共和国独立或自治，以及南联盟领导人米洛舍维奇被送交国际法庭的结局。与此同时，这起危机还对美国与其盟友和主要大国之间的关系造成很大影响；加剧了国际社会关于人权与主权关系的激烈辩论；开创了北约对防区外的主权国家使用武力的先例，对《日内瓦外交公约》、《联合国宪章》以及联合国安理会的权威构成挑战。① 危机和国际秩序密切相关。目前，世界正处于新旧交替的关键时期。第二次世界大战后建立起来的最主要的危机管理体系—联合国安理会正面临被边缘化和矮化的挑战，超级大国美国试图谋求其治下的和平与国际秩序，并为此提出了许多理由和理论，如新保守主义和进攻性现实主义。冷战结束以来，危机呈现大量扩散的趋势，危机涉及的国家越来越多，涉及的内容更加纷杂，危机管理的难度日益提升，各个层次的管理机制需要与时俱进，危机管理正面临着许多新挑战。目前来说，危机管理的重点是要防范美国霸权对国际秩序和机制的冲击。从20世纪90年代起，美国的综合国力不断增强，它在世

---

① 杨洁勉：《后冷战时期的中美关系：危机管理的理论和实践》，上海人民出版社，2004年版，第77页。

界力量对比中所占的比重也越来越大。美国作为世界上唯一的超级大国，它对现存的第二次世界大战后确立的国际秩序和国际机制等的不满程度与日俱增。美国正成为不满现状的国家，有可能要建立美国主导下的国际新秩序，根本改造现有国际机制。在小布什政府掀起的单边主义浪潮中，首当其冲的是联合国。联合国自成立以来，虽然在危机管理方面不尽如人意，但毕竟是世界上唯一的维护国际安全的权威机构。美国自失去对联合国的完全控制之后，就一直试图摆脱联合国。在1999年科索沃危机和2002—2003年伊拉克核查危机中，美国抛开联合国而独行其是，联合国一度陷入被边缘化的境地。①

最后，加强危机管理，为推动和谐世界的最终形成创造条件。

事实证明，加强危机管理，有利于推动建设和谐世界的进程。2005年9月15日，中国国家主席胡锦涛在联合国成立60周年首脑会议上发表了题为《努力建设持久和平、共同繁荣的和谐世界》的讲话，提出了建构和谐世界的倡议。这一国际关系崭新理念的提出，反映了国际关系的本质要求和国际社会的普遍愿望，必将产生重大而深刻的影响。建构和谐的新世界，是符合世界时代的潮流，它是持久和平、稳定安宁世界的强大保障。作为中国和平发展战略的宣言，② 它是中国领导人应对21世纪危机不断发生现实的正面回应，更是为21世纪国际社会健康发展开出的一剂良药。在当前的国际危机管理中，我们就需要贯穿和谐世界的理念，通过互信、互利、平等、协作的新安全观理念，坚持发挥联合国的领导作用，与世界各国联合行动在应付诸如恐怖主义、解决争端与冲突上做出努力，同时要优先解决世界的发展问题，特别是要充分考虑广大发展中国家的利益。因此，在国际危机管理中，应该大力提倡以和平方式，通过谈判或协商的方式来解决国际危机，不易提倡武力、单边主义作用。推动建设和谐世界，是我们坚持走和平发展道路的必然要求，也是我们实现和平发展的重要条件。要致力于同各国相互尊重、扩大共识、和谐相处，尊重各国人民自主选择社会制度和发展道路的权利，坚持各国平等参与国际事务，促进国际关系民主化；致力于同各国深化合

---

① Charles F. hermnn, Crisis in Foreign Policy, Indianplolis, Bobbs MCRRILL, 2004, p. 29.

② 《光明日报》，2005年10月11日。

作、共同发展、互利共赢，推动共享经济全球化和科技进步的成果，促进世界普遍繁荣；致力于促进不同文明加强交流、增进了解、相互促进，倡导世界多样性，推动人类文明发展进步；致力于同各国加深互信、加强对话、增强合作，共同应对人类面临的各种全球性问题，促进和平解决国际争端，维护世界和地区安全稳定。① 加强危机管理，把握好战略机遇期，推动我国和平发展战略向前顺利实施。所谓战略机遇期是指国内外环境在得到正确把握的前提下，能够为其长远经济社会发展提供良好的条件，对其历史命运产生全局性、长远性、决定性影响的某一特定历史时期②。战略机遇期是由国内和国际各种因素共同形成的历史合力促成的。关于历史合力问题，恩格斯曾经有过精辟的论述。③ 在当前，我们需要坚持以毛泽东思想、邓小平理论和“三个代表”重要思想为指导，全面贯彻落实科学发展观，统筹国际国内两个大局，紧紧围绕党和国家的中心任务，高举和平、发展、合作的旗帜，坚持独立自主的和平外交政策，坚定不移地走和平发展道路，全方位开展外事工作，维护和用好重要战略机遇期，维护国家主权、安全、发展利益，努力为我国改革开放和社会主义现代化建设营造良好国际环境和有利外部条件，为推动建设持久和平、共同繁荣的和谐世界作出贡献。④

---

① http://news.xinhuanet.com/politics/2006－08/23/content_4999294.htm.

② 徐坚：《国际环境与中国的战略机遇期》，人民出版社，2004年版；徐坚、郭震远：《审视重要战略机遇期》，《瞭望》，2003年7月21日；易金务：《关于重要战略机遇期的答问》，《人民日报》，2004年1月19日。

③ 恩格斯认为：“历史是这样创造的：最终的结果总是从许多单个的意志的相互冲突中产生出来，而其中每一个意志，又是由于许多特殊的生活条件，才成为它所成为的那样。这样就有无数相互交错的力量，有无数个力的平行四边形，而由此就产生出一个总的结果，即历史事变。”参见《马克思恩格斯选集》，人民出版社，1972年版，第四卷，第478－479页。

④ 《人民日报》，2006年8月24日。

下篇　台海危机管理研究

台湾问题作为国共内战的产物，新中国成立以来，海峡两岸围绕台湾问题多次爆发了重大的台海危机事件，不仅严重破坏了台海地区的和平与稳定，而且严重损害了两岸的互信基础。冷战后，“台独”分裂活动逐渐成为制造台海地区紧张局势，诱发台海危机情势爆发的最重要根源。尽管目前国民党在岛内全面执政，但两岸的结构性矛盾和冲突并没有消失。虽然岛内“法理台独”的可能性大大降低，但台湾的分离主义意识仍然存在，我们不能完全排除未来“台独”分裂势力在岛内重新执政的可能性。因此，在两岸关系和平发展态势不断深化的今天，我们应该未雨绸缪，加强对台海危机管理的研究，这对于推动两岸关系和平发展，推进两岸最终和平统一进程具有重要的现实意义。为此，下篇以四章的篇幅来对台海危机管理进行研究。第五章分析了台湾问题的实质和症结。指出台湾问题在本质上是中国的内政问题，但是由于美国等外部势力长期以来不断介入到台湾问题之中，使台湾问题的国际化特征不断显现。第六章对新中国成立以来四次重大台海危机进行了全面的分析和总结。从得失的层面来总结我国在台海危机管理上的成功与失败，为今后台海危机管理提供有益的借鉴。第七章论述了台海危机管理现状问题。本书从中国政府、两岸及国际三个层面来分析台海危机管理的现状，指出了当前台海危机管理的困境所在，并对台海危机管理的前景进行了战略评估。第八章探讨了台海危机管理新模式的建构问题。本书从新模式的指导思想、系统结构与实现途径等方面来展开论证，指出新模式将为台海危机管理提供崭新的思路，为突破当前台海危机管理的困境创造条件。

第五章　台湾问题的实质与症结

台湾问题的形成与20世纪中后期中国国家内部在国民党和共产党之间爆发的内战有着非常紧密的联系，它本身就是中国内战的产物。这是台湾问题的本质属性，也是我们研究台湾问题的根本出发点。由于台湾问题形成于冷战时期，不可避免地带有冷战的痕迹。长期以来，西方势力一直对台湾问题进行干预，特别是美国利用对台军售的方式来保持着对台湾问题的影响力。冷战结束以来，美国为了达到制约中国的战略目的，加大了对台湾问题的干预力度，从而使台湾问题的国际性特征不断突出。

第一节　台湾问题的形成和发展

一、台湾问题的形成

台湾问题形成的根源涉及国内国际两个方面的因素。国内因素主要是指中国内战；国际因素主要是指美国的干预及朝鲜战争的爆发等。

台湾问题形成的直接根源与中国内战密不可分，它是20世纪中后期中国国家内部国共两党内战的产物。从某种程度上说它也是中国解放战争的遗留问题。早在20世纪前期中国的民主革命时期，国共两党就围绕中国革命的领导权和阶级利益等基本问题，进行了反复的较量和斗争；在抗日战争中，国共两党携手抗击侵入中国的日本军队。但在1945年第二次世界大战和中国的抗日战争结束后，以蒋介石为首的国民党当局拒绝与共产党建立联合政府，并在1946年发动全面内战，企图用武力消灭中国共产党，建立一党专政的政权。经过三年战争，军事上处于劣势但得到广大人民支持的中国共产党打败了国民党。1949年10月1日，取得胜利的中国共产党建立了中华人民共和国。国民党势力从中国大陆全面溃退，退踞台湾岛，并在美国的支持下，继续与中华人民共和国相对抗。从此，台湾陷入与中国大陆的分离状态之中。建国初期，由于我军渡海作战条件不足，解决台湾的事情被暂时搁置下来。国共两党从此划海而治，台湾问题至此形成。

从台湾问题形成的国际因素看，主要是美国干预和朝鲜战争爆发两个方面的因素。台湾问题的产生与一些外国势力，特别是与美国的介入密切相关。1945 年日本投降后，根据雅尔塔协定，台湾又重新回到了祖国的怀抱。美国为了遏制共产主义在中国的发展，采取了扶蒋反共的政策，然而，中国国共两党斗争的结果是蒋介石在大陆统治成强弩之末，国民党失败成为定局。为了控制台湾，在战略上掣肘中国，美国政府于 1948 年至 1949 年初开始考虑将台湾与中国大陆分开处理的问题。美国政府为此制定了四套方案：一是设法阻止蒋迁台；二是在台湾培植亲美势力；三是制造“台湾地位未定论”。1949 年 3 月麦克阿瑟宣称，“在日本和约签订以前，台湾仍属于盟国”，随后，美国国务卿艾奇逊表示，“台湾问题虽已加到中国的领土上，但在技术上讲，在对日和约签订以前，台湾仍是日本的领土。”① 试图在国际上营造“台湾地位未定论”的舆论；四是制造联合国托管案。1947 年 8 月魏德迈向美国国务院提出的调查报告中，就宣称“有种种迹象表明，台湾人会接受美国的保护和联合国的托管”，企图用托管形式达到控制台湾的目的。② 1948 年 9 月，美国在台湾的特务机关，伪造了所谓各团体签署的请愿书，提交麦克阿瑟总部，正式提出“要求联合国出兵占领台湾”。③ 当美国这些措施失败后，美国又极力扶持退守台湾的国民党残余势力，在政治上、军事上、经济上等方面对蒋介石政权进行扶持，试图以此抗衡中国大陆。随着美台关系的不断升温，美国对台湾的控制和影响也在增强，台湾问题中的美国因素开始形成。

除了美国的干预外，朝鲜战争的爆发也成为影响台湾问题解决的另一重要因素。新中国成立之初，中央就决定积极筹划，计划在较短时期内建立较为强大的海军和空军力量，为渡海解放台湾创造条件。1950 年 6 月，朝鲜

① 夏明星、陈华瑜：《中共在解放战争中反对美国图谋的斗争》，《湖北文史》，第 83 辑。

② 参见 1947 年 8 月美国总统杜鲁门派出的魏德迈特使调查团的调查报告。

③ 资中筠：《战后美国外交史》，世界知识出版社，1993 年版，第 134 页。

战争爆发后，美国总统杜鲁门发表声明，宣称“台湾未来地位的决定必须等待太平洋安全的恢复，对日和约的签订或经由联合国的考虑。”同时下令美国海军第七舰队进入台湾海峡，以武力阻止我解放台湾。同年8月底，杜鲁门在记者招待会上表示第七舰队驻守台湾是“保护在朝鲜作战的联合国军的侧翼的行动”。朝鲜战争停战后，美国又在1954年与台湾当局签订了所谓的《共同防御条约》，将台湾置于美国的所谓“保护”之下，阻挠中国政府解放台湾的正义战争。从这里可以看出，由于朝鲜战争的爆发，新中国解放台湾的日程被迫拖延，解放台湾的战略部署与战略规划、及时机把握等方面都被打乱。

二、台湾问题的发展及其演变

由于台湾问题形成之初就与冷战时期的国际大环境有着密切不可分的关联性。在整个冷战时期，中美台三方就围绕台湾问题展开了长期的较量。三方的博弈推动着台湾问题不断向前发展。在整个冷战时期，台湾问题的发展及演变可以分为以下几个阶段：

第一个阶段是从20世纪40年代末到20世纪50年代中期。建国之初，新中国在对台战略方面更多的是考虑用武力方式来解决台湾问题。当时新中国也着手实施攻台计划，但由于朝鲜战争的突然爆发，我解放台湾的战略部署被完全打乱。新中国的军事重心被迫转移到朝鲜战争上来。朝鲜战争结束后，由于美国加大了干预台湾问题的力度，特别是美国军事力量不断进驻台湾，这对我解放台湾问题增加了巨大的困难。以毛泽东为首的党中央考虑到当时特殊的时代背景，决定暂时放弃武力解放台湾的战略，提出了和平解放台湾的思路。因此，正是由于美国干预和介入到台湾问题之中，中国解决台湾问题的外部障碍开始出现。

第二个阶段是从20世纪50年代中期到20世纪70年代末。在这一时期，两岸之间继续在军事上展开斗争，并引发了台海第二次重大危机等事件。同时，鉴于台湾问题的复杂性，中央领导人开始考虑用和平的方式来解决台湾问题。由于东西方冷战的程度不断加深，美国对台政策进行了大幅的调整和变化。美国开始把台湾作为其亚太战略和对华政策的重要组成部分，以此来牵制中国。20世纪50－60年代美国派重兵占领台湾，同蒋介石签订共同防御条约，对中国实行遏制加孤立政策，极力阻挠我解放台湾。并在国际上支持台湾当局长期霸占联合国席位，抵制新中国在联合国合法席位的恢复。1979 年中美建交后，美国仍然维持与台湾在经济、文化上的联系，并通过军售形式继续干预台湾问题。在这个阶段，台湾问题的实质表现为国共两党在国际社会争夺中国代表权的问题。

第三个阶段是从 20 世纪 80 年代初到到 20 世纪 90 年代初。当时中国面临的国内国际环境发生了根本的变化。在国内，随着文化大革命的结束，中央开始实行改革开放的战略决策，加上当时中美关系有了较大的改善，在这种背景下，中国政府开始调整对台战略，从追求武力统一战略逐渐转变为和平统一战略上来。1985 年一国两制，和平统一被正式确定为我国的一项基本国策。随着大陆对台和平统一战略的不断形成，台湾对大陆及两岸关系的态度也开始发生着转变。特别是到了 20 世纪 80 年代后期，蒋经国当局面对台湾政治、经济发展的巨大冲击，为了维护国民党对台湾的有效统治，也开始对台湾进行了一系列的改革措施，在两岸关系上，放弃了其长期坚持的“三不政策”。随着蒋经国晚年推动两岸关系的解冻，两岸人民之间的交流开始得到了初步的开放。

三、台湾问题的实质

台湾问题的实质就是台湾回归祖国的问题。在冷战时期，台湾问题的实质表现为中国代表权之争的问题，而冷战后，台湾问题的实质又演变为统独之争的问题。

在整个冷战时期，海峡两岸都没有放弃一个中国的基本原则，都坚决反对“台独”分裂活动。尽管蒋介石败退到台湾，但国民党政权始终没有放弃一个中国原则。同时蒋介石还对“台独”势力采取了严厉镇压的手段，使“台独”在岛内基本上没有活动的空间。对于中国大陆来说，新中国成立以来始终没有放弃中国对台湾的领土主张和主权诉求。冷战时期，台湾问题的实质就是海峡两边的国共两党争夺中国代表权的问题。冷战结束后，随着台湾岛内政治生态的变迁、两岸关系的演变，以及国际形势的变化，台湾问题的实质开始发生了根本的变化，逐渐演变为统独问题，变成了统一与独立相互较量的问题。特别是在民进党执政时期，台湾问题的实质就是陈水扁当局企图谋求台湾的“独立”，这种分裂国家的图谋自然不为中国人民所同意，中国大陆必然要反制台湾当局的“台独”诉求。因此，在冷战后，台湾问题的实质很大程度上就是反对“台独”的问题。台湾和大陆同属一个中国，中国政府对台湾拥有主权，中国的主权和领土完整不容分割。包括联合国和世界绝大多数国家在内的国际社会都公认这一点。目前，与中华人民共和国建立外交关系的国家和地区有160多个，而中国与这些国家和地区建立外交关系的前提，就是这些国家和地区必须承认中华人民共和国政府是代表全中国的唯一合法政府，台湾是中国的一部分。目前也有极少数国家与台湾当局保持着所谓的“外交”关系，这些国家都是小国，经济状况比较困难，台湾当局正是利用这一点，以金钱作诱饵，拉拢这些国家与其保持所谓的“外交”关系。

冷战结束以来，台湾岛内逐渐形成了一股企图把台湾从中国分裂出去的政治势力。1988年李登辉继任台湾地区领导人后，对“台独”采取了纵容的态度。特别是在李登辉执政后期，台湾当局逐步背离了此前曾长期坚持的一个中国立场。2000年民进党上台后，陈水扁当局不断通过渐进的方式来推动“台独”分裂活动，不断挑起台湾社会的族群对抗，制造两岸关系的紧张局面。“台独”分裂势力已成为影响两岸和解与统一的最大障碍。长期以来，中国政府在台湾问题上的态度是一贯的。中国政府认为，尽管由于台湾当局的阻挠和一些外部势力的插手，海峡两岸目前尚未统一，但台湾是中国领土一部分的地位并没有改变，中国拥有对台湾的主权也没有改变。两岸暂时的分离状态只是一种政治上的分歧，而绝不是中国的主权和领土完整已经被分割，因此，两岸目前暂时分离的现状根本不能成为分裂祖国、制造“两个中国”或“一中一台”的理由。改革开放以来，中国政府提出力争以和平的方式解决两岸统一问题，后来又提出用一国两制的方式来解决台湾问题，实现国家统一，并强调以最大诚意、尽最大努力，与广大台湾同胞一起，排除各种阻挠，推动两岸关系朝和平稳定的方向发展。但针对台湾岛内的分裂势力企图把台湾分裂出中国的动向和外国势力干涉中国统一的企图，中国政府明确表示，不承诺放弃使用武力，绝不容忍“台独”，绝不允许任何人以任何方式把台湾从中国分割出去。因此，正是由于中国大陆始终坚持一个中国的基本原则和前提，台湾问题的实质才始终是中国的内政问题，始终是台湾回归祖国大陆的问题，始终没有演变成国际问题。

第二节　冷战后台湾问题的新变化

冷战后，台湾问题又出现了一些新的变化，主要表现为岛内政治生态的演变以及国际形势的变化对台湾问题产生了重大的影响。冷战后岛内政治生态的最显著变化就是“台独”势力在岛内力量的不断崛起。随着台湾社会的结构性变化，特别是政治上“解严”和开放“党禁”之后，“台独”势力在岛内开始有了一些活动的空间。李登辉上台后，“台独”势力在岛内获得了突飞猛进的发展。而2000年具有鲜明“台独”色彩的民进党上台后，“台独”势力在台湾政治生态中不断发展。“台独”已成为岛内一支重要的政治力量。此外，岛内政治生态的另一大变化是政治版图的重新分化组合。突出表现是在台湾执政长达50年之久的中国国民党在2000年台湾地区大选中输给了民进党，从而失去政权，沦为在野党。在国际社会，冷战结束后，随着苏联解体、东欧剧变，国际格局发生了结构性的变化。美国为首的西方国家为了遏制中国的崛起，不断利用台湾问题来打压中国，加大了干预台湾问题的力度，使得台湾问题的国际化特征不断明显和显现。从而也加大了我国解决台湾问题的外部难度。但是我们也要看到，尽管冷战结束后台湾问题的发展出现了一些新的情况，尽管两岸政治对立的状态并没有改变，但两岸人员往来及经贸联系却越来越密切，特别是两岸在经贸领域的合作不断加强，两岸在经济领域里的相互依赖的局面不断加深。这成为推动台湾问题继续朝着良性方向发展的有利因素。

一、台湾当局逐渐背离一个中国的基本原则

冷战后台湾当局在对外交往方面逐渐背离一个中国的原则。李登辉上台后，其分裂祖国、主张“台独”的真实面目不断暴露，在对外关系方面强调“务实外交”战略。1989年台湾当局推出“格林纳达模式”，试图突破蒋氏父子坚持的“汉贼不两立”的对外政策立场，转而采取用金钱收买一些贫穷落后的小国，以期获得“双重”承认。企图通过与大陆有外交关系的国家“建交、复交”，达到确立其与祖国大陆“对等的、独立的政治实

体”地位的目的；参与国际组织方面，在两蒋时期，台湾当局虽然对参与非政府间国际组织采取“不回避，不退让”的原则，但对于政府间国际组织则采取“一国一席”的政策立场。李登辉上台后，台湾当局在加入政府间国际组织问题上，逐渐采取“一国两席”或“双重代表制”立场，企图炮制出“两个中国”的政治现实；外交方面，在两蒋时期，台湾当局只有两次“元首外交”。① 而在李登辉主政的12年中，他共有6次出岛活动，到了20世纪90年代中期，“元首外交”更是李登辉所推动的重点。尽管在李登辉执政时期，台湾当局成立了所谓的“国统会”，出台了“国统纲领”，两岸两会通过“汪辜会谈”就“一个中国”的基本原则达成了共识。但由于李登辉的“台独”面目不断暴露，特别是他抛出了“两国论”的分裂主张，严重恶化了两岸关系。2000年陈水扁上台后，民进党当局大力推动“台独”路线，不断搞“去中国化”动作。为配合其“台独”战略，台当局在坚持李登辉“务实外交”路线和基础上，不断玩出“民主外交”、“人道外交”、“政党外交”、“国会外交”、“正名外交”等花样。在岛内，陈水扁当局大搞“去中国化”运动，加大了分裂国家的活动。废除了“国统纲领”，终止了“国统会”的运作。同时不断推行所谓的以“台湾”名义加入联合国及其他国际组织的活动。2007年7月19日，陈水扁向联合国秘书长潘基文提交了所谓“以台湾名义加入联合国”的申请书，这是台湾当局在加入联合国问题上搞“正名外交”的闹剧。

冷战结束后，由于台湾当局在一个中国原则上不断退步，甚至炮制出“两国论”和“一边一国论”，严重恶化了两岸关系，使台海地区的紧张局势不断增加。2008年在台湾地区领导人选举中，国民党又重新夺回政权，民进党沦为在野党，由于国民党承认“九二共识”，坚持一个中国的基本原则，因此，马英九上台后，台海局势出现了重大的、积极的变化。两岸关系和平发展的态势正在不断形成。当前随着“海协会”和“海基会”两会协商的重新恢复，两岸在“一中原则”的共识下，不但促进了两岸关系的和平发展，而且维护了台海地区和平与稳定。

---

① 1949年7月蒋介石访问菲律宾，另一次是时任“总统”的严家淦于1977年访问沙特。

二、“台独”势力在岛内不断膨胀

冷战后，由于“台独”势力在岛内的不断发展，“台独”已开始成为影响两岸关系的新变量，给两岸关系的发展带来了极大的战略险情。

冷战结束以来，随着李登辉为首的台籍势力全面执掌台湾政权，其一个中国政策逐渐调整为“两个中国”或“一中一台”政策，并开始虚化一个中国的涵义，突出对“等的政治实体”，开始抛出“分裂分治理论”。①1994年李登辉开始表达其“台独”理念。宣称“从前为止掌握台湾权力的全部是外来政权”，其理想是“带领台湾人建立一个新国家”。这些言论，加速了岛内“台独”思潮的蔓延，助长了分裂活动的气焰。李登辉在1995年赴美演讲中宣扬了“中华民国在台湾”的煽动性演讲，企图将两岸分离固定化，永久化。台湾当局推行的“务实外交”，经过长期量的积累，最终发生质的变化。1999年李登辉在接受德国媒体时表示，台湾已将两岸关系定位在“国家与国家，至少是特殊的国与国的关系”。②“两国论”集中代表了李登辉为代表的台湾当局推行以“和平走向分裂”的核心的理念，政策和路线。在两岸经贸方面，台湾当局继续坚持“戒急用忍”的政策，并拒绝两岸实行全面“三通”；对外关系方面，台湾当局提出要以“两国论”为基调推行“务实外交”。随着李登辉“台独”面目的不断暴露，大大增加了两岸关系的对立与紧张气氛。

民进党上台后，陈水扁当局加快了“台独”的步伐，不断加紧在政治、军事、文化、对外关系等各个领域展开和推动“台独”分裂活动。在陈水扁执政的第一个任期内，民进党当局在岛内外各种强大压力的束缚下，不敢贸然落实其“台独”主张，而是采取蚕食手法，逐步推动“台独”分裂活动。③在两岸关系方面，陈水扁当局拒不承认“九二共识”，称它是“没有共识的共识”。④其目的就是要否定一个中国原则，为其推动“台独”分裂活动服务。2002年8月陈水扁公然提出两岸关系是“一边一国”的“两个

---

① 台湾《中央日报》，1993年10月2日，第1版。

② 《分裂闹剧背后——李登辉“两国论”透视》，《人民日报》，1999年7月18日。

③ 台湾“中央社”2003年3月24日电。

④ 台湾《中国时报》，2000年6月21日，第2版。

独立主权国家”，他首次强调只有2300万台湾人民才能决定台湾前途，如果有需要，台湾现状的改变要由全民投票决定。彻底暴露了他顽固坚持“台独”路线的真实面目。首先，为了向国际社会宣示“台独”意涵和使台湾“国家化”，民进党当局加紧了推动所谓“台湾正名”活动，其目的是为了突出台湾的“主体”地位。此外，陈水扁当局加紧在思想、文化、历史、教育、传播等领域全面推行“去中国化”政策。例如强力推行“本土化教育”，策划以闽南话作为台湾“国语”，在大学取消或删减与中国有关的课程，在书籍和年鉴中灌输“台独”意识及谋求将民进党历史定位为台湾历史。这些手法目的就是割断台湾与大陆历史文化的血脉联系。其次，陈水扁当局打着台湾主体性，本土意识，台湾精神的幌子，在意识形态领域加速推进“文化台独”，企图弱化、甚至根除中华文化的影响，为最终实现实质“台独”铺路。例如推出了一系列“文化台独”的政策。并否定台湾人是中国人、台湾文化是中国文化一部分的事实，煽动台湾同胞对祖国大陆的仇视。“文化台独”的实质就是要从政治、文化、意识形态等各个方面逐渐建立台湾“独立”的意识，目的是将台湾从中国的母体中分离出去，最终走向“独立”。这种借文化之名而行分裂之实的“文化台独”，比政治“台独”主张更具欺骗性。最后，陈水扁试图通过法律程序以法律形式、实现台湾“独立”，也就是通过修改“宪法”，或制定“新宪法”，完成所谓“台湾国”法律层面的重构。2003年11月在台湾当局的大力推动下，台“立法院”通过了“公民投票法”，实现了民进党长期追求的“公投立法”的理想和目标。2004年3月，陈水扁不顾岛内外各方的反对，执意举办了“3·20公投”，尽管“公投”没有过关，但开创了用公投手段向大陆挑衅、制造两岸对立、恶化两岸关系的恶劣先例。2003年9月，陈水扁公开提出“法理台独”的时间表。例如要在2003年完成“公投立法”，2004年实施第一次“公投”，2006年催生台湾“新宪法”，2008年正式公布实施“新宪”。进入2006年后，随着陈水扁权力危机的不断加剧，他推动“法理台独”的步伐明显加快。2006年2月陈水扁宣布终止“国统会”运作，终止“国统纲领”适用。2007年陈水扁当局不顾国际社会的普遍反对，顽固坚持“入联公投”，严重威胁到台海地区的和平与稳定。

我们应该看到，冷战结束后，“台独”势力已成为影响岛内政局发展的重要政治力量，成为影响和冲击两岸关系发展的负面因素。

三、两岸交流不断拓宽加深

随着蒋经国晚年逐步开放两岸政策，两岸关系进入了一个新的历史时期。两岸人员开始有了接触，特别是随着台商大量投资大陆，台湾经济与中国大陆的经济越来越紧密捆绑在一起，形成某种相互依赖的关系。

冷战结束以来，尽管两岸政治僵局始终存在，但两岸在经贸、人员、文化等方面的交流却日益密切。截至2007年9月底，两岸累计贸易总额已达到6933亿美元，大陆累计批准台商投资项目74327项，台商实际投资450亿美元，台湾居民往来大陆累计达4583万人次，大陆居民赴台累计也超过了156万人次。[①] 两岸在经贸领域已形成了一定的相互依赖关系。两岸在经贸领域的合作不断加深，有力地促进了两岸人员的往来与交流，成为推动两岸关系和平发展的最大动力。

在两岸政治对话与交流层面，李登辉时期，两岸通过谈判和协商，双方在新加坡达成了“九二共识”。后来，由于李登辉当局“台独”分裂面目暴露，抛出“两国论”，两会谈判被完全中止。2000年民进党上台后，由于民进党执政当局顽固坚持“台独”分裂活动，使两岸政治对话的可能性不复存在，大陆与民进党执政当局直接开展党际交流的条件还不成熟。但在民进党八年执政时期，两岸在开启政党交流方面还是取得了较大进展。2005年国民党、亲民党和新党等台湾地区的主要在野党纷纷访问大陆，共商两岸大事，表明两岸在政治交流方面开辟了新的渠道。随着两岸交流的不断深入与发展，客观上就需要维持和平发展的两岸环境，这既是推动两岸关系改善的重大举措，而且更是完全符合两岸人民现实利益的客观需求。因此，两岸渴求交流的需求是两岸关系和平发展形成的直接动力。特别是国共两党的交流与合作，对于遏制岛内“台独”分裂势力，维护台海地区和平稳定具有重要而特殊的意义。

在2008年年初的两次重要选举中，中国国民党重新赢回了政权。马英九上台后，两岸迅速恢复了两会协商，并达成了周末包机及大陆旅客赴台旅

---

① 新华社2007年10月31日电。

游的协议，直接改善了两岸关系，特别是大陆“海协会”会长陈云林访问台湾，两岸就海运、空运、邮件等事宜达成了重要共识，两岸全面“三通”顺利实现，这大大促进了两岸关系的和平发展。

四、国际形势的变化

冷战后随着美苏两极体制的崩溃，国际关系进入了一个新的历史时期。冷战时期形成的中美苏大三角战略关系由于苏联的解体而宣告终结。美国对“中国牌”的需求大大降低。中美之间在冷战时期形成的战略合作的条件已不复存在。美国开始调整其两岸政策。以美国为首的西方国家为加强对中国的和平演变，企图把台湾作为对华和平演变的主战场。台湾问题成为中国受制于世界其他大国的重要掣肘。冷战后美国把台湾作为其维护亚太战略和全球战略的重要一环，视台湾为“美国不应丢弃的战略资产”。认为“美国如果默认使用军事力量强行统一台湾的尝试，那么美国在远东的地位将受到毁灭性的破坏，因此美国决不能在军事上无所作为”。[①] 可见一向将地缘政治作为制定对外政策、处理国际关系依据的美国，之所以在冷战后仍然介入台湾问题，“并不是为了一个分离的台湾，而是为了美国在亚太地区的地缘政治利益”。除了美国之外，冷战后日本认为台湾问题涉及其国家利益，直接关系到其海上生命线的安全问题，在日本有人提出了“台海安全攸关日本生死存亡”的观点。此外，冷战后美日两国共同介入和干预台湾问题的趋势不断增强。两国除了美日安保体制外，“新防卫指针”也把台湾作为干预的对象。同时，美日台开展三边安全战略对话，防范包括台海军事危机在内的周边事态。而美日“新防卫指针”在某种程度上更是确立了美日寻求共同介入台湾问题的战略机制，特别是美国一直利用《与台湾关系法》，不断加大提升对台军售武器的数量与质量。随着美日等国介入台湾问题的力度不断增大，我们不能完全排除未来美日等国武力介入台海冲突的可能性。在1996年台海危机中美国就曾派航空母舰到达台湾海峡附近，用军事力量的方式来介入台海局势的意图昭然若揭。因此，随着美日等外部势力加大介入

---

① 谢芝芹：《冷战后中美关系简析》，《和田师范专科学校学报》（汉文综合版），2007年第27卷第5期。

台湾问题的力度，中国政府在台海危机管理方面的压力与险情将不断增加。

当前，随着国民党在岛内全面执政，两岸关系和平发展的态势不断形成，但美国等外部势力干预台湾问题的企图并没有放弃，2008 年 10 月美国宣布向台湾出售 6 项价值总额近 65 亿美元的军事装备，这是近年来美国对台军售数量最大的一次。这些事情说明外部势力并不希望两岸关系走得太近，目前两岸关系的发展仍然面临着美国等外部势力干扰的战略险情。

第三节　大陆对台战略的历史演变

新中国成立以来，中国大陆对台战略先后经历了由武力解放台湾到和平解放台湾、从和平统一到和平发展这样一个历史演变的过程。

一、新中国成立以来大陆对台战略的演变

新中国成立以来，我党对台战略先后经历了由武力解放台湾到和平解放台湾、从和平统一到和平发展的演变历程。但必须指出的是，我党对台战略在不同时期不尽相同，但始终没有放弃在台湾问题的解决中非和平方式的重要性。

（一）改革开放以前

改革开放以前，我党对台战略主要是以军事手段为主，和平方式为辅。它又可以细分为两个小阶段：（1）从建国到 20 世纪 50 年代中期；（2）从 20 世纪 50 年代中后期到 20 世纪 70 年代末。

20 世纪 50 年代中期以前这一阶段，我们党和国家领导人在对台战略方面更多的是考虑用武力方式来解决台湾问题。因为随着人民解放战争在大陆的全面胜利，国民党政权退守台湾，企图凭借台湾海峡负隅顽抗，为了巩固新生的人民共和国，消灭盘踞在台湾岛的国民党势力自然成为新政权的首要目标。① 1949 年渡江战役后，党中央就开始着手实施攻台计划，按照毛泽东当时的设想，大致在 1950 年至 1951 年发起解放台湾本岛的渡海作战。在加紧进行以海空军为主的攻台力量准备的同时，我三野部队继续发动对沿海岛

① 《毛泽东选集》（第 5 卷），人民出版社，1977 年版，第 21 页。

屿的攻势，以扫清屏障台湾的外围阵地。到1949年底前，我三野部队先后发动了福州战役和漳、厦战役，基本扫清了盘踞在东南一带的残敌，并积累了一定的渡海作战经验。当时中央已动员15万攻击部队部署在东南沿海地带，为数众多的机械化舢舨也在福建港口聚集，以运送这些部队。同时，由于《中苏友好同盟互助条约》的签订，苏联答应协助增强中国海、空军能力。[①] 1950年6月，毛泽东在七届三中全会上所作的《不要四面出击》的讲话中指出：我们的方针是"肃清国民党的残余"、"解放台湾"。[②] 而在台湾，国民党残余势力在军事上已成惊弓之鸟，政治上依然派系林立，岛外既缺乏美国的支持，岛内又因"二·二八"事件与台湾民众的关系十分紧张。国民党处于严重内忧外患的窘境之中。当时的情况表明，我们武力解放台湾的时机是比较成熟的。但是朝鲜战争的突然爆发，打断了我们用武力解放台湾的战略计划。攻台计划被迫推迟。朝鲜战争停战后，台海地区局势并未缓和，毛泽东决定将军事防御重心从东北地区转移到东南沿海，再次提出解放台湾的口号。1954年7月毛泽东电告回国途中的周恩来，称"为了美蒋的军事和政治联合，必须向全世界提出解放台湾的口号……在朝鲜停战后，没有及时提出解放台湾的任务是不妥的，现在若不进行此项工作，我们将犯严重的政治错误。"[③] 同年9月炮击金门，拉开了第一次台海危机的帷幕。国共双方在浙江沿海岛屿展开激烈争夺战和海空战。至1955年2月底解放军攻克了浙江沿海岛屿，随着台海局势日趋紧张，美国加紧干涉台湾问题，针对台海局势出现的新变化，毛泽东决定暂时停止武力攻台计划。

20世纪50年代中后期以后，我党对台战略的重心开始朝军事手段与和平手段同时并用的方向发展。1957年底中美大使级会谈中断，这预示着美国准备进一步在台海地区制造紧张局势，对中国的和平将形成很大威胁。1958年8月17日毛泽东作出炮打金门的最后决定。[④] 1958年8月23日，解

① Chen Jian, China's Road to Korean War: The Making of Sino-American Confrontation (New York: Columber University Press, 1944.) pp. 97－98.

② 中共中央统一战线工作部研究室等编著：《毛泽东论统一战线》，中国文史出版社，1988年版，第75页。

③ 中共中央学校党史研究室：《四十年的回顾与思考》，中共中央党校出版社，1991年版，第202页。

④ 宋连生等编著：《穿越台湾海峡的中美较量》，云南人民出版社，2001年版，第76页。

放军猛击金门，持续43天。这就是第二次台海危机。金门炮响，不仅加深了美国与其盟国的矛盾，也激化了蒋介石与美国的矛盾。① 第二次台海危机结束后，台湾海峡局势并没有得到完全缓和，相反在整个20世纪60年代，两岸之间都在加强军事准备，无论是蒋介石“反攻大陆”的叫嚣，还是大陆“解放台湾”口号的宣传攻势，在某种程度上表明两岸都在进行军事斗争的准备。就单从台湾不断向大陆空投特务以及对沿海进行侵扰等活动，表明军事手段在两岸的斗争中仍然占据着重要的位置。而中国在20世纪60年代前期和后期在东南沿海的大规模战备则是防御性的军事部署，目的是挫败台湾当局利用大陆暂时的经济困难，对东南沿海发动军事进攻的企图。② 应该看到两岸这种军事对抗客观上强化了台湾海峡的现状，即国共内战的确尚未结束。

尽管在这一阶段里，军事手段仍然发挥着重要作用，但随着形势的变化，20世纪50年代中期后，毛泽东开始考虑使用和平方式解决台湾问题。1955年5月，周恩来在全国人大常委会议上提出：“中国人民解放台湾有两种可能的方式，即战争的方式和和平的方式。中国人民愿意在可能的条件下，争取用和平方式解放台湾。”③ 这也是中国政府首次正式提出和平解放的对台方针，标志着中国政府对台政策开始发生转变。1956年1月毛泽东在第六次最高国务会议上提出：比如台湾，那里还有一堆人，他们如果是站在爱国主义立场，如果愿来，不管个别的也好，部分的也好，集体的也好，我们都要欢迎他们。④ 党的八大政治报告中也指出，愿意用和平谈判方式，使台湾回到祖国怀抱，而避免使用武力。1960年5月毛主持中央政治局常委会议，研究并确定了关于台湾问题和对台工作的总方针。中央认为，台湾宁可放在蒋氏父子手里，不能落入美国人手中。对蒋我们可以等待，解放台湾的任务不一定要我们这一代完成。可以留交下一代去做。中国领导人的这

① Gordon H. Chang “To the Nuclear Brink: Eisenhower, Dulles and the Quemoy-Matzu Crisis”, International Security 12, no. 4 (spring 1988), p. 198.

② 牛军：《1962：中国对外政策“左”转的前夜》，《历史研究》，2003年第3期。

③ Chinese People’s Institute of Foreign Affairs, Oppose U. S. Occupation of Taiwan and “Two Chinas” Plat (Beijing: Foreign Languages Press, 1958), pp. 35-36.

④

些思想，后来由周恩来进一步归纳，概括发展为“一纲四目”。一纲是台湾必须回归祖国。四目就是包括台湾回归祖国后，除外交必须统一于中央外，所有军政大权人事安排由蒋决定，所有军政及建设经费不足之数，由中央拨付，台湾的社会改革可以从缓，协商解决，双方互约，不派人进行破坏对方团结之事。至此，中央就和平解放台湾问题已达成共识并逐渐形成一项政策。

（二）改革开放以后

20 世纪 70 年代末 80 年代初，随着国内外形势的变化，我党开始调整对台战略，从追求武力统一战略逐渐转变为谋求和平统一的战略上来。1978 年十一届三中全会公报上在提及台湾问题时，首次没有使用“解放”一词。代之以“台湾回到祖国怀抱，实现统一大业”的提法。这是中共对台方针进行历史性调整的开端。1979 年元旦，全国人大常委会发表《告台湾同胞书》着重宣布了关于台湾回归祖国，实现国家统一的大政方针。标志着中共新的对台方针的出台。表示“在解决统一问题时尊重台湾现状和台湾各界人士的意见，采取合情合理的政策和方法，不使台湾人民蒙受损失。”还提出两岸之间商谈结束军事对峙状态，双方尽快实现通航通邮，发展贸易，进行经济交流若干建设。① 这表明中央对台政策有了重大的发展变化。1979 年邓小平访美时，在台湾问题上表示，“按照我们的心愿，我们完全希望用和平方式解放这个问题，因为这对国家对民族都比较有利”，他明确表示，我们不再用解放台湾这个提法了，只要台湾回归祖国，我们尊重那里的现实和现行制度。1981 年 9 月，叶剑英委员长向新华社记者发表谈话，提出九条对台方针。② 这是中央对台新政策的进一步深化和发展。1982 年 1 月邓小平在谈话中表示，叶九条实际上就是一个国家，两种制度。1983 年 6 月邓小平在接见外宾时，进一步阐述了一国两制构想的主要内容。③ 随着香港问

① 《中华人民共和国全国人大常委会告台湾同胞书》，《人民日报》，1979 年 1 月 1 日。

② 《人民日报》，1981 年 10 月 1 日。

③ 六个要点包括：（1）统一后台湾作为特别行政区，可以实行与大陆不同的政治制度；（2）可以拥有立法权和司法权，终审权不需到北京；（3）可以有自己的军队，大陆不派人去台，台湾的党政军等系统都由台湾自己来管；（4）中央政府还要给台湾留出一定的名额；（5）和平统一，不是大陆把台湾吃掉；（6）实现统一的适当方式是举行国共两党平等谈判，实行第三次国共合作，但不允许外国势力插手。这六个要点使一国两制的构想更加完备。

题的和平解决，1985 年全国人大六届三次会议正式把一国两制确定为我国的一项基本国策。一国两制、和平统一战略的出台，大大推动了两岸关系向前发展，标志着我党开始以一种全新的思维来看待两岸关系。

邓小平和平统一战略的主要内涵包括：（1）在解决台湾问题的手段和方式上，认为台湾问题的解决可以通过国共两党举行第三次合作的方式来完成。邓小平建议举行国共两党的平等谈判，实行第三次合作。可以“不提中央与地方谈判。”① 这在当时的历史时期，有一定的可能性存在；（2）对于武力在解决台湾问题中的作用和地位，邓小平没有放弃非和平的方式。他认为这是一种战略考虑，② 是应对“台独”分裂势力挑战，确保两岸和平统一战略贯彻实施的基本保证。他认为，如果我们承诺放弃使用武力，就等于把自己的手脚捆了起来，③ 其结果只能使和平统一化为泡影。保持武力是为了对台湾岛内的分裂势力保持必要的军事压力。但是，我们也要看到，在邓小平时期，我们党对于台湾问题的复杂性和困难度的认识还很不够。主要表现为当时我们党对解决台湾问题过于乐观，甚至有一点急躁的心态。例如，我们党曾把解决台湾问题列为 20 世纪 80 年代的三大任务之一。④ 尽管当时中美关系得到改善并不断向前发展，影响台湾问题解决的国际因素似乎正朝着有利于我们的方向发展。但是台湾岛内的政治环境也正发生着巨大的变化。国民党越来越面临着强大的反对势力的压力，随着民进党的成立，岛内外各种反国民党力量逐渐汇聚到民进党旗帜下，台湾政治由国民党党国体制加速向政党政治演变和转化，国民党统治在岛内越来越面临着合法性的危机。特别是随着蒋经国的去世，使我们曾经希望通过举办国共第三次和谈来解决台湾问题的可能性完全止步。

---

① 《邓小平文选》第 3 卷，人民出版社，1993 年版，第 31 页。

② 《邓小平文选》第 3 卷，人民出版社，1993 年版，第 87 页。

③ 《邓小平建设有中国特色社会主义论述专题摘编》，中央文献出版社，1986 年版，第 423 页。

④ 1980 年 1 月 16 日邓小平在中共中央召集的干部会议上，分析形势，总揽大局，第一次提出了“八十年代我们要做的三件大事”，1982 年 9 月在党的十二大开幕词中，邓小平又重申这三件大事，并改称为“三大任务”，明确指出：“八十年代是我们党和国家历史发展上的重要年代，加紧社会主义现代化建设，争取实现包括台湾在内的祖国统一，反对霸权主义、维持世界和平，是我国人民在八十年代的三大任务。”

到了20世纪80年代末90年代初，国际局势发生了重大而深刻的变化，随着冷战的结束和国际格局的变化。西方敌对势力加紧了对我国的和平演变，特别是不断利用台湾问题来对中国进行遏制和牵制。在这一历史背景下，以江泽民为核心的第三代领导集体在继承毛泽东、邓小平关于实现祖国统一的战略思想的前提下，创造性地提出了一系列新的对台战略思想。1992年10月江泽民指出："我们坚定不移地按照和平统一，一国两制的方针，积极促进祖国统一。"同年，"海协会"和"海基会"达成了各自以口头方式表述的"海峡两岸均坚持一个中国原则"的共识，即"九二共识"。1995年1月江泽民发表了《为促进祖国统一大业的完成而继续奋斗》的重要讲话，就现阶段发展两岸关系、推进祖国和平统一进程的若干问题，提出了八项重要主张，① 这就是著名的"江八点"。江泽民的讲话在海峡两岸和海外侨胞中引起了强烈反响，对早日实现祖国统一产生了重要影响。正是在"江八点"战略思维的正确指引下，两岸之间的经贸交流日益持续发展，不断形成了全方面，大覆盖的民间交流格局，增进了两岸民间的了解和信任。在这一时期，我党对台战略主要表现出以下几个特点：一是强调坚持一个中国的基本原则。在邓小平时期，由于蒋经国坚持一个中国的原则，两岸关系中当时还不存在是否坚持一个中国的问题。但随着李登辉"台独"分裂面目不断出现，一个中国原则的问题也日益突显，最终成为影响两岸关系发展的最重要问题。二是在解决台湾问题的方式上，我党最高领导人首次提出了寄希望于台湾同胞，而放弃了之前一贯所提的"国共合作"字样。这表明我党更加理性地看待台湾岛内政治的演变，在解决台湾问题上越来越趋于理性和务实。三是在对台方针上，提出了"文攻武备"的总方针。"文攻"就是要在政治、经济、文化、外交等方面积极开展工作，形成强大的和平攻势，争取尽快和平统一。"武备"就是要加速国防和军队现代化建设，增强

① 坚持一个中国的原则，是实现和平统一的基础和前提；对于台湾同外国发展民间性经济文化关系，我们不持异议；进行海峡两岸和平统一谈判，是我们的一贯主张；努力实现和平统一，中国人不打中国人；大力发展两岸经济交流与合作，以利于两岸经济共同繁荣，造福整个中华民族；两岸同胞要共同继承和发扬中华文化的优良传统；充分尊重台湾同胞的生活方式和当家做主的愿望，保护台湾同胞一切正当权益；欢迎台湾当局的领导人以适当身份前来访问，我们也愿意接受台湾方面的邀请，前往台湾。

军事实力，加强做好对台军事斗争的准备。特别是在1995—1996年的台海危机期间，我党通过军事斗争和外交斗争粉碎了李登辉当局追求“台独”的迷梦，也使美国认识到台湾问题的敏感性和复杂性。但是在这一时期，由于台湾分离主义势力不断嚣张，特别是外部势力干预台湾问题的意图不断明显，我们党对于解决台湾问题的紧迫感空前高涨，突出强调台湾问题不能无限期拖延下去，要有时间表，要努力促使台湾问题的早日解决。例如在党的十六大政治报告中特别强调“台湾问题不能无限期地拖延下去”。这说明在某种程度上，面对复杂的国际环境以及“台独”激进势力在岛内的不断嚣张，我党在解决台湾问题上的急躁心态又有所暴露出来。

进入21世纪以后，台湾岛内政治生态发生了急剧的变化，面对陈水扁当局推动“法理台独”的野心，反对“台独”运动已成为我党对台工作的首要任务和核心内容。在这一时期，我党对台战略的基本要义就是要遏制和粉碎岛内的“台独”分裂活动。2005年3月胡锦涛发表了关于台湾问题和对台工作的重要讲话，提出了新形势下发展两岸关系的四点意见：即坚持一个中国原则决不动摇，争取和平统一的努力决不放弃，贯彻寄希望于台湾人民的方针决不改变，反对“台独”分裂活动决不妥协。这个重要讲话发展了党中央关于对台工作的指导原则，包含了许多新论述，新主张。2007年我党提出了两岸关系和平发展的新战略思维。

在这一时期，我们党对台战略主要表现出以下几个方面的特点：其一是在对台战略中强调重点。提出“台独”与“反台独”已成为现阶段两岸关系的主要矛盾，指出反“台独”军事斗争准备是当前我军最重要最现实最紧迫的战略任务。其二强调务实的一面。高度重视对台湾岛内实情和台海形势的认知和把握，党中央认识到，由于两岸长久分裂，台湾民众对大陆还存在一些分歧和误解，这就需要时间去沟通。其三，强调通过多种手段的综合运用来遏制“台独”分裂活动。在法律上，通过了《反分裂国家法》，这部法律把我们党和政府多年来争取和平方式解放台湾问题的方针政策法律化，把反对和遏制“台独”，维护祖国统一的实际行动上升为国家意志。同时也加强了与岛内政治力量的沟通和联系。特别是加强了与岛内国民党、亲民党等党派的党际联系。并与这些党派达成了互信和共识。我党通过与岛内政治力量的联系，力争在岛内形成反对和遏制“台独”的强大力量。其四，坚持寄希望于台湾人民，争取台湾民心工作的开展。由于台湾是一个选举社会，民意基础非常重要。我们非常务实地提出争取民心是解决台湾问题的重要一环。其五，努力在国际社会营造稳固的“一中框架”。在反对陈水扁当局“台独”分裂活动的实践中，我国成功开展外交工作在国际社会就一个中国的基本原则形成了普遍的共识，使国际社会“一中框架”越来越稳固。

二、新中国成立以来我党对台战略演变的根源

首先，中国国家发展战略的变化是决定我党对台战略演变的最重要根源。

中国对台战略的两次大的调整都是与国家整体发展战略的演变有着直接的联系。第一次调整是20世纪50年代中期及其以后，毛泽东和党中央提出了争取“和平解放台湾”的战略。它与新中国成立以来一直主张的武力解放台湾战略有着很大的区别。其调整的原因还在于朝鲜战争结束后，恢复国民经济，发展生产力就成为新中国当时最严峻的任务。因此社会主义工业化建设问题提上了议事日程，恢复生产，完成社会主义工业化就成为当时国家最主要的中心任务。因此，党中央及时调整对台战略，由武力解放台湾战略转变为尝试用和平手段解放台湾的战略。其根本目的还是希望通过对台战略的转变，达到不让台湾问题影响到新中国社会主义工业化建设的进程，以排除台湾因素的干扰。事实证明，党中央的这次调整非常重要，它为恢复国民经济和进行社会主义工业化建设创造了有利的两岸环境。第二次调整是在20世纪70年代末80年代初，当时我国正刚刚从十年文革的浩劫中走出来，发展社会主义生产力已成为当时的根本任务，党中央将改革开放作为一项基本国策，这就需要我们调整对台战略。

通过对台战略的调整，除了推动两岸关系的缓和外，更主要的还是试图为中国的改革开放营造一个有利的国际环境和两岸环境。和平统一台湾战略的出台，无疑有助于在国际上树立中国大陆崭新的形象，有利于我们吸引外资，有利于两岸经贸交流，人员往来，促进大陆经济的快速发展。事实表明，第二次调整对台战略为我们改革开放事业创造了一个宽松的环境，推动了我国经济发展驶入快车道，两岸经济交流与融合的步伐不断加快，两岸交流的步伐从此势不可挡，也使我国经济进入了一个长时期的高速增长阶段。

有力地促进了国家综合实力的大幅增强。从新中国成立以来我党对台战略的演变来看，国家的整体发展战略，特别是国家经济发展战略从根本上决定对台战略，对台战略是为国家整个发展战略服务的。同样，国家整体发展战略的最终实施也为对台战略的形成和发展创造了有利的环境和条件。

其次，复杂的国际环境也是影响我党对台战略不断变化的重要因素。

台湾问题作为国共两党内战的产物，本来就属于中国的内政问题，但长期以来外部势力对台湾问题的干预与介入从未停止过。1950 年上半年，新生的人民共和国在东海及南中国海海岸集结了大量的部队，随时准备对退守台湾的国民党发动进攻，然而在解放军尚未跨越海峡之前，朝鲜战争就爆发了。由于美国介入朝鲜战争并派遣第七舰队进入台湾海峡，公开宣称要使台湾海峡保持中立。此举完全扭转了美国之前的中国政策。[①] 这个行动表明美国要重新介入到中国的内政，使新中国解放台湾的日期被无限期延后。而在朝鲜战争结束后，美国为了阻止中国的统一进程，全面加强了对华遏制的力度，加强对台湾的军事援助和经济援助，加大在台湾的军事存在，以阻挠我解放台湾。1954 年美台签署了双边防卫条款，美国承诺会在中国大陆入侵台湾时“防卫台湾”。[②] 在这里，我们要看到中国领导人在 20 世纪 50 年代中期后提出和平解放台湾的战略思想，在很大程度上是与当时美国加强在台湾的军事存在有着直接关系。到了 20 世纪 70 年代末 80 年代初，随着国际形势的变化，特别是中美两国关系的走近并最终建立起外交关系，在这种情况下，加强与西方国家的关系，防范苏联对我国国家安全的威胁，无疑成为当时国家对外交往中的重要战略任务，在这种形势下，大陆对台战略自然发生了相应的转变。因此，国际环境及国际格局的变迁在很大程度上直接影响着中国对台战略的调整和变化。

最后，两岸关系及岛内政治生态的变迁也是影响我党对台战略演变的重要因素。

新中国成立初期，由于沿海很多岛被国民党所占据，用武力争夺这些岛

---

① Folster Rhea Dulles, American Policy Toward Communist China-The Hiatorical Record: 1949—1969 (New York: Crowell, 1972), pp. 94 – 95.

② Dulles, American Policy Toward Communist China, pp. 152 – 156.

屿无疑成为当时中国大陆的主要手段。对于新生的共和国而言，退守台湾的国民党仍然是其最大的外部威胁。因此，军事手段在对台战略中的地位是至高无上的。但是 1958 年中央炮轰金门战役后，中国大陆再也没有尝试对沿海小岛进行炮击或者攻占台湾本岛，两岸之间的争夺主要是隔着台湾海峡大打宣传战。与之相对应的是，两岸争夺的焦点则由争夺沿海岛屿的控制权转移到在国际舞台上争夺中国的代表权问题上来。随着联合国第 2578 号决议的通过，两岸之间继续围绕谁代表中国正统性的问题展开争夺。正统性之争大大降低了两岸在军事领域斗争的激烈程度。军事问题的重要性相对下降。但是冷战结束后，随着“台独”分裂势力在岛内的不断发展，台湾当局在分裂国家的道路上渐行渐远，两岸争夺的焦点再次发生了转移，即从中国代表权问题之争转移到统独问题之争。由于“台独”势力在分裂国家的道路上越发猖獗，直接危及到国家主权和领土完整，利用军事手段来遏制“台独”分裂冒险行为的战略意图自然成为一项优先选择。中国 1995 - 1996 年在台海海峡举行的军事演习就属于此类。此外，台湾岛内政治生态的演变也是影响对台战略演变的重要因素。20 世纪 50 年代中后期中央放弃武力解放台湾的口号，转而采取和平解放台湾的宣传，在很大程度上也是与台湾岛内局势发展有直接联系。当时，国民党在岛内已站稳脚跟，蒋介石政权获得了喘息的机会。同时，在国际上美国也加强了对台湾的支持力度，大量军援和经援到达台湾。此时，降低武力解放台湾的论调自然有利于争取台湾民心。而 20 世纪 90 年代中后期由于李登辉当局大搞分裂活动，“台独”分离主义势力在岛内不断膨胀，国际反华势力加大对“台独”的支持力度，严重损害了两岸关系和平与稳定的基础，严重危及到台湾地区的和平与稳定，在这种情况下，中国通过组织军事演习的方式来有力地遏制了“台独”的分裂活动，促使国际社会，特别是美国认识到台湾问题的敏感性和严重性。从而促使美国开始局部调整对台政策。

三、新中国成立以来我党对台战略演变的意义

新中国成立以来，我党对台战略演变的历史意义主要包括以下几个方面。

首先，使外部势力干预台湾问题的企图落空。新中国成立以来，军事手

段一直是新中国有效遏制外部势力干预台湾问题的重要砝码。在1954年的台海危机中，中国大陆利用军事行动来升高两岸对抗的紧张气氛，迫使美方同意举行中美会谈来商谈台湾问题。周恩来在1955年的亚非会议上就台湾问题发表声明，提出“中国政府愿意同美国政府坐下来谈判，讨论和缓和远东紧张局势的问题，特别是缓和台湾紧张局势问题”。[①] 声明发表后，美国国务卿杜勒斯公开表示愿意同中国举行双边会谈，同年8月中美大使级会谈开始。而在1958年第二次台海危机中，毛泽东和党中央针对美国分裂中国的阴谋，通过炮火把金、马、台、澎与大陆联在一起。它也是通过升高两岸之间的紧张气氛来管理台海危机的成功范例。例如在这次危机的开始阶段，中方提高武力解放台湾的论调，让国际社会感知到台海局势的紧张度，并通过政治斗争和军事斗争相结合的办法，牢牢把握斗争的主动权。在危机的后期阶段，中方识破了美国蓄意制造“两个中国”的企图，与蒋介石化敌为友，与国民党在金马问题上用炮火达成了默契。[②] 解放军在福建沿海对金门持续的间歇性炮击极具象征意义。这种炮击其实就是保持大陆与台湾联系纽带的一种方式。中国通过这一独特的军事行动向世界表明，国共之间的内战状态并没有结束，从而抵制了美国隔离海峡两岸的企图。同样，在1996年的台海危机中，面对美国政府公然支持“台独”分裂势力的行为，中国政府通过军事演习迫使美国重新正视台湾问题，做出相应承诺，促进台海局势朝着有利于中方的方向发展。

其次，使台湾问题一直保持在“一中”框架内。

新中国成立以来，中国政府有效运用多种手段来促使台湾问题一直保持在“一个中国原则”的框架内，有力遏制了“台独”分裂主义势力的嚣张气焰，使其不敢公开走上“法理台独”之路。冷战结束后，台湾当局分裂中国的意图越发明显，在国际上不断制造“一中一台”或“两个中国”的分离运动。面对日益嚣张的“台独”分离活动，1995－1996年间中国政府举行了大规模的军事演习。通过军事演习来向国际社会宣告，中国在关系国

---

① ［美］丹尼·罗伊著，何振盛等译：《台湾政治史》，台北：台湾商务印书馆股份有限公司2004年版，第161页。

② Nancy Bernkopf Tucher, Taiwan, Hong Kong, and the United States, 1945—1992 (New York: Twayne, 1994), p. 43.

家主权和领土完整问题上，不会屈服于任何外来压力，并希望借此在政治上为今后处理“台独”问题创造更多的机会和更大的战略空间。此次军事演习导致台湾股市暴跌，资金外流，订单锐减，人心浮动，对岛内经济、社会秩序造成了极大的冲击，沉重打击了“台独”分裂势力，在岛内形成了要求缓和两岸关系的民意压力。

最后，为我国经济发展战略的顺利实施创造了条件。

新中国成立以来，我党对台战略的演变有力地配合了中国国家的整体战略的实施，特别是对于促进我国经济发展，提高综合国力等方面创造了重要的条件。例如在20世纪50年代前期，在毛泽东武力解放台湾的指导思想下，解放军曾给台湾的国民残余势力以沉重的打击，解放了东南沿海许多岛屿，保卫了祖国大陆沿海地区人民生命财产的安全和经济建设的正常进行。20世纪50年代中后期，新中国和平解放台湾战略的提出有效地配合了社会主义工业化建设的国策。这对于保证中国大陆一五、二五计划的顺利实施起到了重要作用。同样，20世纪80年代以来，随着我国改革开放国策的实施，和平统一台湾战略的出台，为我国发展社会主义生产力，吸引外资，加速两岸经贸交流与人员往来，大大稳定两岸关系，推进我国社会主义市场经济的建设起到了重要促进作用。从这个意义上说，和平统一战略的出台，为我国赢得了发展社会主义市场经济的历史机遇，为中国社会经济的持续发展奠定了重要的基础条件。当前我们强调把握两岸关系和平发展大局，其中一个重要原因就是要使对台战略为我国的整体战略目标服务。因此，我们对台工作的战略目标是既要不断推进祖国和平统一的历史进程，又要尽最大努力创造一个和平发展的两岸关系格局，为我国把握好二十年的战略机遇期。

四、新中国成立以来我党对台战略演变的启示

新中国成立以来对台战略的历史启示主要有以下几个方面：

首先，争取台湾民心是我们对台工作的关键环节和核心内容。

从新中国成立以来军事手段在对台战略中地位变迁来观察，在统一国家的手段和方式上，军事手段的作用和地位不断式微，而和平手段的重要性则日渐突出。这表明在未来相当长的一段时期内，我们对台战略的重点是要积极争取台湾民心。这就需要我们牢牢把握两岸关系和平发展的主题，真诚为

两岸同胞谋福祉、为台海地区谋和平，继续出台政策惠及广大台湾同胞，凡是对台湾同胞有利的事情，凡是对维持台海和平有利的事情，凡是对促进祖国和平统一有利的事情，都要尽最大努力去做好。同时，我们要加强两岸文化交流，继续拓宽交流领域、提高交流层次，增进彼此感情。我们要深刻认识到民心是改善两岸关系的最重要推动力。通过争取台湾民心，让台湾民众认识到“台独”的危害和对两岸关系的巨大破坏性作用，让台湾民众充分了解和认识大陆，使他们认识到大陆是自己的家园，两岸是血脉相连的命运共同体。

其次，军事手段在对台战略中的地位和作用是不可替代的。

新中国成立以来，尽管军事手段在台战略中的地位不断变迁，但军事手段的作用并没有完全放弃，无论在过去，还是现在和未来，军事手段在对台战略中的地位仍然是无法取代的，军事手段仍然是遏制“台独”，防止外部势力干预台湾问题的最后法宝。当前，尽管和平统一祖国是我们追求的最大战略目标，但这并不表示我们完全放弃了军事手段在对台战略中的作用。实事上，自新中国成立以来，军事手段在对台战略中发挥了重要作用，有力的遏制了外部势力分离中国的企图，有力遏制了“台独”分离主义的嚣张气焰。在今后相当长的历史时期内，只要台湾问题没有得到最后解决，我们就不能完全放弃军事手段的作用。当前军事手段在对台战略中的主要作用是：军事手段是遏制“台独”分裂势力冒险活动的杀手锏，也是有效遏制外部势力介入台湾问题的有效工具，更是确保台海和平的重要保障力量。

再次，做好对美工作，为解决台湾问题创造有利的外部环境。

新中国成立以来中国大陆几次对台军事斗争的决策，都与美国因素密切相关。新中国20世纪50年代的两次对台军事行动，在很大程度上都是与美国进行斗争的需要。在1954年的台海危机中，中国政府通过提升两岸紧张态势的危机升级战略来有效促使美国坐下来与中国会谈。在20世纪60年代，中国政府通过提高战备来迫使美国有效制止台湾当局反攻大陆的企图。正如周恩来所宣称的那样，“如果美国继续支持台湾，中美关系就没有改善的基础。”① 20世纪70年代初，随着国际形势的发展变化，美中关系开始

① Chiu, “The Question of Taiwan”, p. 172.

改善，最终导致中美两国建交。中美两国关系的改善为台湾问题的解决创造了有利的外部环境。从而也为20世纪80年代两岸关系的解冻创造了良好的基础。冷战结束后，台湾当局在分裂国家的道路上渐行渐远，而美方则加强了对“台独”分裂势力的扶持力度，使“台独”分裂活动越发冒险，在这种情势下，中方被迫在1995－1996年通过军事演习等军事手段来遏制“台独”分裂活动，迫使美国认识到“台独”分裂活动的严重后果。在民进党执政后期，陈水扁当局顽固推行“入联公投”，严重影响到了台海地区的和平与稳定，也威胁到了美国在海峡两岸的重要利益，于是美国加大了对“入联公投”的打压力度。当前，国民党在岛内重新执政，我们要充分利用两岸关系发展的难得机遇，加强与美国的沟通与协作，努力为解决台湾问题创造有利的外部环境。

最后，要从战略的高度来驾驭台湾问题。台湾问题作为我国的内政问题，是20世纪中期国共内战的遗留物，它是直接涉及国家领土完整及国家主权统一的根本问题。因此，我们在考虑台湾问题时，一定要从战略的、全局的高度而非战术的、局部的得失来加以考虑。一是要把台湾问题放在国际政治的大视野下来通盘考虑。虽然台湾问题是我们的内政，但在全球化条件下，美国等西方势力干预台湾问题的企图日益明显，特别是美国通过其国内法律、军售等手段越来越深地涉及其中，这是我们在调整对台战略时必须注意的地方。二是要把对台战略的调整与我国国家和平发展道路相结合，把对台战略的调整与构建和谐社会、和谐世界等理念相结合，把对台战略的调整与当今世界和平与发展两大主题相结合。三是在对台战略方面，我们要做到原则性与策略性高度统一的结合。在涉及国家主权、领土完整等方面的问题时我们一定要守住底线，但在一些非实质的争议方面，我们可以暂时搁置争议，为两岸关系和平发展创造良好的氛围和空间。四是要努力推进两岸的社会融合工程建设。在两岸的社会、经济、文化、教育等领域大力进行融合工程建设，使两岸关系和平发展框架始终能够平稳、顺利构建。

第六章　新中国成立以来的四次台海危机管理

新中国成立以来，海峡两岸之间冲突持续不断，多次引发了重大的台海危机事件。其中对两岸关系影响最大的危机事件主要有四次，分别为1954年、1958年、1962年及1996年的台海危机。这些危机事件给两岸关系发展造成了严重的负面影响。中国政府在台海危机管理的长期实践中也获得了一些经验和教训。这对我们未来的台海危机管理无疑具有重要的借鉴作用。

第一节　一九五四年台海危机管理

一、危机的爆发

1949年新中国的成立，极大改变了世界及亚太地区政治力量的对比。面对这一形势的突然发展，美国决定在亚洲策划建立起一道孤立中国的环形防线，而台湾作为这道防线中不可或缺的重要一环，就成为美国推行其远东政策的重要战略据点。1953年艾森豪威尔出任美国总统后，实行“放蒋出笼”的政策，公开宣布不再限制国民党军队反攻大陆。并大量增加对台当局的经济援助和军事援助。将国民党视为“美国坚定的朋友”和远东的“反共堡垒”，试图利用台湾“达到美国西太平洋政策的总目的”，从而使美台关系得到进一步加强。① 同时美国继续奉行对华遏制战略。1953年7月随着朝鲜战争的结束，美国开始在台湾问题上大做文章。美国政府不断加强对台湾的军事和经济援助。1953年9月，美蒋签订《军事协调谅解备忘录》，美国承诺负责国民党军队的整编、训练、监督和装备。同年11月，美国副

① 苏格：《美国对华政策与台湾问题》，世界知识出版社，1998年版，第182页。

总统尼克松和国防部长威尔逊相继访台，磋商与签订《共同防御条约》事宜。美国希望通过这个条约把海峡两岸的分裂局面以法律的形式固定下来，从而使美国制造的“两个中国”的阴谋可能得逞。同时，美国在军事方面加大了对台湾的控制。1954 年 1 月，美军第七舰队公然在台湾海域举行大规模军事演习，1954 年 8 月 17 日，艾森豪威尔公开宣称：“任何对福摩萨的进攻，都必须越过第七舰队。”① 1954 年美台又拟订了 3 个军事计划，准备大幅度提高国民党军队海空陆三军的力量。1954 年 8 月，美国国务卿杜勒斯公然宣布，“美国要用海军和空军保护台湾和澎湖列岛”。蒋介石由于得到美国各方面的支持，反攻大陆的野心急剧膨胀，加紧对大陆沿海地区的武装骚扰，为反对美蒋缔结条约和美国控制台湾的阴谋，打击台湾当局对大陆的袭扰和破坏，1954 年 7 月《人民日报》相继发表了《一定要解放台湾》、《人民解放军的光荣任务》等社论，加强解放台湾的宣传攻势。同时，中共中央决定炮击金门，以表达中国人民统一国家的决心和意志。1954 年 9 月 3 日，厦门、莲河的解放军炮兵突然猛烈炮击金门，从而拉开了第一次台海危机的序幕。

二、各方在危机中的博弈

炮轰金门的战争打响后，中美台三方在这场危机中展开了激烈的博弈。炮轰金门使艾森豪威尔政府陷入极度紧张。艾森豪威尔曾直言不讳地指出，这是他执政最初 18 个月内遇到的最严重的问题。② 1954 年 9 月 5 日，艾森豪威尔首先派遣 3 艘航空母舰进入台湾海峡，并声称美国决定“将福摩萨作为基地，为‘中华民国’国民党军队提供军事装备和训练，以帮助保卫这些沿海岛屿”。③ 为应付危机，艾森豪威尔连续召开多次国安会，商讨相应对策。美国国内就台海危机事件进行了激烈的争辩。部分强硬派官员如参谋长联席会议主席阿瑟·雷德福主张直接出兵保卫金门和马祖两个离岛地区，还甚至宣称美国将不惜动用原子弹。而国防部长威尔逊、陆军参谋长李

① 王纬主编：《美国对亚太政策的演变：1977 – 1995 年》，山东人民出版社，1995 年版，第 301 – 302 页。

② ［美］艾森豪威尔：《白宫岁月·受命变革》（二），三联书店，1978 年版，第 520 页。

③ 苏格：《美国对华政策与台湾问题》，世界知识出版社，1998 年版，第 250 页。

奇微等则认为金门、马祖在战略上无足轻重，美国不应“为了这些小岛和中国共产党打一场战争。”① 国务卿杜勒斯则两次电告国务院，认为如果直接以军事手段插手金门，将会使美国更深地陷入台湾反对中国大陆的进一步活动中去，为此美国必须慎重从事。② 9月12日，艾森豪威尔再次在丹佛附近的劳里空军基地主持召开国安会会议，讨论台海局势。这是此次台海危机期间美方决策过程中非常关键的一次会议，与会者包括所有政府高官。在这次会上，艾森豪威尔和杜勒斯均认为美国的主要对手是苏联，因此美国不应为了金、马等沿海岛屿与中国大陆爆发大规模军事冲突，那样也很难得到盟国的支持。但是另一方面，如果撒手不管，则有可能会纵容大陆进攻台湾，危及远东地区的安全与稳定。为了避免出现上述困境，杜勒斯提议将沿海岛屿问题提交联合国，由安理会做出一项维持台湾地区政治和领土现状、实现停火的协议，即所谓的“神谕”方案，并得到了艾森豪威尔的首肯。它是以台湾“地位未定论”为前提，企图利用联合国来达到既能取得停火，又使美国不卷入中国沿海岛屿的冲突中。它本身就反映出美国对中国沿海岛屿政策的矛盾性。③ 随后，美国行政当局开始与英国、新西兰等盟国进行秘密磋商，同时为了换取蒋介石对该方案的支持，1954年12月2日，美台在华盛顿草签了《共同防御条约》，条约规定：美国将继续帮助发展国民党的军事力量，并在其中第五条有明确规定：“缔约各方承认在西太平洋地区内对缔结任何一方领土的武装进攻将危及其本身的和平与安全，并宣告将依其宪法程序采取行动，以对付这一共同危险。”④ 1955年这一条约正式生效。这一条约标志着美台军事联盟体系的正式确立，台湾也由此成为美国在西太平洋地区建立的集体防务锁链体系中的一环。

应该说中共中央当初决定炮打金门的一个重要理由就是要阻止美蒋签订《共同防御条约》。但事与愿违，炮轰金门却加大了美蒋签订“和约”的进程。美台《共同防御条约》的出台引起了中国大陆的强烈愤慨。1955年1

① 王纬主编：《美国对亚太政策的演变：1977－1995年》，山东人民出版社，1995年版，第303页。

② 苏格：《美台“共同防御条约”的酝酿过程》，《美国研究》，1990年第3期。

③ 宋连生、巩小华：《穿越台湾海峡的中美较量》，云南人民出版社，2001年版，第58页。

④ 梅孜：《美台军事重要资料选编》，时事出版社，1997年版，第317页。

月18日，解放军首次实施海陆空协同作战，一举夺取一江山岛，并取得大陈岛周边制海和制空权，从而使台海紧张局势进一步升级。为阻止人民解放军继续进攻金马，1955年1月25日和28日，美国参众两院在未对总统决议草案进行任何修改的情况下便分别以410票对3票和84票对3票通过了所谓的“福摩萨决议案”，授权总统“在他认为对确保和保护台湾和澎湖列岛不受武装进攻的具体目标是必要的时候，使用美国武装部队。这项权力包括确保和保护该地区中现在在友好国家手中的有关阵地和领土，以及包括采取他认为在确保台湾和澎湖列岛的防御方面是必要的和适宜的其他措施。”① 这不仅使台澎金马被正式纳入美国的军事保护之下，也为美国总统以武力阻挠大陆解放台湾和沿海诸岛开出了一张战争的“空头支票”。② 1955年1月31日，艾森豪威尔表示如果金马遭到解放军进攻，他将会保卫金门和马祖。③ 同年2月5日，国民党军队在美军的协助和掩护下撤离大陈岛，解放军随即解放浙江沿海岛屿。不久中美开始大使级会谈，第一次台海危机至此结束。

三、危机管理的启示

1954年9月我军炮击金门，也就正式揭开了新中国成立以来的第一次台海危机的序幕。应该说中共第一代领导人在这次台海危机爆发的策划及管理方面的准备工作比较充分和完备。为达到战略目标，首先在政治上大力加强宣传攻势，在全国范围内营造出一种准备发动一场解放台湾的战争氛围，对美国及台湾国民党方面施加了巨大的心理压力。使美蒋的注意力完全放在金门方面，这对我解放浙江沿海岛屿的战略目标创造了有利的时机。其次，在军事策略上，中共领导人通过炮击金门和解放一江山岛等军事行动，对美蒋可能的军事反应构成了极大的军事压力和一定威慑事态，在一定程度上有效遏制了美蒋扩大战争升级的可能性。面对中共的军事行动以及台海危机的

---

① 苏格：《美国对华政策与台湾问题》，世界知识出版社，1998年版，第262页。

② 王辑思：《论美国“两个中国”政策起源》，《美台关系四十年》，人民出版社，1991年版，第67页。

③ 王纬主编：《美国对亚太政策的演变：1977－1995年》，山东人民出版社，1995年版，第306页。

爆发，美国方面感到非常恐慌，认为解放军的下一个目标是解放台湾，为阻止我军解放台湾的可能动作，美国威胁要使用核武器，并发出了战争动员的威胁，在这种情况下，毛泽东主动适时采取缓和远东紧张局势的措施，巧妙利用美蒋矛盾，提出了和平解放台湾问题的方针。

1954 年台海危机管理实质上是我党一次典型利用危机升级战略来达到危机管理目标的成功案例。它通过金门炮击和一江山岛战役这种直接提升台海紧张局势的危机升级战略来为自己的战略目标服务。在这次危机管理中，我们得到的启示主要有：

首先，成功避免与美国作战。在整个 1954 年的台海危机管理中，中共领导人一直努力避免与美军发生正面冲突。为了避免美国参战，面对美国的战争威胁，解放军严格遵守不主动惹事、不在海上主动攻击美国舰艇的原则。同时，在美国发动战争动员的情势下，我方主动采取缓和紧张局势的措施，为美方的进一步军事升级的可能性降温。第一次台湾危机爆发后，中央军委和毛泽东选择在浙江沿海岛屿作为打击目标，因为这些岛屿是中国领土，惩罚的又是国民党军。纯属中国内政。美国既受牵连，又找不到干预的借口。解放浙江沿海岛屿，美国甚为恐慌。毛泽东指示一定要在确实查清没有美舰、美机时方可攻击。为降低美国干预程度，解放军暂缓进攻大陈岛。在中国严正的态度面前，美国既不愿意引发同中国大陆之间的战争，又不能对岛屿上的国民党军队弃之不顾，只好派出舰艇和飞机来掩护大陈岛上国民党守军撤回台湾。当解放军浙东前线指挥部准备在国民党军队撤退时予以打击时，毛泽东收到苏联转达的关于美国国务卿杜勒斯希望苏联劝说中国大陆在国民党军队撤退时，不要加以攻击的信息后，考虑到国际斗争的需要，决定见好就收。1955 年 2 月 2 日，毛泽东指示彭德怀，“在蒋军撤退时，无论有无美舰均不向港口及靠近港口一带射击，即是说，让敌人安全撤走，不要贪这点小便宜。”① 我党有理有理有节的斗争策略，既收复了沿海岛屿，又避免了与美军的直接对抗。

其次，成功迫使美国启动中美大使级会谈。新中国成立以来，由于美国对新中国一直采取敌视的态度，中美关系一直处于冷淡的关系之中。美国成

---

① 《建国以来毛泽东文稿》（第 5 册），中央文献出版社，1991 版，第 23 页。

为影响新中国国家安全的最大外部威胁。1954 年台海危机爆发后，中央领导人巧妙利用这次危机迫使美方同意举行中美会谈。周恩来在 1955 年 4 月的亚非会议上就台湾问题发表声明，提出“中国政府愿意同美国政府坐下来谈判，讨论和缓和远东紧张局势的问题，特别是和缓台湾紧张局势问题”。声明发表后，美国国务卿杜勒斯公开表示愿意同中国举行双边会谈，到了 1955 年 8 月，中美大使级会谈开始启动。

最后，中央对台策略出现了重大的战略转变。党中央在这次危机中，认识到利用美台之间的分歧，有可能使和平解放台湾成为一种可能。于是，毛泽东和中共中央提出了解放台湾的两种方式：即战争的方式与和平的方式。这表明我党在对台斗争的方针上实现了重大的转变。为达到目的，我军自 1955 年夏天停止对国民党军队的主动炮击，也不进驻已修好的军用机场。同时，人民解放军继续实行精简整编，全军总动员由 383 万减至 240 万，我党通过各种诚意向台湾当局表达希望和平谈判的意图是非常明显的。

第二节　一九五八年台海危机管理

一、危机的爆发

1954 年台海第一次危机结束之后，美国继续坚持敌视中国的政策，顽固推行“两个中国”的方针。美国国务卿杜勒斯在各种场合多次重申美国对华政策的“三大原则”：不承认中华人民共和国；反对中国进入联合国；继续实行对华贸易禁运与经济封锁。中美会谈三年来，除达成一项人员回国的协议外，并未获得任何其他成果。随着 1955 年美台“共同防御条约”的生效，美台关系更加密切。美军在台北设立了“协防台湾司令部”，并将美军驻台军事顾问团人数扩大到 2600 人。1957 年 5 月，美军又在台湾建立了“斗牛士”战术导弹基地。与此同时，台湾当局不仅没有和平谈判的诚意，反而开始积极图谋反攻大陆，加强驻防金马的军事力量，并对大陆和东南沿海不断进行骚扰，轰炸和破坏，使东南沿海的局势进一步恶化。面对美台方面的咄咄逼人态势，毛泽东认为，对于帝国主义的武装挑衅，绝不能示弱。正是在这种背景下，毛泽东决定第二次炮击金门，并寻机予以收复。炮击的直接导火索是1957年的中东事件。炮击的公开理由是支援中东人民的斗争，打击美国的侵略。实际上，它的最深刻的动因，是针对美国分裂中国的阴谋，通过炮火把金、马、台、澎与大陆联在一起，也为了打击国民党的嚣张气焰。因此，1958年台海危机管理战略本质上是一种危机升级战略的运用案例。即通过提升台海地区形势的急剧升级来达到粉碎美国分裂中国领土的企图。1958年8月23日随着人民解放军再次炮击金门的战斗打响，第二次台海危机的帷幕终于拉开了。

二、各方在危机中的博弈

毛泽东是这次金门炮战的直接指挥者。1958年7月18日晚，毛泽东召集军委副主席和空军、海军等单位的领导人，布置东南沿海的军事斗争任务。毛泽东指出，支援阿拉伯人民的反侵略战争，不能仅限于道义上的支援，还要有实际行动的支援。金门、马祖是中国领土，炮打金门、马祖是惩罚国民党军，是中国的内政，美国找不到借口，并对美国产生牵制作用。毛泽东还具体布置，以地面炮兵实施主要打击，准备打两三个月，以两个空军师于炮击同时或稍后，转场南下，分别进驻汕头、连城。当晚，中央军委开会，部署炮击金门的作战准备。7月27日，毛泽东在给彭德怀、黄克诚的信件中，提出："打金门停止若干天似较适宜。目前不打，看一看形势。彼方换防不打，不换防也不打。等彼方无理进攻，再行反攻。暂时不打，总有打之一日"。毛泽东是在寻找炮击的最佳时机。他还说："政治挂帅，反复推敲，极为有益。一鼓作气，往往想得不周。"① 毛泽东强调要从政治的高度来看待炮击金门的问题，事实证明，这一思想在指导台海危机管理中，是十分正确和高明的。1958年毛泽东作出了立即炮击金门的决定，下令立即集中火力，对金门国民党守军以突然猛烈的打击，对马祖则采取封锁而不打击的战术。他同时要求，经过一段时间后，对方可能从金门或马祖撤军或困难很大但还要挣扎，那时是否考虑登岛作战，要视情况而定，要走一步，看一步。根据这一思想，中央军委确定于8月23日开始对大、小金门实施一次大规模的炮击，着重打击指挥机关、炮兵阵地、雷达阵地、料罗湾码头的

---

① 《毛泽东选集》（第6卷），军事科学出版社，1993年版，第377页。

国民党军舰，先打三天，走出第一步，然后视台湾当局态度和国际社会反应，再走第二步。在这次炮战中解放军取得了重大胜利。8 月 24 日解放军进行了第二次大规模的炮击。同时，解放军海、空军也投入战斗，金门守军遭到了沉重打击，补给运输一再中断。9 月 3 日，毛泽东决定福建前线部队自 9 月 4 日起停止炮击三天，以观各方动态。9 月 4 日，中国政府发表了关于领海的声明，宣布中华人民共和国的领海为 12 海里，一切外国飞机和军用船舶，未经中国政府许可，不得进入中国领海及其上空。同日，美国政府对中国发出了战争警告。9 月 6 日，周恩来总理代表中国政府发表了关于台湾海峡地区局势的声明，并警告美国政府，如果继续对中国进行侵略和干涉，把战争强加在中国人民头上，必须承担由此而产生的一切后果。周恩来发表声明后，苏联等社会主义国家相继谴责美国对中国的挑衅，世界舆论也警告美国必须悬崖勒马，美国公众对政府的政策也表示不满。在复杂的国际背景下，毛泽东经过深思熟虑地思考，得出了“战争是打不起来”的结论。随后在 9 月 8 日和 11 日两天，解放军福建前线部队又进行了两次炮击，金门全岛已被解放军完全封锁起来，解放金门已成我军囊中之物。

炮击金门，使美台关系陷入一种两难困境。美国的既定政策是占据台湾，但又不可能对金、马两个外岛坐视不管。因此，危机爆发后美国对中国的态度比较强硬，杜勒斯不断向中国施加压力，国防部也发表声明，命令第七舰队和美国在东亚的其他海军部队采取预防性防御措施，艾森豪威尔也宣称，完全同意杜勒斯对中国的警告，表示要介入台海战争，艾森豪威尔还和杜勒斯探讨了使用战术原子武器摧毁大陆福建军用机场及其供应线的可能性。第二次台海危机全面爆发。美国国防部命令美军开始部署并做好临战准备，并从地中海，美国西海岸以及菲律宾等地抽调了美军第六舰队近一半的船只赶赴台海，增援负责西太平洋防务的第七舰队。8 月 25 日，艾森豪威尔召开了国家安全会议，决定加强第七舰队力量和台湾防空，向台湾提供导弹和登陆舰，并在公海为国民党向金门运输给养提供护航。此后，在短短 10 天时间艾森豪威尔调集重兵运到台湾，在台海集结了包括 7 艘航空母舰，2 艘重巡洋舰，40 艘驱逐舰在内的 100 余艘军舰，并出动 2000 多架次飞机飞临台海上空。同时，4000 多美国海军陆战队队员也在台湾南部登陆，准备协防台湾。① 29 日美空军配备有原子弹的“空中打击合成编队”奉命进驻台湾，一时间，美军在台海地区集结了 200 多架可携带原子弹的战机。② 9 月 3 日美国防部表示美军已做好阻止解放军进攻金门和马祖两地。9 月 4 日艾森豪威尔政府再次发表声明，声称台湾或金、马“一直在自由中国”管辖之下，根据美台之间签订的“共同防御条约”和国会所通过的有关决议，总统已获授权保卫上述地区，而美军已做好一切准备以采取及时而有效的行动。当时，在解放军的强大炮火封锁下，困在金门的国民党守军已到了临弹尽粮绝的境地。如何保守金、马成为了美蒋必须解决的一个共同难题。但是，美国政府的既定政策只是制造“两个中国”，并不是对金、马问题有多大兴趣。艾森豪威尔在后来的回忆录中说到，美国并不打算为金、马这些岛屿而同中国作战。这一思想，美国虽未公开宣称，但毛泽东在从金门炮击的实践中看到了美国的战略意图。在蒋介石和美国国内的压力下，9 月 7 日美军决定开始为蒋舰向金门守军护送船只提供护航。在这种情势下，毛泽东作出了只打蒋舰，不打美舰的决策。结果，国民党军舰遭到沉重打击，美国军舰却一炮未发退出战场。由此，毛泽东把美国介入台海的底线摸清楚了。“所谓美蒋共同防御条约也是有一定限度的，只要涉及美帝自身的利益，要冒和我军发生直接冲突的危机，它就不干了，就可顾自己，不顾别人了，如此而已。”③ 11 日晚，艾森豪威尔发表全国电视讲话，声称美国要履行美台“共同防御条约”的义务，决不会在沿海岛屿的争端上退让和姑息。④ 尽管如此，但美国也不愿意与大陆对抗，并一直在考虑如何从金、马脱身，进而在台海两岸制造“两个中国”的局面。⑤ 例如 9 月 30 日，美国国务卿杜勒斯暗示美国没有帮助蒋介石防卫外岛的义务，更没有义务帮助其反攻大陆。艾森豪威尔总统也表态说，金、马在军事上并不具有很大的重要性，美国希望蒋介石撤出金、马两地，以换取大陆同意停止炮击。10 月 9 日，美国国

---

① 资中筠：《战后美国外交史》，世界知识出版社，1994 年版，第 303 页。

② 郝雨凡：《白宫决策：从杜鲁门到克林顿的对华政策内幕》，东方出版社，2002 年版，第 102 页。

③ 叶飞：《叶飞回忆录》，解放军出版社，1988 年版，第 662 页。

④ 梅孜：《美台军事重要资料选编》，时事出版社，1997 年版，第 114 页。

⑤ 郝雨凡：《白宫决策：从杜鲁门到克林顿的对华政策内幕》，东方出版社，2002 年版，第 85 – 113 页。

防部长麦克尔罗伊访台，试图迫使蒋介石当局放弃外岛，从金、马两地撤军。①

然而台湾当局则是极力要拖住美国，守住金、马两岛。8月27日和9月4日，蒋介石两次致函艾森豪威尔，要求美方对协防金马给予大力支持，认为金马两岛是和大陆联系的纽带，是进攻大陆的重要阵地，失去金马两地，也就失去了“反共复国”的信心和希望。9月中美两国重新恢复了大使级会谈，美台在金马问题上的冲突更加激烈。在9月15日的中美会谈中，美国提出在台湾海峡立即实现停火，作为进一步谈判的条件。18日，杜勒斯在联合国大会的演说中表示美国“希望很快地实现停火”。美国政府开始私下劝说台湾从金马两地撤军。美国主张遭到了台湾方面的坚决反对，双方矛盾不断加深，甚至公开指责起来。9月29日，蒋介石在记者招待会上声称，台湾将固守金马两地。“不容为了考虑盟邦态度如何，而瞻顾徘徊。”他还表示在必要时，台将独立作战。30日，杜勒斯在记者招待会则给以反击，说“如果有了停火，仍然在金马保持庞大的军事力量是愚蠢、不明智和欠谨慎的。”10月1日蒋介石进行了反驳，并明确表示台湾不会接受从金马撤军的建议。

美台在金马问题上的争吵，引起了毛泽东的高度重视。为了反对美国制造“两个中国”的阴谋，毛泽东决定不攻金马，让金马继续留在台湾国民党手中，以便以后对金马台澎问题一揽子解决。10月5日毛泽东命令福建前线部队，“6、7两日我军一炮未发，敌方向我炮击也一炮未还，偃旗息鼓，观察两天，再作道理。”接着，中央军委根据毛泽东的战略意图，作了“打而不登”、“封而不死”的决策，其目的在于减轻对金马的军事压力，使金马的国民党军队能够生存下来并促使其守而不撤，同时，也要使其处于紧张状态，使美国不得脱身。总之，毛泽东的战略是临机应变，掌握主动，以利统一解决台澎金马问题。10月6日，毛泽东亲自起草的《告台湾同胞书》的发表，宣告了毛泽东新战略构想的实施。“我们都是中国人，三十六计，和为上计”、“台、澎、金、马是中国的一部分，不是另一个国家。世界上

---

①　郝雨凡：《白宫决策：从杜鲁门到克林顿的对华政策内幕》，东方出版社，2002年版，第107－108。

只有一个中国，没有两个中国。”① 10月13日，毛泽东又给福建部队的命令中指出打和停的原因：兵不厌诈，这不是诈。这是为了对付美国人的。这是民族大义，必须把中美界限分得清清楚楚。② 10月25日彭德怀发表《再告台湾同胞书》，指出中国人的事只能由我们中国人自己解决，决不允许美国制造“两个中国”的阴谋得逞，并决定逢双日停止炮击金门。此后，金门炮战中出现了一种奇特的战争场景，对金门只单日打炮，双日则不打炮。国民党似乎也心领神会，仅在单日偶尔发炮还击，到后来，福建部队又停止实弹射击，只打宣传弹。12月10日，美国被迫宣布从台海地区撤出部分海空军，并停止继续为蒋舰护航。第二次危机开始逐渐走向缓和。

三、危机管理的启示

从最初万炮齐轰金门，到最后只是象征性地打打宣传弹，毛泽东导演了一场新的战争戏剧，这场战争从打击美国的侵略企图和国民党的嚣张气焰开始，毛泽东始终把军事斗争和政治斗争结合起来，高屋建瓴地牢牢把握两岸斗争的主动权，最终打破了美国蓄意制造“两个中国”的企图，也顺利化敌为友，和国民党在金马问题上用炮火达成了默契。

在1958年炮击金门作战这场复杂的斗争中，党中央和毛泽东根据斗争形势的发展变化，指出金马附近岛屿的军事斗争，必须根据全国的情况，有计划有步骤有节奏地进行，掌握有理有理有节的原则，以保持我军的完全主动。经过认真研究，制定了准备打金门，直接对蒋、间接对美的策略。在中东事件爆发、国民党军蠢蠢欲动之际，解放军突然而降的猛烈炮击，给金门守军以歼灭性的打击，严惩了台湾当局。在炮击的过程中，毛泽东洞悉了美国逼蒋放弃金马，企图分裂中国领土的阴谋后，决定改变先解放金马，再解放台湾的作战方针，暂缓收复金马。并指出：“把解放金、马和解放台湾实现统一的长远利益比较起来，则不如把金、马暂缓解放仍由蒋占领似乎较为有利。”③ 并巧妙运用美蒋矛盾，先后两次发表《告台湾同胞书》，对台湾

① 《中华人民共和国国防部告台湾同胞书》，1958年10月6日。

② 《中华人民共和国国防部命令》，1958年10月13日。

③ 韩怀智主编：《当代中国的军事工作》，中国社会科学出版社，1989年版，第410页。

同胞晓以民族大义，揭露美国政府阴谋制造“两个中国”，由联合国托管台湾的阴谋，最终挫败了美国以划峡而治来搞“两个中国”的图谋。取得了炮击金门的决定性胜利。

第三节　一九六二年台海危机管理

一、危机的爆发

1962 年台湾当局利用中国大陆遭受严重自然灾害，国民经济出现暂时困难之机，不断派遣小股武装特务对大陆沿海地区进行骚扰，而且次数越来越多，窜扰地区越来越广，规模越来越大，方式越来越多。当时，解放军以积极充分的战备行动，陈兵于广东、福建、浙江沿海，严阵以待。中国政府发表声明公开揭露台湾当局反攻大陆的阴谋，显示坚决打击来犯之敌的力量和决心。台海形势陡然紧张，第三次台海危机一触即发。由于中国政府采取军事斗争和政治斗争紧密结合的方针，迫使台湾当局放弃了大规模进犯大陆的企图。

二、各方在危机中的博弈

第三次台海危机爆发的根源相当复杂。当时中国大陆面临着极为复杂的国际国内环境。在国际上，中苏关系公开破裂。由于中苏两国在意识形态上的争执不断升级，特别是在如何评价斯大林问题、和平过渡问题等方面的争论非常激烈。同时，苏联的大国沙文主义行径越来越突出，中苏之间的矛盾不断激化。1962 年毛泽东在七千人大会上明确表示，苏联的党和国家的领导现在被修正主义者篡夺了，明确提出在国际上反对修正主义成为中国的一个重大战略任务。同时，中印边境也不得安宁。印度不断在边境制造流血事件，开枪打死打伤中国士兵。中国政府为了避免冲突，一直采取克制容忍的态度。但印军把中国政府的宽容视为软弱可欺，步步进逼。中印之间爆发一场边境战争已在所难免，边境形势相当紧张。在台海地区，蒋介石也在加紧备战。20 世纪 60 年代初，美国政府开始换届，但美台之间的矛盾未解决。肯尼迪政府继续推行“两个中国”政策，台湾当局感到自己的地位在发生动摇。蒋介石非常希望海峡局势能够紧张起来，这样“一可以拖住美国，二可以在政治上造成一定的声势，配合自身的经济发展成就，吸引国际上的注目。三可以利用这个机会，试探一下美国对台湾反攻大陆的真正立场究竟如何。”① 正是基于此种考虑，蒋介石认为在大陆经济困难状况仍很突出的1962年，是采取军事行动的最佳时机。当时蒋介石召开了国民党军队将领大会，部队登船待命。蒋介石试图反攻大陆的这一举动在台湾和美国引起公开的议论。

当时的国际国内形势相当复杂和危险，中国大陆四面八方都面临着严峻的安全险情。尤其是在西边和东边。毛泽东和党中央对形势作出了正确的分析与判断，认为我们的主要敌人是东边，东边是敌人的头，西边是次要方向，是敌人的尾巴，不要上敌人的当。毛泽东还认为，中印边境如果有事，将是敌人的牵制方向，绝不受敌人的调动，我们的注意力仍然应该放在海上，我们整军备战的重点是在东面，而不是西面。② 正是基于这种判断，1962年6月6日，中共中央发出准备粉碎国民党军窜犯东南沿海的指示，要求全党全军全国人民提高警惕，从各方面做好准备，坚决消灭国民党来犯之敌。党中央在东南沿海进行了战争的部署。采取坚持不让敌人登陆，歼敌于滩头水际的作战方针。

在军事上充分做好准备工作的同时，毛泽东和党中央同样注意到美台之间的矛盾，在政治上和外交上采取了利用敌人内部矛盾的方针。1962年7月12日，陈毅外长在朝鲜驻华大使举行的宴会上指出，蒋介石对中国大陆的军事冒险不论是早还是晚，规模是大还是小，美国政府必须对此承担责任。党中央利用宣传机器，对蒋介石反攻大陆的企图公开进行揭露。台湾海峡两边再度紧张的局势，引起了美国政府的关注。经过一番分析后，美国方面于6月27日在中美大使级会议上向中方谈判团传递了这样一个信息：美国不支持台湾对大陆进行任何进攻的尝试，但美国也不会放弃台湾。与此同时，美国派出了第七舰队，加强在台湾海峡的巡逻，既为了显示美国占据台湾的决心，又为了阻止国民党对大陆采取军事行动。由于得不到美国的大力

① 资中筠、何迪主编：《美台关系四十年》，人民出版社，1991年版，第158页。
② 李瑗：《三次台海危机论述》，《党史研究与教学》，1994年第4期。

支持，蒋介石采取大规模军事行动的企图最终成为了泡影。

三、危机管理的启示

发生在20世纪60年代初的第三次台海危机，当时正值新中国成立以来面临最复杂最恶劣的国际国内安全环境，我们党和国家坚持正确方针，采取军事斗争和政治斗争相结合的方法，成功地化解了这次危机。此次危机之后，台湾当局虽然并没有完全死心，仍然对大陆采取小规模的武装侵犯的方式。其主要目的不再是“反攻大陆”了，而主要是达到扰乱大陆人心的作用。此后，国民党方面虽然继续在海上和空中还有些小动作，但它对大陆安全的危害已是强弩之末了。

这场危机之后，中国大陆由于对盘踞在台湾的国民党当局反攻大陆的高度警惕与担忧，意识形态的斗争开始在国内不断占据上风，中国大陆内部走上了更加激烈的阶级斗争的道路。而两岸开始处于一种冷战式的对峙状态。这种状态一直持续到20世纪70年代末80年代初。

第四节 一九九六年台海危机管理

一、危机的爆发

发生在20世纪90年代中后期的台海危机具有复杂的历史背景，特别是与台湾当局“台独”分裂活动不断升级、美国加大干预台海局势的力度等因素紧密相关。因此，1996年3月爆发的台海危机实际上就是中美两国之间围绕台湾问题展开的一次斗争。引发这场危机的一个直接原因就是1995年5月美国政府允许李登辉访美。

冷战结束以来，美国国内特别是国会内部要求提升美台关系的呼声日益高涨，其中一个重点议题就是要求增强台湾的国际地位。帮助台湾拓宽“国际生存空间”和“国际能见度”。而在1994年后，邀请李登辉访问美国逐渐成为美国国内特别是国会亲台议员的焦点诉求。在美国国会亲台议员的鼓动下，美国国内支持李登辉访美的情绪开始不断增长，特别是国会和美国媒体大都倾向于台湾。① 1994年6月，国会议员穆考斯基和科罗拉多州参议员布朗首次以个人名义向李登辉发出访美邀请。而以赫尔姆斯为首的76名参议员联名上书白宫，要求克林顿总统准许李登辉赴美访问，但美国政府表示反对。8月12日以众议院国际关系委员会国际经济政策小组委员会主席塞缪尔·盖登林为首的37名两党众议员联名再次公然邀请李登辉赴美访问。② 在国会要求提升美台关系呼声渐高的背景下，美国政府的台海政策实际上在1994年下半年也开始出现了调整。1994年9月27日，克林顿政府宣布了"调整对台政策"框架。规定台当局在美国的代表机构可以使用"台北"字样，原"北美事务协调委员会"更名为"驻美国台北经济文化代表处"。同时还允许台湾高层政治人物过境美国，允许美国经济与技术性部门的内阁级官员访问台湾，支持台湾加入不限以主权国家为基本会员资格的国际组织等等。③ 上述规定不仅严重破坏了"一个中国"原则，而且大大提升了既有的美台实质关系。中国政府对这一系列提升美台关系的措施向美国政府提出了强烈抗议，时任外交部副部长刘华秋约见美国驻华大使芮效俭，指责美国政府在台湾问题上的重大政策出现倒退。④ 在中方强烈反对下，美国助理国务卿洛德认为美国的国家利益尚未到非邀请李登辉访美不可的地步，一旦邀请李登辉访美，将破坏美国台海两岸政策的平衡点，因为这样不符合美国的利益。⑤ 在这种情况下，美国国会亲台势力对国务院的态度表示了不满，而台湾当局则进一步加紧对美国国会的游说工作，希望能在美台关系的实质提升上有所突破。

1994年9月28日，就在克林顿宣布对台政策调整的第二天，赫尔姆斯等多位议员就提出了一项决议案，其中开列了多达12项之多的国会政策建

① James Mann, About Face: A History of America's Curious Relationship with China, From Nixon to Clinton (N. Y.: Alfred A. Knopf, 1999), p. 322.

② 刘连第：《中美关系的轨迹：1993－2000年大事纵览》，时事出版社，2001年版，第558－559页。

③ Winston Lord, "Taiwan Policy Review", US Department of State Dispatch, Vol. 5, No. 42, (Oct. 17, 1994), p. 706.

④ 《人民日报》，1994年9月12日。

⑤ "Blance's Key to U. S. Adjustments to Its Taipei Policy", EPF 306, AIT Wireless File, September 28, 1994.

议，其中包括欢迎台湾“总统”访问美国、增强对中国大陆以武力威胁统一台湾的关切等内容。① 10月5日，该决议案在参众两院都获得通过。此后不久，美国第104届国会在11月经历了中期选举，民主党遭到了惨败，共和党一举夺回分别已失去8年和40年之久的参众两院多数党地位。② 国会中重要委员会主席也分别易人。赫尔姆斯成为参议院外交委员会主席，吉尔曼成为众院国际关系委员会主席，贝罗伊特成为国际关系委员会亚太事务小组委员会主席。这些共和党的新任委员会主席把持了国会对外政策立法中几个关键位置，而他们在出任委员会主席前就对中国很不友好，甚至怀有相当的敌意。③ 国会结构的变化使克林顿政府面临来自国会共和党力量的更大压力。一些共和党议员完全出于党派之争，试图用对中国软弱的标签来诋毁克林顿政府。

在当时，如果美国政府同意李登辉“正式”访美，将严重违背中美建交的基本原则，这是不可能获得国务院的同意。于是一些亲台国会议员开始促成李登辉对其母校康奈尔大学的私人访问。1995年10月6日，部分反华亲台议员在审议《1994年移民及国籍技术法》时，由赫尔姆斯和布朗领衔提出了一项修正案，后经两院批准，克林顿签署后正式生效。从而在日后为台湾“总统”或其他高级官员访问美国提供了法律依据。④ 1995年3月2日众议员汤姆·兰托斯提出第53号决议案，欢迎李登辉以私人身份访问美国，3月6日，37名参议员提出一项决议案，表达国会支持李登辉到美国进行私人访问。众议院在5月2日以296票对0票通过第53号决议，而参议院在5月9日以97票对1票也通过第53号决议。国会两院以其坚决的态度敦促克林顿政府同意李登辉访美。

应该说美国行政部门在李登辉访美一事上的态度原先是持明确反对的立场。国务卿克里斯托弗在4月17日纽约召开的联合国大会上会见中国外长

① Congressional Record, September 28, 1994, pp. SI3586 - 13587.

② 民主党和共和党在国会的对比发生了巨大的变化。两党在参议院的力量对比由选举前的56：44变成了47：53，在众院则由256：178变为204：230，另有一席为无党派。

③ David M. Lampton, Same Bed, Different Dreams: Managing U. S. -China Relations, 1989 - 2000 (Berkeley and Los Angeles, California: University of California Press, 2001), pp. 332 - 333.

④ 刘连第：《中美关系的轨迹：1993 - 2000年大事纵览》，时事出版社，2001年版，第626页。

钱其琛时还向其作出了保证："行政当局的根本政策是拒绝发给李登辉签证"。① 但在国会压力下，克林顿的立场却开始动摇。美国国务院对一旦李登辉获准访美后中国政府可能做出的反应及美国的对策，重新进行了评估。美国国务院认为中国除了抗议，包括举行军事演习、召回驻美大使、停止中美之间在防核扩散领域合作等措施外，不会采取更加过激的行为。与此同时，5月16日，众议院国际关系委员会通过了《与台湾关系法》修正案，规定"国务院不得以对美外交政策有严重不良后果为由，拒绝台湾官员到美国访问"。5月17日参院通过的《1996－1997财政年度预算授权法案》中也包含类似内容。迫于国会施加的种种政治压力，行政当局必须迅速行动，协调两大部门之间的矛盾。克林顿当局最后决定邀请李登辉访美，以避免和国会形成摊牌之势。② 克林顿总统担心如果行政部门坚持不批准，国会就可能以立法手段通过令行政部门更加为难的法案。例如，穆考斯基就曾在所提决议案获通过后明确表示："如果政府坚持禁止李登辉访美，国会将考虑通过有约束力的法案，包括修改1979年通过的断绝美国与台湾之间的一切官方关系的法令。"③ 加上当时克林顿在医疗改革等国内政策问题上有求于国会，不想和国会完全闹僵。5月22日，美国政府公开宣布了同意李登辉访美的决定。④ 但同时美国也表示"美国仍然同中华人民共和国保持着正式的关系，并承认它是中国唯一合法政府。"⑤ 美国最终同意李登辉访问美国，6月7日，李登辉前往美国并在母校康乃尔大学访问，并公开发表了分裂国家的演说，从而拉开了第四次台海危机的大幕。

二、各方在危机中的博弈

美国政府在国会的压力下出尔反尔并最终同意李登辉访问美国，中方认

① Barton Gellman, U. S. and China Nearly Came to Blows in 1996: Tension over Taiwan Prompted Repairs of Ties, Washington Post, Jan. 21, 1998.

② James Mann, "How Paipei Outwitted US Policy", Los Angles Times, June 8, 1995, Al. David Shambaugh, "The United States and China: A New Cold War?" Current History, Sep, 1995, pp. 242－243.

③ 美联社华盛顿1995年5月9日电。

④ "Taiwan President can Participate in University Reunion," USIS Bulletin, May 23, 1995, p. 6.

⑤ 新华社华盛顿1995年5月22日电。

为此举是美国严重违反了中美三个“联合公报”以及一个中国原则的长期政策，于是采取了一连串的反击措施。[①] 同时中方还认为美国的台海政策已经演变为鼓励台湾追求“独立”，因此，中方必须有所回应才行。[②] 7 月 18 日，中方宣布将于 7 月 21 - 28 日举行地对地导弹的发射演习，演习范围距离台湾以北的彭佳屿海域仅 90 里，并建议相关国家的船只与飞机避免在演习期间进入该区域。中国外交部发言人表示：“这是要美国认知到中美关系导向正途的重要性”，即不要支持台湾“独立”。另一方面，也是要警告李登辉及支持“台独”人士不要走向台湾“独立”，否则难免一战。[③] 第一波演习结束之后半个月，中国政府又宣布将于 8 月 15 - 25 日在彭佳屿北方 100 里的海域及空域，进行另一波的导弹发射与炮击演习，也再次警告外国船只与飞机避免进入演习区域。[④] 由于在随后的中美交涉中，美国政府拒绝承诺以后禁止台湾最高领导人访问美国以及反对台湾“独立”，中国政府决定提高台海地区的危机情势，于 11 月在东山岛举行了海军与两栖登陆演习。此次演习也极大影响到了台湾地区 12 月 2 日开始举行的“立法委员”选举结果，使执政的国民党席次大幅下滑，从 96 席变成 85 席。仅仅维持 3 席的过半优势。同时中国政府宣布大规模的军事演习将持续到 1996 年的 3 月份。1996 年 3 月 8 - 15 日，解放军发射了地对地导弹，范围距离基隆港口约 21 里，距离高雄港口约 32 里，范围涵盖半个台湾，并且与重要的机场与商船航线十分接近。此外，还另外举行了两次大型的军事演习：一次是 3 月 12 - 20 日在东海与南海进行海空联合实弹演习，另外一次是 3 月 18 - 25 日在台湾海峡进行陆、海、空三军联合演习，地点为福建省平潭岛附近区域。这是中国历年来最大规模的联合军种两栖作战演习，并首次演练了许多新型武

---

① John W. Garver, Face off: China, the United States, and Taiwan's Democratization (Seattle: University of Washington Press, 1997), p. 72.

② Garver, Face off, pp. 72 - 73; Ross, "the 1995 - 96 Taiwan Strait Confrontation," p. 95.

③ Robert S. Ross, "The 1995 - 96 Taiwan Strait Confrontation; Coercion, Credibility, and the Use of Force," International Security, Vol. 25, No 2, Fall 2000, p. 95; Allen S. Whiting, "China's Use of Force," p. 121.

④ Richard D. Fisher, Jr., "China's Missiles over the Taiwan Strait: A Political and Military Assessment," in James R. Lilley & Chuck Downs, eds., Crisis in the Taiwan Strait (Washington, DC: National Defense University Press, 1997), p. 171.

器。中国大陆的导弹演习，尤其是对台湾岛周围近距离水海域发射导弹，使两岸关系骤然紧张起来，台海地区有立即爆发军事冲突的可能性。为了表示对台海形势的严重关注，在解放军举行导弹演习期间，美国派遣2艘航空母舰驶往台湾岛东部海域，此次台海危机达到最顶峰。当中方派出14艘核潜艇后，美国航母战斗群后撤将近100公里。随着解放军在3月底结束军事演习和美军撤离台湾海峡，第四次台海危机宣告结束。

中国政府对美国邀请李登辉访问美国作出的强烈反应在美国国内引起了强烈反响。美国国会很多议员对中国的反应感到出乎意料，由此国会对中国的态度发生了一定的变化。一方面，中国政府在台湾问题上所表现的坚定决心，使得一些议员感到今后在处理台湾有关的问题上要更为慎重。在中国进行军事演习后，许多国会议员决定降低对台湾支持的程度。例如众议院便决定暂缓表决一项支持台湾加入联合国的决议案。而1995年下半年后，台湾在国会的游说也相应地采取了低姿态，但另一方面，一些过去并不属于强硬派的议员却开始不满大陆在台湾海峡的军事演习，认为大陆不仅在恫吓台湾，也是在恫吓美国。要求美国行政当局不要退让。1995年10月130名议员联名要求总统注意台湾局势，必要时依据《与台湾关系法》的有关规定通知国会并采取适当的行动。克林顿在回复中表示：大陆军事演习无助于区域和平，徒增台海紧张，美国不会有任何损及台湾安全的行动，并将密切观察台海局势，以免情势恶化。① 这次危机随后也成为中美关系由可能发生军事冲突到开始谋求合作发展的一个转折点，克林顿政府在经历了其第一任内失败的对华政策后，这场危机使他开始现实地意识到对华政策的重要性以及中国在台湾问题上的坚定立场。两国都从全球战略和两国关系的大局出发，设法修补关系。1996年4月19日，中国副总理兼外长钱其琛与美国国务卿克里斯托弗举行了会晤，克里斯托弗表示美国理解台湾是中国最关切的问题，美国仍然坚持一个中国的政策，遵守三个“联合公报”。② 1996年5月，克里斯托弗指示国务院重新检讨美国对华政策，同时莱克也启动了中美之间的战略对话，并于当年7月9日来华访问，就改善中美关系进行了有益

---

① 台湾《联合报》，1995年12月31日。

② 《人民日报》，1996年4月21日。

的讨论。并最终确定了中美两国元首进行会晤的安排。

三、危机管理的启示

1996年第四次台海危机差点导致中美两国擦枪走火，使台海冲突陷入一触即发的紧张态势。但中美两国最终控制住了危机，使台海紧张的局势得以最后平复，并使中美关系走出了冷战后一直动荡不安的困境。

首先，中方通过危机升级战略向国际社会成功表达了对台湾问题高度关切的信号。由于此次危机的最直接起因，是由于李登辉访美引发的，而中方此次进行军演的目的最主要是为了反对外部势力干涉中国内政和打击日益嚣张的"台独"势力，因此在很大意义上是一种政治行为，而非军事行为。中国用军事威慑这一特殊形式，向国际社会宣告，中国在关系国家主权和领土完整问题上，不会屈服于任何外来压力，并希望借此在政治上为今后处理台湾问题创造更多的机会和更大的战略空间。从这个角度来看，中方在这次危机中奉行的是一种有限的危机升级战略。其战略目的就是希望通过强制性和施加压力的行动迫使美台双方让步，从而为己方满意的条件下解决危机。由于美国政府在台湾问题上的某些举动，包括给李登辉发放入境签证，中方认为美国此举是美方想"测试一下中方在台湾问题上的底线"，是"外交挑衅"。① 中国领导人由此断定，克林顿政府存在某种想法，以为只要美国稍作姿态，中国就会在李登辉访美问题上作出让步，因此中国政府需要给予有力的反击，以使美国真正意识到问题的严重性。可以这样说从1995年秋季开始的一系列军事演习，它是中国突出台湾问题的严重性和向美国显示中国决心与能力的措施之一。同时，中方也希望能使美国重新正视台湾问题，做出相应承诺，促进台海局势朝着有利于中方的方向发展。

其次，中美双方在危机中的有效沟通是危机最终得以化解的重要原因。由于中方使用的危机升级战略很可能被对手误解，并导致非理性行为的出现，② 从而引发更大的冲突与危险。因此，中方在做出军事威慑的同时，也

① 钱其琛：《外交十记》，世界知识出版社，2003年版，第307页。

② Arthur Gladstone, "The Conception of the Enemy", Joural of Conflict Resolution, III, (June 1959), p. 132.

在尽力寻求与对手的共同利益，以避免局势的失控，造成零和效益。因此，中方在整个危机事件期间，都通过各种管道与美方进行沟通，表达出中国政府在两岸关系中仍希望通过沟通和接触的方式，以促成台湾问题的和平解决。同时，解放军军事行动的限度也是一清二楚的，既不准备攻击台、澎、金、马的任何一部分，也没有任何与美国发生军事冲突的意图和可能。在这次危机中，尽管中方表面上采取危机升级的行动，但通过军队的有限部署，已向美发出了无意对台发动真正军事攻击的信号。美方显然了解了中方的实际意图，在战略层面上做出了避免与中方针锋相对的决策。这一举措有效控制住了当时的紧张的局势，避免了台海局势的进一步失控。同时，中方通过许多不同的外交管道，向美国保证不会攻击台湾。例如 1996 年 3 月 7 日，中国大陆进行飞弹演习之前，美国国防部部长裴利、国务卿克里斯多弗及国家安全顾问雷克，与中国国务院外事办公室主任刘华秋在国务院举行会谈，彼此坦率地交换了意见。① 正是中美双方的高层在此次危机中仍然保持管道沟通的通畅，把彼此产生误会的可能性降至最低。除此之外，两国间也采取了一系列外交努力，来试图增进两国之间的沟通，并扩大共识。两国间大使级关系、军事交流和高层谈判在 1995 年 8、9 月间都逐渐恢复。随后是 10 月 24 日江泽民和克林顿两位领导人在联合国成立 50 周年高峰会晤，对于台湾问题，克林顿总统重申坚持一个中国政策。② 这个表态在当时对局势起到的镇静作用是不言而喻的。中美通过一系列的沟通和交流，特别是首脑间及高层的交流，避免了对手间的相互猜疑和不信任，互相了解对方，表明了诚意。从中美关系的战略大局出发圆满地化解了危机。同时又实现了各自国家利益的最大化和己方目标的最优化。

再次，此次危机事件使中方摸清了美方在台湾问题上的真正底牌。危机使美国当局重新认识到了台湾问题的敏感性，意识到需要认真对待中国、对待中美关系，需要采取行动来缓和台湾海峡地区的紧张局势。此后，克林顿政府对台采取了更加谨慎的态度，并向台发出明确信息：台当局的“务实

① Ashton B. Carter & William J. Perry, Preventive Defense: A New Security Strategy for America (Washington, D. C: Brookings, 1999), pp. 92 – 97.

② John W. Garver, Face off ; China, the United States, and Taiwan's Democratization (Seattle: University of Washington Press, 1997), p. 67.

外交”不能突破一个中国的框架，不能谋求单方面改变两岸关系现状，从而使冷战结束后一直波动不已的中美关系初步得到稳定，对于维持台海现状、缓解两岸局势也起到了一定的积极作用。美国在此次危机的管理中，也将保持台海局势稳定、避免军事冲突作为符合其最佳利益的选择，并将其作为危机管理的首要目标。不可否认的是，美国介入台湾问题既有现实的战略需要，也有道义上的考虑。随着中美建交和美台“断交”，美国在台湾问题上的战略利益有所下降，美国意识到为此与中国对抗是不符合其最大利益的。但所谓不抛弃老朋友的道义考虑仍在一定程度上影响着美国对台政策，因此中国政府提出的和平统一，保持台海局势稳定的方针在一定程度上满足了美国对和平解决台湾问题的关切。自 1979 年中国大陆陆续采取的一系列降低两岸军事对峙的重大措施也使美国相信中国政府和平统一台湾的诚意，担任过驻华大使的李洁胆向参议院外委会作证时曾指出：“尽管北京拒绝正式放弃使用武力解决它称之为是一个内部问题的主张，我们认为北京同意美国的观点，即使用武力或武力威胁将会使这个问题复杂化，而不是有利于这个问题的解决。”① 同时，当中方此次采取包括军事手段在内的各种行动，显示了维护主权和领土完整的严正立场时，美方深刻体会到台湾问题是中国核心利益所在，中方会不惜一切代价来捍卫主权，甚至不惜一战，面对中国的坚强意志，美方判定一旦美方介入台湾危机，那么中美将不可避免地爆发军事冲突，而此举对美国来说代价太高，毕竟台湾还未在美国全球战略中占有最核心地位，因此，美方也将避免战争，保持台海局势稳定作为己方此次危机管理的目标和底线。

最后，从这次危机来看，美国国会是我们加强对美工作的重点。从克林顿政府出尔反尔允许李登辉访问美国这一事件来观察，我们可以发现在美国对外政策中，美国国会发挥着巨大的作用。正如台湾学者林正义所指出的那样：“李访美由不可能成为可能，与美国国会施压白宫及国务院有极大的关联。”② 而危机落幕后美国助理国务卿洛德在国务院简报中也曾表示：正是

---

① 梅孜：《美台军事重要资料选编》，时事出版社，1997 年版，第 245 页。

② 林正义：《1995 – 1996 年台海危机：美国国会的反应》，载《中美关系专题研究：1995 – 1997》，（台）中央研究院欧美研究所，1998 年版，第 157 页。

由于国会的压力，才“迫使克政府不得不做战术性改变”，[①] 从而点燃了一场新的危机的导火索。因此，我们今后的对台战略中，要把对美国工作特别是国会工作的开展加以重视。通过对美国国会的工作，减少其对我台湾问题的干涉和介入程度，这对于我对台工作的开展有着重要意义。

① Patrick Tyler, “US Envoys to Beijing Won’t Wait for a Replacement”, International Herald Tribune, June 9, 1995, p. 1.

第七章　台海危机管理的现状

台湾问题作为国共内战的产物，毫无疑问它完全属于中国的内政问题，但长期以来，美国等外部势力通过对台军售等手段不断卷入到台湾问题之中，使台湾问题的国际化特征不断显现。因此，台海危机管理的主要行为角色包括中国大陆、台湾以及外部力量三方。显然，目前这一外部力量主要是指美国因素。

第一节　台海危机管理的结构特征

从中国政府管理台海危机的主体性出发，目前的台海危机管理结构主要呈现出“两方三级”的特征。所谓“两方”，是指台海危机的两个主要当事方中国大陆和台湾。“三级”是指台海危机管理结构表现出中国大陆层面的危机管理、两岸层面的危机管理和国际层面的危机管理三个层面，这三个层面相互作用相互影响，体现了台海危机管理复杂性的一面。

一、中国政府层面的危机管理结构

自从台湾问题产生以来，中国政府在应对和管理台海危机的长期实践中逐渐形成了一整套台海危机管理机制，具体而言它包括政治、军事、外交、法律、经贸、文化等多领域多层面的范畴。

在政治层面，“一个中国原则”已成为中国管理台海危机的根本出发点和不容挑战的最后底线。在李登辉时期，我们在处理两岸关系事务中，特别是在两岸谈判中，我们一直坚持一个中国原则，即坚持世界上只有一个中国，台湾是中国的一部分，中国的主权和领土不容分割，也就是所谓的“老三句”。民进党上台后，台湾岛内的政治生态发生了较大的变化，为了更有效地坚持一个中国原则，我们又提出了“新三句”，即世界上只有一个中国，大陆和台湾同属于一个中国，中国的主权和领土不容分割。我们应该看到，不管是“老三句”，还是“新三句”，不变的是其坚持一个中国的基本原则没有改变。新表述并不意味着我对台方针政策的实质改变，也不表示我方在一个中国原则立场上的退让。随着时空的变化，我们与台湾方面斗争的对象不同，为改善和发展两岸关系，争取台湾民意，创造两岸对话、谈判和更大空间，有必要在坚持原则的前提下，体现适时的灵活性、策略上作某些微调。虽然核心不变，但具有更大的包容性。主要表现为：一是包容了李登辉执政时期，台湾关于一个中国的涵义的表述：即海峡两岸均坚持一个中国之原则。但双方赋予之涵义有所不同，中国大陆认为一个中国即中华人民共和国，将来统一之后，台湾将成为其辖下的一个特别行政区。而台湾方面则认为一个中国应指1912年成立到今的“中华民国”，其主权及于整个中国，但目前之治权，则仅及于台澎金马，台湾固为中国之一部分，但大陆也为中国的一部分。二是包容了台湾追求两岸地位平等的诉求。“新三句”不仅为我们开展反独促统工作做了恰当的政策定位，是团结主张统一和暂时对统一持有疑虑人士的有力武器。为什么当前我们在对台政策方面要提出“新三句”呢？这是基于台湾问题在新的历史时期出现新变化这一现实而作出的战略转变。2000年民进党上台后，由于陈水扁当局在“台独”分裂路线上不断加码，两岸关系进入了低谷时期。在这种情况下，为了继续推进国家统一大业的向前发展，为了维护台海地区的和平与稳定，我党改变了战略战术，对民进党执政当局仅仅要求其承认世界上只有一个中国，把坚持一个中国原则作为两岸和平相处、解决台湾问题的基础和前提。至于一个中国的内涵可以暂时搁置，也就是说，到底由谁来代表，两岸暂时不用讨论。大家可以在一个中国前提下，坐下来平等相待，什么问题都可以谈，只要目标一致，总能找到解决问题的办法。

在法律层面，《反分裂国家法》已从国家法律的层面解决了未来处理台湾问题的底线问题。它使大陆在台海危机管理中有法可依。2004年12月25日第十届全国人大常委会正式启动立法程序，首次开始审议《反分裂国家法》(草案)，旨在以真正的法理抗击“法理台独”的歪理。台湾当局为了达到“台独”之目标，不惜施展各种手段，甚至连法律也成为他们手中的玩物。特别是陈水扁上台后，台湾当局大搞“台独”分裂活动。在岛内散布“台独”舆论与“台独”思想，使岛内分裂势力迅速膨胀。面对岛内“台独”日益嚣张的现实，中国大陆加强了反击“台独”分裂活动的法制建设。《反分裂国家法》不仅为我们更好地指导对台工作提供了有力的武器，而且也是给“台独”冒险势力划出了一道不可逾越的红线，有力地遏制了“台独”势力的嚣张气焰。虽然捍卫主权和领土完整最终需要依靠自己的实力，但法律的作用也是巨大的。历史证明，在中国这样一个历史悠久、认同国家统一观念牢固的国家，没有外国势力的支持，要搞分裂是不容易的。即使一时得逞，也难以长久。通过制定《反分裂国家法》来保卫国家和民族的最高利益，是世界许多国家的普遍做法。有了法，无论是闹分裂的，还是支持分裂的，就在根本上犯了法，输了理。因此，它具有重大现实意义，将有效遏制“台独”分裂势力，有利于最大限度争取祖国和平统一的前景。在陈水扁执政时期，其“台独”分裂步伐不断加快，抛出“一边一国”论，提出“公投制宪”和“台独”时间表，并加紧台湾“正名”运动和“去中国化”等，把两岸关系推向战争的边缘，国家和民族面临分裂的危险，在这严峻关头，全国人大制定《反分裂国家法》，一是警告台湾当局，如果无视《反分裂国家法》，坚持“台独”方向走到底，那他们将面临最严厉的惩罚，由此产生的一切后果由“台独”分子负责；二是在坚决封死“台独”之路的同时，将向台湾当局和台湾人民敞开和平统一之大门，充分展现中国大陆以国家民族的长远和根本利益为重的胸怀和诚意。

同时，运用法律方式解决台湾问题是我国政治文明发展和实现民族复兴的必然要求。以法治方式解决矛盾和争端等问题，是现代民主法治社会的理性选择，也是国际社会普遍认可和广泛采用的重要方式。实现中华民族的伟大复兴也要求政府以正确可行的方式保障和实现国家的统一。《反分裂国家法》将台湾是中国领土的一部分的两岸关系现状作为其立法的前提。世界上只有一个中国，台湾是中国领土的一部分，这是目前的社会现实和法律现实。《反分裂国家法》就是对这种两岸关系现实的反映。不仅如此，这也是中国政府对于台湾法律地位的再次正式宣示，中国政府在台湾问题上的政策和立场因为该法的颁布而法律化、永久化和刚性化。运用法律方式解决台湾问题有利于占据多方面主动。至少可以在道义上，法理上和法律上占据主动。以法律方式解决台湾问题，可以在采取措施的方式、条件和时机等方面具有相应的灵活性和主动性，以法律方式解决台湾问题，可以最广泛地争取国际社会的理解和支持，可以最有效地动员包括台湾同胞在内的全国人民投身于实现统一祖国的大业中。自1949年两岸分裂以来，中国大陆对待台湾问题一直是以政策的形式加以解决。如1979年1月1日全国人大常委会发表的《告台湾同胞书》，1993年9月1日发表的政府白皮书《台湾问题与中国统一》，1995年1月30日江泽民发表的《为促进祖国统一大业的完成而奋斗》重要讲话，在2000年2月国台办发表的政府白皮书《一个中国原则与台湾问题》等等都是明证。我们要看到自从海峡两岸实际分离以来，在解决台湾问题上中国还没有一部完整的法律形式出台，宪法也只是作了一般性的规定。《反分裂国家法》就是把台湾问题作为具体的部门法加以确立，是对宪法原则的进一步明确化和具体化。这也是中国共产党执政水平不断提升的重要表现。

在军事层面，随着中国经济的持续快速增长，中国综合国力的显著增强，中国军事力量也得到了极大的发展。军事实力的增强为中国台海危机管理能力的提升提供了保障。尽管大陆始终坚持用和平方式来解决台湾问题，但这并不是说就要完全放弃军事手段的作用。事实上，在新中国成立以来的历次台海危机管理中，军事手段的作用都非常突出和重要。在1954年第一次台海危机中，中方首次成功利用危机升级战略来达到危机管理的目标。通过金门炮击和进行一江山岛战役以直接提升台海紧张局势来为自己的战略目标服务。在这次危机中，军事手段的使用既收复了沿海一些岛屿，又避免了与美国直接对抗。相反，还直接促使美国坐下来与新中国进行双边会谈。在1958年第二次台海危机中，毛泽东和党中央始终把军事斗争和政治斗争相结合起来，从最初炮轰金门，到最后只是象征性地打宣传弹，通过军事手段的高明运用，决定暂缓收回金马两岛屿，挫败了美国以划海峡而治来搞“两个中国”的图谋。而发生在20世纪60年代前期的第三次台海危机，当时正值新中国成立以来面临最恶劣最复杂的国际国内安全环境之情势下，我们党采取了军事斗争与政治斗争相结合的方法，最终成功粉碎了台湾国民党反攻大陆的企图。而发生1995—1996年的台海危机中，中方的军事演习，特别是采取导弹试射的方式，实质上是一种危机升级战略模式的典型运用。这次军事演习有力地打击了“台独”分裂势力的嚣张气焰，在岛内形成了要求缓和并发展两岸关系有利环境。中方通过演习向美国显示中国的决心和能力，同时也使美国认识到台湾问题的敏感性和危险性，从而使美国开始重新正视台湾问题，做出了相应承诺，促进台海局势朝着有利于中方的方向发展。从新中国成立以来台海危机管理的实践来看，军事手段非常重要，不可替代。当前，军事手段在台海危机管理中的作用更多是一种政治符号。从某种程度来看，民进党八年执政也不敢公开宣布“台独”，其最大根源就在于“台独”分裂慑于大陆强大的军事实力。因此，在目前的台海危机管理结构中，大陆在军事层面的准备工作比较到位。

外交层面，“一中”框架已成为国际社会的普遍共识，这是台海危机管理结构的重要一环。1971 年联合国大会第 2758 号决议，明确解决了中国的代表权问题，也彻底解决了台湾的归属问题。长期以来，世界绝大多数国家都坚持一个中国原则，积极发展对华关系。特别是当今世界上的主要大国都与中国正式建立了外交关系，都坚持一个中国原则，坚持台湾是中国一部分的主张。美国在处理台海问题上也一直坚持以中美政府之间达成的三个“联合公报”为相关法律依据。比如在 1972 年的上海公报中，美国承认“在台湾海峡两边的所有中国人都认为只有一个中国，台湾是中国的一部分。美国政府对这一立场不提出异议”。在 1978 年签署的建交公报中，美国承认“中华人民共和国政府是中国的唯一合法政府。”，承认“只有一个中国，台湾是中国的一部分”等主张。而在 1982 年中美“八·一七公报”中，美方也重申了一个中国的原则。冷战后，随着中国综合实力的显著增强，中国在国际社会的影响力不断提升，在国际社会中，绝大多数国家越来越坚持一个中国原则，一中原则在国际社会已形成普遍共识，“台独”势力越来越不得人心。陈水扁执政后期，为了加速推动“法理台独”的步伐，大搞“台独”分裂活动，遭到了世界上绝大多数国家的反对。其主导的“入联公投”更是遭到了 160 多个国家的普遍反对。① 目前，全世界有 171 个国家与中国建交，而与台湾保持“外交”关系的国家只有 23 个，一中框架在国际上的地位不容动摇。

在经贸层面，两岸密切的经贸联系已为台海危机管理提供了坚实的物质

① 香港《文汇报》，2007 年 12 月 30 日。

基础。自20世纪70年代末以来，两岸贸易规模不断扩张，发展势头强劲。到2006年，两岸贸易总额已扩增到1078.5亿美元，28间增长了2343.35倍，年平均增长率高达31.93%。台湾从两岸经贸中持续享有贸易顺差。从1980年1.59亿美元，到2006年的663.7亿美元。两岸贸易顺差在26年间迅猛扩张了417倍。两岸之间已形成了日趋紧密的贸易相互依赖度。从台湾方面来看，其对大陆的进口依赖度由1978年的0.42%上升至2006年的10.23%；其对大陆的出口依赖度由1978年0上升到2006年38.89%；而台湾对大陆进出口总额的依赖度则由1978年的0.19%上升到2006年25.27%。由此可见，台湾对大陆日益表现出高度的市场依赖，而其对大陆的供应依赖也在不断加深人，相比之下，大陆对台湾的市场依赖还不明显，对台湾的供应依赖也增幅较缓。① 伴随着两岸贸易关系的日趋紧密和台湾对大陆贸易依赖度的迅速提高，大陆已在台湾对外贸易关系发展中占据重要的位置。2002年大陆超过美国，成为台湾最大的出口市场；2005年大陆又成为仅次于日本、美国的台湾第三大进口市场；到2003年，大陆已超过日本，成为台湾最大的贸易伙伴。随着台湾对大陆的经济依存度不断提升，祖国大陆作为台湾经济发展的最大腹地的局面正在形成。通过20多年的不断发展，目前台商在大陆投资已愈一千亿元。两岸经贸一体化趋势不断明显和成熟。当前，随着国民党的全面执政，两岸“三通”的基本实现，两岸在经贸领域的合作将更为密切，这对于加强两岸经贸联系，无疑将起到巨大的推动作用。这对于两岸关系和平发展，加强台海危机管理无疑将起到巨大的正面效应。

二、两岸关系层面的危机管理结构

两岸层面的危机管理结构主要是以“海基会”和“海协会”为基轴，兼以两岸政党交流、文化学术交流等为辅助手段。当前，国民党在岛内重新执政后，两岸在台海危机管理方面的合作将呈现出多元的特征。

首先，“两会”模式是两岸关系层面台海危机管理的重要方面。

① 《重要经社指标整报》，台湾“统计资讯网”，http：//www. stat. gov/tw/public/Data/632161-7，2007年1月19日。

所谓“两会”是指“海基会”和“海协会”两个机构，即“海峡交流基金会”和“海峡两岸事务关系协会”两个非官方机构。1987 年底长达 30 多年的两岸隔绝状态被打破，两岸人民往来和经济、文化等各项交流随之发展起来，同时也衍生出种种问题。为了解决这些问题，台湾当局不得不调整“不妥协、不接触、不谈判”的三不政策，1991 年 2 月 8 日，台湾“陆委会”成立一个“半官方”的海峡交流基金会，即“海基会”，与大陆进行非官方接触和谈判。“陆委会”和海基会签订合约，确定专门授权海基会进行以下事项：接受申请、签署和出入两岸各方的文件；对大陆文件的验证和接收；遣返双方的偷渡者；商务仲裁；促进学术和文化交流；对一般事务提供咨询；在台湾公民访问大陆时提供保护其合法权益；受台湾当局委托，处理其他事务。海基会并未获得授权来处理政治问题，它负责处理的只是台湾与中国大陆之间的技术和商务问题。为便于与海基会接触、商谈，1991 年 12 月 16 日中共中央台办、国务院台办推动成立海峡两岸事务关系协会，即“海协会”，宣布该组织将“主要从事加强双方人民非官方的关系，共同打击海上走私与抢劫行为。”此外，海协会还提供经济、运动、学术，以及科学事务的咨询服务。并授权以坚持一个中国原则作为两会交往和事务性商谈的基础。两岸两会的成立，这种非官方的组织，跳出了中国大陆坚持党对党，而台湾当局坚持“政府对政府”的僵局进行谈判模式，为两岸谈判与交流开创了一条新路子。两会成立后，两岸在协商与谈判中取得了一些成效，比如举行了“汪辜会谈”，解决了两岸在渔业方面的争端。1992 年 10 月 28 日至 30 日，两会在香港商谈中，就海峡两岸事务性（公证书使用）商谈中如何表述坚持一个中国原则的问题进行了讨论。“海协会”的基本态度是，海峡两岸交流中的具体问题是中国的内部事务，应本着一个中国原则协商解决，在事务性商谈中，只要表明坚持一个中国原则的基本态度，可以不讨论一个中国的政治涵义，而表达的方式可以充分协商。在香港会谈中，海协会提出了 5 种文字表述。而台湾的“海基会”也提出了 5 种文字表述，台方虽然也同意两岸公证书使用是中国内部的事务，双方均应坚持一个中国的原则并表达了谋求国家统一的愿望，但在文字表述方案上，两会很难达成一致。在会谈即将结束时，“海基会”代表又增提了 3 种表述方式，并拿出了他们的最后表述内容：“在海峡两岸共同努力谋求国家统一的过程中，双方虽均坚持一个中国的原则，但对于一个中国的涵义，认知各有不同。唯鉴于两岸民间交流日益频繁，为保障两岸人民权益，对于文书查证，就加以妥善解决。”还建议“用各自口头声明的方式表述一个中国原则”。此后经过双方沟通，双方就一个中国原则的表述问题取得了上面的共识。正是在这一共识背景下，两岸妥善处理两岸涉及民事权益的事务，开展两会的事务性商谈，并在1993年在新加坡成功举行了汪辜会谈，签订了一系列两岸交流与合作的协议。1993年4月举行的汪辜会谈是两岸关系发展中重大事件，开创了海峡两岸在一个中国原则基础上平等协商的机制。标志着两岸关系迈出了历史性的重要一步。它是40多年来两岸高层人士的首次会晤。会谈签署了《两岸公证书使用查证协议》、《两会联系与会谈制度协议》、《汪辜会谈共同协议》、《两岸挂号函件查询、补偿事宜协议》等四项协议，在两岸经济交流与合作、科技交流、文化交流、事务性交谈和两会联系与合作方面均取得具体成果，为推动两岸经贸往来和民间交流的发展创造了积极的气氛。汪辜会谈受到两岸同胞与海外同胞的高度关注与广泛认同。

汪辜会谈的意义在于建立起一个中国原则基础上两岸制度化协商的机制。会谈的政治基础是“九二共识”。在“九二共识”中，双方都表明了海峡两岸均坚持一个中国原则和努力谋求国家统一的态度。对于一个中国的政治含义，“海基会”表示认知各有不同，“海协会”表示在事务性商谈中不涉及，作了求同存异的处理。这个共识是在双方表明坚持一个中国原则态度的基础上，照顾各方利益，搁置对一个中国政治含义之争议，以灵活的方式求同存异而达成的，体现了两岸中国人的政治智慧。它充分说明，坚持一个中国原则，两岸间就可以进行平等谈判，通过两岸谈判，两岸关系就能稳定和发展。此外，汪辜会谈为海峡两岸在一个中国原则基础上平等协商树立了范例。会谈体现了“海协会”和“海基会”相互尊重，实事求是，平等协商，求同存异的精神，从实践上说明了在一个中国原则基础上的协商，是一种务实，平等的协商，并不会像台湾当局所说的矮化台湾。说明了只要在一个中国原则的基础上谈起来，可以暂时搁置某些政治争议，可以在此基础上求同存异地解决两岸关系中的一些问题，可以增强互信，累积共识，也说明海峡两岸的中国人完全可以在一个中国原则的基础上找到双方平等谈判的适当方式。由于1999年李登辉抛出“两国论”，这给汪辜会谈设置了障碍，使两会会谈接触与协商的基础不复存在，两会对话被迫中断，两会人员互访和日常联系被迫停止。2000 年后，民进党执政当局拒绝接受一个中国原则，以各种借口歪曲、否定、攻击“九二共识”，并抛出“一边一国”的分裂主张，致使两岸的政治僵局持续存在，两会商谈与对话难以恢复。在 2008 年年初的台湾地区领导人选举中，坚持认同“九二共识”的国民党候选人马英九成功当选，为两岸关系改善和发展创造了条件。马英九上台后，中断九年的“海协会”和“海基会”迅速恢复会谈，并达成了两岸周末包机和大陆旅客赴台等事宜。而“海协会”会长陈云林成功访问台湾，更是揭开了两岸关系史上新的一页。它不仅是两岸关系中 60 年来大陆赴台行政级别最高的政治人物，而且与“海基会”签署了关于海运、空运、邮件以及食品安全等四个重要的协议，终于实现了两岸的全面“三通”，有力地推进了两岸关系向前发展。目前，两会已成为两岸协商和交流的最重要平台，也是两岸官方的重要沟通管道。

其次，两岸政党交流平台也成为台海危机管理的重要一环。

在民进党执政时期，由于民进党不愿意回到“九二共识”的基本原则下，坚持“台独”分裂主义路线，给两岸关系造成严重的破坏，两岸政治互信不断降低。为尽早打开两岸关系的僵持状态，为两岸政治交流创造机会和条件，中国共产党主动与台湾三大在野党建立起党际交流的平台。这三大党分别是中国国民党、亲民党和新党。在胡锦涛总书记的邀请下，2005 年 3 月 28 日到 4 月 1 日，国民党副主席江丙坤率领中国国民党代表团访问大陆，与中共高层就两岸交流急待解决的问题交换了意见。这是自 1949 年退出中国大陆后，56 年来国民党第一次正式组团来大陆访问，与中共展开党对党交流与沟通。2005 年 4 月 26 日到 5 月 3 日，国民党主席连战率团访问大陆，与胡锦涛总书记举行会谈。双方发表了“两岸和平发展共同愿景”。在“九二共识”的基础上，亲民党和新党等也应邀来访。在陈水扁执政时期，中国共产党与台湾地区一些党派特别是与国民党进行交流合作，表达了中国大陆发展两岸关系的诚意和善意，反映了台湾求和平，求安定，求发展的主流民意，对两岸关系的发展产生了深远的影响。我们要看到，当政府渠道无法建立沟通机制的情况下，党际交流的确是增进双方理解的好方式。在两岸没有恢复政治谈判前，政党交流为两岸建立了以政党交流平台为主体的新的沟通机制，构筑起两岸良性互动的有利气氛，因而具有划时代的意义。在两岸恢复政治谈判后，政党交流机制则能发挥更大的辅助作用。这种沟通机制涵盖的议题相当广，包括开展不同层级的党务人员互访，进行有关改善两岸关系议题的研讨，举行有关两岸同胞切身利益议题的磋商，邀请各界人士参加，组织商讨密切两岸交流的措施等。两岸政党交流渠道的打开，是中共尝试与台湾政治社会中的各个政党打交道的开端。事实上，通过两岸政党交流形式，特别是国共平台模式，逐渐落实了两岸之间有关民生的很多政策，使台湾民众得到了实惠。同时，政党交流也有利于加强两岸在“九二共识”基础上的国家认同，有利于两岸基层党员加强思想上，感情上的交流。它为两岸政党之间进行长期的良性互动，为长期的反独促统工作以及实现两岸关系和平发展奠定良好的基础。

当前，随着国民党在岛内全面执政，国共平台的功能和作用将得到更大范围的发挥。台湾当局也表示，并不会取消国共交流这种平台，还要努力使它成为推进两岸关系良性发展的重要轨道，为两岸两会协商奠定重要的信任基础。事实证明，马英九上台后，国共平台一直发挥着不可缺少的作用。它为两会协商起到了重要的辅助作用。

最后，两岸民间的第三轨道交流功不可没。

两岸民间的文化学术交流作为两岸之间交流的第三轨道，对两岸关系发展起到了重要作用。在民进党执政时期，由于台湾当局的阻挠，民间交流渠道受到很大的不方便，但两岸民间的交流还是比较活跃，两岸通过人员往来、学术交流、文化交流等活动来加强民间交流的实效。民间交流已成为两岸关系发展的重要推动力。民间交流模式主要包括学术交流、经贸交流等方面。国民党在岛内全面执政后，两岸民间交流正式迈入新发展的历史契机。由于两岸问题是一个非常敏感的问题，很多层面的问题政府没有办法出面来谈，第三轨道的空间就可以发挥出来。特别是第三轨道在争取台湾民心，做台湾人民工作，对两岸两会商谈创造条件和空间非常有益。

三、国际层面的危机管理结构

在台海危机管理结构的国际层面，主要包括中美三个“联合公报”、联合国第 2758 号决议，以及中国与世界上所有建交国家达成的政治文件等等。

目前来看，国际层面上的台海危机管理结构还不尽完善，仍须加以充实。

首先，国际法及国际组织的相关规定是台海危机管理的重要法律来源。

台湾是中国领土不可分割的一部分，无论从历史、地理、法律、民族、文化来看都是如此，在19世纪末之前的一千多年中，中国都享有对台湾的领土主权，近代以来国际社会从未对此提出过任何异议。1895年在中日战争中战败的清政府与日本签订《马关条约》，将台湾和澎湖列岛割让给日本。但《马关条约》是一个不平等条约，其割让行为属于强制性割让，在现代国际法上已失去其合法性。《马关条约》是最早关于台湾归属问题的国际条约，它至少证明在此之前台湾是中国的领土，否则，何来割让之举？在第二次世界大战中，中国联合其他国家对日本法西斯作战。1943年11月反法西斯联盟中的美英中三国首脑在埃及召开了开罗会议，美英中三国在会后签署了《开罗宣言》，其中宣布："日本自1914年第一次世界大战爆发以来在太平洋地区夺取或占领的所有岛屿应予剥夺；日本从中国人手里窃取的领土，诸如满洲、台湾和澎湖列岛，应归还中国。"《开罗宣言》之后还得到了苏联的同意，它表明了当时国际社会的几个大国对台湾归属问题的承诺，是处理台湾问题的国际法依据。

1945年7月以中美英三国首脑名义发表的《促令日本投降的波茨坦公告》是有关台湾问题的另一个重要国际协议。公告宣称："开罗宣言之条件必将实施，而日本之主权必将限于本州、北海道、九州、四国及吾人所决定之其他小岛之内"。它将日本归还台湾及澎湖列岛作为日本无条件投降应遵循的规定。在1945年9月2日的日本投降书中，日本表示接受波茨坦公告的规定。1945年10月25日，中国政府台湾受降区主官陈仪在受降后的广播讲话中宣布："今日起台湾及澎湖列岛正式重入中国版图。"开罗宣言和波茨坦公告是世界上主要国家首脑共同签署的，其中明确规定了签署国之间的具体权利义务关系，是对共同签署和接受的国家具有拘束力的国际条约。1950年杜鲁门总统也认为开罗宣言和波茨坦公告包含着台湾地位所依据的有拘束力的约定："按照这些声明，台湾已经交给中国，而且在过去四年中美国和其他盟国接受在该岛的中国权威的行使。"周恩来总理在1950年7月6日致联合国秘书长的电文中称："台湾是中国领土不可分割的一部分，这不仅是举世公认的历史事实，而且也是开罗宣言、波茨坦公告及日本投降后的现状所肯定的。"① 1971 年 10 月 25 日联合国大会通过第 2758 号决议，承认中华人民共和国政府的代表是中国在联合国的唯一代表，宣布将“中华民国”代表从联合国及其所属机构驱逐出去。恢复中华人民共和国在联合国一切合法的权利。此决议承认只有一个中国，就是中华人民共和国，而台湾是中国的一部分。中华人民共和国成立以来，171 个国家先后同中国建立了外交关系，它们都承认只有一个中国，中华人民共和国政府是中国的唯一合法政府，台湾是中国的一部分。这 171 份建交公报，是当代国际法不可分割的重要部分。

其次，中美之间三个“联合公报”是中美两国台海危机管理的重要法律基础。

1949 年新中国成立后，曾先后与美国进行了 130 多次接触和谈判②，但美国依然保持着对退踞台湾的国民党当局的“外交”承认。这种局面一直持续到尼克松上台之后。20 世纪 60 - 70 年代初，冷战进入了胶着状态，此时的美国在国外深陷越南战争而无法自拔，在国内也由于连年征战而出现了空前的政治，经济，社会总危机。1969 年尼克松上台后，开始寻求外交上的突破，决心改善同中华人民共和国的关系。在这个背景下，中美两国开始恢复了接触，并于尼克松访华期间签署并发表了中美间的第一份联合公报 -《上海公报》。该公报在 1972 年 2 月 28 日由中美两国政府在上海共同发表，因此称为“上海公报”。③ 公报在谈到中美双方中最突出的台湾问题时，中美双方分别描述了各自的立场。公报指出：“双方回顾了中美两国之间长期存在的严重争端。中国方面重申自己的立场：台湾问题是阻碍中美两国关系正常化的关键问题；中华人民共和国政府是中国唯一的合法政府；台湾是中国的一个省，早已归还祖国；解放台湾是中国内政，别国无权干涉；全部美国武装力量和设施必须从台湾撤走。中国政府坚决反对任何旨在制造‘一中一台’、‘一个中国、两个政府’、‘两个中国’、台湾‘独立’和鼓吹‘台湾地位未定’的活动。”美国方面也声明：“美国认识到，在台湾海峡两

① 《人民日报》，1950 年 7 月 7 日。

② 朱成虎主编：《中美关系的发展变化及其趋势》，江苏人民出版社，1998 年版，第 62 页。

③ 《人民日报》，1972 年 2 月 28 日。

边的所有中国人都认为只有一个中国，台湾是中国的一部分。美国政府对这一立场不提出异议。它重申它对由中国人自己和平解决台湾问题的关心。考虑到这一前景，它确认从台湾撤出全部美国武装力量和军事设施的最终目标。在此期间，它将随着这个地区紧张局势的缓和逐步减少它在台湾的武装力量和军事设施。”尼克松1972年2月对中国的访问和中美上海公报的发表，打破了中美关系中的坚冰，启动了中美关系正常化的进程。

由于“水门事件”的爆发，尼克松总统被迫下台，继任的福特继续承诺“上海公报”的原则，并且基本上维持了中美关系的稳定。到了1978年，中国国内正酝酿着一场大规模的现代化建设，中美两国正式建交的时机渐渐成熟。经过几个月的艰难谈判，中美双方在同年12月初达成意见一致的公报稿。1978年12月16日当时的中共中央主席华国锋和美国总统卡特在各自国家首都同时宣读了《中华人民共和国和美利坚合众国关于建立外交关系的联合公报》。在建交公报中，中美两国“商定1979年1月1日互相承认并建立外交关系”，并“将于1979年3月1日互派大使并建立大使馆。”美国承认“中华人民共和国政府是中国的唯一合法政府。在此范围内，美国人民将同台湾人民保持文化、商务和其他非官方关系。”公报还说“美国重申上海公报中双方一致同意的各项原则”，并且“再次强调”：“美国政府承认中国的立场，即只有一个中国，台湾是中国的一部分。①”公报还涉及中美建交之后的美台关系和今后对台湾的安排等事项。美国表示将通知台湾自1979年1月1日起结束“外交”关系，美国和台湾之间的《共同防御条约》也随之终止，美国将在四个月内从台湾撤出美方余留的军事人员。美国政府将寻求调整法律和规章，以便在正常化以后的新情况下得以保持商务、文化和其他非政府的关系。但公报本身未涉及对台军售问题，这是由于中美双方直到公报发表前几天，才发现彼此在这一问题立场的理解上发生了重大误会。中国方面以为美国同意终止对台军售；而实际上美国仍然坚持保留向台湾出售防御性武器的权利。但当时，公报发表的时间已经确定，于是，最后邓小平决定，先与美国建交，美国对台军售问题建交之后接着

① 《中华人民共和国和美利坚合众国关于建立外交关系的联合公报》，《人民日报》，1978年12月17日，第1版。

谈。而这个问题在以后艰苦谈判的结果，就是1982年中美之间的《八·一七公报》。

1981年里根当选总统。他在执政之前一贯反共亲台，在执政之后，里根政府不顾中国的反对，于1982年1月11日正式宣布向台湾提供包括战斗机在内的所谓防御物品的决定，并声称，“本政府非常重视执行美国长期以来关于向台湾提供为了使它能够保持足够的自卫能力所必须的那种防御物品的政策。”① 但是，国际政治、经济和军事安全形势的发展和中国国际地位不断提高的事实，迫使里根上台仅一年多的时间便不得不扭转其对华政策大滑坡的势头，为防止两国关系出现更大的裂痕，经过双方的协商，美国政府与中国政府经过艰难谈判、反复的磋商和双方的妥协，于1982年8月17日签署并发表了关于中美两国就分步骤解决美国向台湾出售武器问题的《中华人民共和国和美利坚合众国联合公报》，一般称《八·一七公报》。在公报中，双方一致认为“互相尊重主权和领土完整、互不干涉内政是指导中美关系的根本原则。1972年2月28日的《上海公报》确认了这些原则。1979年1月1日生效的《建交公报》又重申了这些原则。双方强调声明，这些原则仍是指导双方所有方面的原则。”美方重申了“无意侵犯中国的主权和领土完整，无意干涉中国内政，也无意执行‘两个中国’或‘一中一台’的政策。”公报的核心内容是第六条：美国“不寻求执行一项长期向台湾出售武器的政策，它向台湾出售的武器在性能和数量上将不超过中美建交后近几年供应的水平，它准备逐步减少它对台湾的武器出售，”并经过一段时间导致最后的解决。② 公报为解决美国售台武器进一步规定了所应依据的原则和步骤。应当说，如果得以认真执行，必然将为中美关系的进一步发展扫清障碍。然而，事实上，里根总统在《八·一七公报》发表前的7月14日，即以私人信件的方式向台湾当局做出了六项保证。其中包括：美方不会同意设定期限停止对台湾的武器出售；不会同意就对台武器销售问题和中国政府进行事前协商；不会同意在北京和台北之间扮演调解人的角色；不会同意中国政府的要求，而重新修订《与台湾关系法》；没有改变其对台湾主权

① 朱成虎主编：《中美关系的发展变化及其趋势》，江苏人民出版社，1998年版，第81页。
② 《中华人民共和国和美利坚合众国联合公报》，《人民日报》，1982年8月18日，第1版。

问题的立场；不会对台湾施加压力，迫使其与北京进行谈判①。从这六项保证来看，里根政府一开始就没有认真履行即将发表的公报的诚意。

三个“联合公报”并不是孤立地存在，三者之间在逻辑上存在密不可分的关系。上海公报的发表标志着中美关系的重大转折，也为两国关系以后的正常化进程打开了大门，从公报的内容上看，虽然在某些问题上中美双方的立场还存在相当大的差距，但是中美双方宣布了两国反对在亚太地区推行霸权主义的共同立场，为今后两国关系的进一步发展奠定了基础。同时这也是美国政府首次在正式文件中承认只有一个中国，台湾是中国的一部分，这是美国在台湾问题的立场表述上的首次改口。正是因为上海公报奠定的良好基础，之后的两份公报才得以有了进一步的发展。三个公报在内容上相互包含，相互肯定，后发表的公报都会提及并重申之前发表的公报各项重要原则。因此，从总体上看，三个“联合公报”实际是一体的，很难将它们单独割裂开来分析。

第二节　台海危机管理的困境分析

目前，中国在台海危机管理上也面临着严峻的战略困境。主要表现在以下几个方面：其一是“台独”分裂势力在岛内有一定的民意基础。冷战结束以来，岛内“台独”分裂活动不断高涨，特别是陈水扁上台后，民进党利用执政优势，在岛内外公开推行“台独”政策，为法理“台独”制定时间表，掀起一波波的“去中国化”浪潮。从“一边一国”论到“四要一没有”，从“修宪制宪”到“入联公投”，这些“台独”分裂活动都已严重影响到两岸关系的和平与稳定，给台海地区带来重大的安全隐患。当前，尽管主张“台独”的民进党已经下台，国民党在岛内全面执政，岛内“法理台独”的现实危险大大降低。但台湾分离主义意识仍然存在。特别是台湾是一个选举社会，未来也不能完全排除“独”派政党再次上台执政的可能性。其二是美国出于谋取自身利益出发，加大了介入台湾问题的力度，这在很大

① 李庆春：《布什政府的美台军事合作与对台军售问题》，《中美战略关系新论》，时事出版社，2005 年版，第 266 页。

程度上制约着中国在台海危机管理中效能的充分发挥。美国为了在两岸获取利益，不断介入台湾问题，这对中国的台海危机管理构成了严重的战略挑战。冷战后，美国调整了其全球战略和亚太战略。随着中国综合实力的不断增强，美国加强了对华遏制的力度，在这种背景下，维持一个分裂的中国状态显然有利于美国阻止中国崛起的进程和速度。因此，对于美国来说，维持两岸现状并非真正想遏制“台独”，其真实意图还是保持两岸分裂的状态。美国对华这种冷战思维的存在无疑在很大程度上容易刺激“台独”分裂分子的野心，这对中国台海危机管理带来严重的制约。其三由于目前中美两国在台海危机管理方面缺乏交流平台，双方的互信缺失，在“台独”分裂势力的挑拨与挑衅下，中美两国容易对形势的把握方面出现误差，甚至导致危机与冲突的爆发。这些都给中国大陆的台海危机管理带来极大的战略险情。

一、“台独”势力日渐坐大的困境

冷战结束以来，随着台湾政治生态的变化，“台独”势力开始在岛内发酵和膨胀。“台独”势力从最初体制外的街头抗议到后来进行体制内的选举夺权，并最终在2000年的台湾地区领导人选举中赢得了胜利。随着代表“台独”势力的民进党主导台湾政局，“台独”在岛内的发展也进入了一个新阶段。在民进党当局的操弄与扶持下，“台独”势力在岛内泛滥成灾，“台独”分裂活动越发嚣张。由于“台独”势力的根本目的是企图将台湾从中国分离出去，这必然会增加台海局势的不稳定性。随着2008年上半年台湾地区两次大选的落幕，坚持“九二共识”，主张两岸和平发展的国民党不仅在台湾“立法院”拥有超过半数以上的多数席位，而且在台湾地区领导人选举中也以高票赢得了胜利。台湾政治生态发生了重大而积极的变化。“台独”势力在岛内政治生态中的影响和地位遭受重创，“台独”势力对两岸关系的破坏力和影响力将大大削弱，对台海危机的危害性也大大降低。但是我们必须看到，经过民进党执政八年的挑动，“台独”势力在岛内政治生态中的影响不容忽视，从这次总统大选结果来看，仍然有超过四成的选民还在支持民进党。这说明民进党的基本盘并没有发生根本动摇，依然相当稳固。

目前，我们看到，尽管国民党在岛内全面执政，两岸关系和平发展的局面不断形成，但“台独”特别是激进“台独”势力在岛内的政治影响仍然不可低估。随着民进党沦为在野党，在基本教义派的挑拨与唆使下，民进党仍然顽固坚持反对两岸开放的政治路线，这不仅严重影响到岛内政治格局的发展，而且对两岸关系的和平发展也带来了极大的挑战和隐患。2008 年 10 月大陆“海协会”副会长张铭清在台南遭到了“台独”分子的暴力追打。2008 年 11 月大陆“海协会”会长陈云林率团访问台湾，遭到了民进党等“独”派政治势力的全力抵制，严重影响到两岸两会的正常协商活动。

在当前两岸关系和平发展势头不断形成的情势下，民进党如果重返暴力政治的老路，无疑在岛内将可能激化激进“台独”势力的冒险心理，这无疑对于我们当前争取台湾民心工作的开展带来很大的变数，给我们推进祖国统一进程增加了新的困难。从“台独”在岛内几十来的发展来看，当前“台独”思潮及“台独”政治力量已经有了一定的群众基础和社会基础，遏制“台独”势力的激进与冒险行为，化解“台独”思潮的社会基础就显得非常有必要。

二、外部势力不断介入台湾问题

国家实力对比与国家利益的关系是影响危机管理的首要因素。国家实力的强弱在很大程度上决定了一国危机管理的能力高低和危机的大致结局。外部力量的介入也是台海危机不断升级的重要根源。冷战后美国和日本不断介入台湾问题，成为影响台湾问题解决的最重要的两大外部因素。

在国家实力方面，美国作为当前世界唯一的超级大国，拥有超强的政治、军事、经济等实力。在历次的台海危机中美国常常试图凭借自己的超强实力来对中国施加政治和军事压力。因此，美国在台海危机管理中常常占据主动优势。这无形之中抵消了我方危机管理的能力和效应的发挥。事实上，中美政府之间达成的三个“联合公报”应该说为解决台湾问题创造了条件和基础。由于美国长期以来将介入台湾问题视为遏制和阻碍中国强大的战略棋子。因此，为了有效达到这一战略目标，美国在台海危机管理上一直奉行战略模糊的策略。这一策略已长达数十年之久。所谓战略模糊策略，它包括两个层次的含义。一个是就台海现状和台湾的前途而言，美国一方面实行一个中国政策，否认台湾为一个“主权国家”。另一方面，美国又隐晦地“挑战”中华人民共和国对台湾的主权主张，展现美国对这一主张的有限接受程度。[①] 另一个是就美国对台海两岸一旦发生战争是否军事介入问题，美方也刻意维持战略模糊姿态。显然美国之所以在台海危机管理上保持战略模糊策略，其根本目的还是维护其国家利益的最大化，通过这种模糊策略在台海两岸施展操弄的空间，从而从两岸双方都获得利益。这是一种典型的自私行为。长期以来美国台海危机管理的方式主要有以下几个方面：一是通过“双重威慑”和“双重保证”模式来管理台海危机。所谓“双重威慑”就是指美国在处理台湾问题时主要根据自己的界定来行动。即美国对于中国大陆攻击台湾的行为不会置之不理，但也示意台湾当局不能指望美军不问战争原因，在任何情况下都将出兵保卫台湾。所谓“双重保证”是指美国一方面向中国大陆保证它不会单方面改变一个中国政策，但另一方面也向台湾保证，它不会出卖台湾的利益。[②] 二是美国强调通过法律来管理台海危机。美国为了强调其介入台湾问题的正当性，比较重视运用法律及政府间协定来管理台海危机。在台海危机中，美国经常利用《与台湾关系法》及中美“三个公报”来进行危机管理。由于担心中方武力攻台，美国常常引用《与台湾关系法》，声称美国有明确的“义务”保卫台湾。并认为“如果中共试图用武力来解决台湾问题”，即使该法案没有“合法授权美国在台湾受到攻击时前来救援”，美国也将会对此作出相应的反应。[③] 例如，在1996年台海危机中，美国以《与台湾关系法》为依据派出两艘航空母舰到台海附近干涉中国内政。同样，为了压制台湾当局故意挑衅大陆，避免美国卷入与中国大陆武装冲突的局面，美国又宣称根据中国的“三个公报”，支持一个中国政策，反对台湾宣布“独立”。三是美国在台海危机中常常使用危机升级的策略来管理。并伴有灵活运用讨价还价、利益交换等方式达到目的。危机升级战略实际上是一种强制性的讨价还价行为，其目的是企图通过施加压力的方

---

① Alan D. Romberg，Rein In the Brink of the Precipice：American Policy toward Taiwan and U. S. – PRC Relations，Washington，D. C.：Henry L. Stimson Center，2003，p. 7.

② Kenneth Lieberthal，“Preventing a War over Taiwan”，Foreign Affairs，Vol. 84，No. 2，March/April 2005，p. 55.

③ 美国参议院托马斯（Craig Thomas）在“冷战结束以来的中美关系”学术研讨会上的午餐学说辞，2005年5月9日，美国华盛顿威尔逊国际学者中心。

式来迫使对手让步或愿意和解，从而以己方满意的条件解决危机。

我们应该看到，冷战后除了美国不断介入台湾问题之中，亚洲的日本也不断试图插手台湾问题。冷战后，日本对外战略发生了重大变化，特别是对华政策和对台方针发生了一些明显的变化。在台湾问题上，日本开始仿效美国的“双轨政策”，提升了与以主张“台独”的李登辉为代表的台湾当局的关系，放宽台高层官员访日的限制，为“台独”势力提供国际空间。① 日本不断发展与台湾的实质关系，试图使台湾变成制约中国的一张牌。一方面，不断提升日台关系的“准官方”性质。另一方面，又将大陆和台湾并列，逐步给予台湾“国家实体”地位。这突出表现在日本政府对1972年后日台之间一些悬案的处理上。例如，在日台新航约问题上，日本承认台湾“护照”问题，取消“断交”后对台赴日旅客发行“渡船证明书”的签证方式。1995年初，日本外务省曾声称：“在进一步发展日中关系的同时，也要保持稳定的日台关系。”② 与此同时，不断密切日台经贸关系，加强对台经济渗透。此外，冷战后日本在台湾问题上的立场逐渐向美国靠拢。1996年4月，美日首脑发表了“日美安保共同宣言”，日美两国将“就日本周边地区可能发生的事态对日本的和平与安全产生重要影响的日美合作问题进行研究”。这是日本首次把日周边事态加入有关日美安保问题的正式文件，并作为日美安保体制的防卫范围。1997年9月23日，日美两国政府发表了重新修订的《日美防卫合作指针》，即“新指针”，其关注的核心问题就是“周边事态问题”。当“周边事态”出现，美国决定进行直接干预时，日本则负责后方支

---

① 如1990年7月台湾当局“立法院”副院长刘松藩率团访日，这是日台“断交”后台湾高级官员首次访日。1991年4月，台湾当局“经济部长”萧万长和“外交部长”章孝严先后访日，与日本有关高层官员就日台关系问题“交换意见”。1992年11月日本内阁官房长官加藤弘一宴请赴日参加台日“亚洲展望年会”的台湾当局“经委会”主任郭婉蓉等，首开日台之间“部长级”会面的先例。1993年2月台湾当局“外交部长”钱复以“观光名义”访问了日本。1993年11月，日本经济团体联合会会长平岩外四访台。1994年10月，日本政策不顾中国政府的强烈反对，又批准台当局“行政院”副院长徐立德出席在日本广岛举行的亚运会。1994年10月，日本副首相兼通产大臣桥本龙太郎会见赴日访问的台当局“经济部长”江丙坤。

② 姚文礼：《日本与台湾关系》，载卢晓衡主编：《中国对外关系中的台湾问题》，经济管理出版社，2002年版，第69页。

援。日本政府对“周边事态”的解释为：“所谓周边事态①，是指日本周边地区的事态对日本的和平与安全产生重要影响的情绪。这不是地理概念，而是着眼于事态性质的概念，特定的事态是否适合于此需根据其情绪、规模由日美两国各自判断”。从这里，应该说“新指针”成为日本干预台海局势的新坐标。它使日美军事同盟关系是日本介入台湾问题的重要平台，使日美军事同盟关系得到了明显加强，日本借助日美安保体制干预台海军事冲突的企图不断膨胀。大大增加了台海局势的复杂性。它为日本介入台湾问题提供了“法律依据”。1999 年日本国会先后通过了“新指针”相关法案，即《周边事态法》、《自卫队法修正案》和《日美相互提供物资和劳务协定修正案》，从而完成了冷战后日美重新结盟的一系列政策操作。它使日本行使武力的范围不断扩大，从“日本有事”转变为概念模糊的“日本周边有事”。此外，不时有日本政要叫嚣日本周边覆盖台湾海峡。《周边事态法案》使台湾成为其干预的范围。而《有事法制》，则突破了非和平手段介入台海问题的底线。

从 2001 年至今，日本对台政策不断强化，将对台政策作为制约中国因素的意图日趋明显。日本继续提升日台关系，放宽交往限制，日台交往趋向高端化。近年来，日本不断突破对台交往的既有框架，逐步提高对台交往的层级和规格，日台关系越来越具有官方性质。2001 年森喜朗政府不顾中国的坚决反对，执意批准李登辉赴日治病，开了台湾卸任领导人访日的先例。2002 年 11 月日本政府正式放宽日本官员赴台的限制，规定今后日本政府课长级官员都可以赴台访问。同时公开支持“台湾加入主权国家组织”，变相认同台湾的“国家实体地位”。2002 年 5 月，日本内阁官房长官福田康夫公开表示，日本支持台湾成为世界卫生组织观察员。日本是继美国之后，第二个公开支持台湾参与 WHO 的西方主要国家。此外，日本政要还多次叫嚣，要积极推动“台湾成为联合国会员国”。由于可见，冷战后加大了介入台湾问题的力度。

---

① ［日］本泽二郎著，吴寄南译：《日本政界的“台湾帮”》，上海译文出版社，2000 年版，第 156 页。

三、台海危机管理机制不完善

目前，我们应该看到我国台湾危机管理机制还很不完善。特别是在台海危机管理的制度及管道沟通方面还非常缺失。具体而言，主要表现在以下几个方面：

首先，中国大陆台海危机管理机制还很不完善。

只要台湾问题没有得到最终完满的解决，台海地区爆发危机的可能性都无法排除。为了维持台海地区的和平与稳定，避免台海事态的急剧恶化，就有必要加强台海危机管理的研究。当前，中国大陆在台海危机管理的机制方面仍然很不完善，在很大程度上影响到我国台海危机管理功效的充分发挥。因此，目前我国在台海危机管理方面的整体综合能力非常有限。具体而言，主要表现在以下几个方面：一是台海危机发生前的预警与干预机制不完善。在传统的危机管理实践中，人们往往轻预防而重应对。在全球化时代，危机无论是爆发的频率还是影响，都较以前大不相同。因此，加强对危机的预防与干预是至关重要的。通常来说，健全的危机管理预警模式应该包括完善的中长期战略规划、详尽的反危机应急预案、专门完善的危机管理机构、开展预防性外交、加强危机的缓和意识等内容。当前，在台海危机管理的预警方面，我们除了开展预防性外交方面做得比较到位，其他方面都还存在欠缺之处。二是台海危机发生后的处理与恢复机制。它主要包括台海危机管理的决策机制、台海危机管理的应对机制，以及台海危机管理的恢复机制等方面。危机管理中，最重要的是未雨绸缪，凡事“预则立，不预则废”。由于危机中的处理事务涉及安全、环境、军事、能源等所有的政府部门。因此，应对及时的协同运作机制显得至关重要。目前，我国在台海危机管理中，危机决策意识不强比较突出。按照罗伯特·希斯的分析，危机决策包括危机事前决策和危机事中决策两种模式，这就要不仅要求重视危机事件已经发生以后的决策，也要注重组织日常运作中的常规决策。在我国的危机管理中，不仅是危机发生后组织很难做到在高度紧张和压力之下，在有限的时间内迅速作出重大决策，控制危机事态的蔓延；而且，各类决策者也往往不能从发生的危机中吸取教训，举一反三，致使政府危机情境下决策时没有足够可支配的政策资源，包括财力、物力、人力、信息及其他各种资源，严重影响着决策资源的有效供给，影响和制约着决策系统的功能的正常发挥。① 此外，目前我国的台海危机决策机构存在一些缺陷。此外，在台海危机管理上的法制建设仍然相当不足。尽管我们制定了《反分裂国家法》，但我们还应看到，该法律仍然比较空泛，其具体操作性不是很强，这都需要加以充实和不断完善。

其次，中美在台海危机管理方面的合作亟待加强。

目前，中美两国在管理台海危机的过程中虽然已经有了一些联系与沟通的管道，但显然还没有形成规范化、常态化的、制度化的模式。使得两国在台海危机管理中面临误判的可能性大大增加。例如在1996年的台海危机中，中美两国在危机爆发的初期明显有了误判的情形。从中美关系的角度理解1996年台海紧张局势和中美在台海的军事对峙有两个基本前提不容忽视。首先是1995－1996年的军事斗争是较长一个时期以来中美知识产权、人权、大规模杀伤性武器扩散、中国的贸易最惠国地位等一系列矛盾冲突中的一个。其次是所有领域的矛盾几乎都是经过对抗或采取对抗方式，才获得解决的。如中美在知识产权问题上的分歧及由此导致的中美走向贸易战的边缘等等。② 由于所有矛盾都经历了从对抗到缓解的过程，随后发生的台湾紧张局势也很难成为例外。在中美之间强烈不信任与对抗的气氛中，美国政府在台湾问题上的某些举动，包括给李登辉发访美签证，被中国决策层定义为是："测试一下中方在台湾问题上的底线"，是"外交挑衅"。③ 中国领导人由此断定，克林顿政府存在某种幻想，以为只要美国稍作姿态，中国就会在李登辉访美问题上让步。因此中国政府需要给予有力的反击，以使美国"真正意识到问题的严重性。"从1995年秋季开始的一系列军事演习可以认为是中国突出台湾问题的"严重性"和向美国显示中国的决心与能力的措施之一。同样，在美国国内，支持李登辉来访的情绪也在不断增长，国会和美国媒体的舆论都倾向台湾。由于在国内政策的制定上仍需要共和党控制的国会的配合，克林顿政府最终不得不对政治现实屈服，可见美国核发李登辉赴美签证的决定是一个众多复杂因素作用下的政策结果。同时由于缺乏准备，克林顿

① 薛澜、张强、钟开斌著：《危机管理：转型期中国面临的挑战》，清华大学出版社，2003年版，第194页。

② 牛军：《三次台湾海峡军事斗争决策研究》，《中国社会科学》，2004年第5期，第44页。

③ 钱其琛：《外交十记》，世界知识出版社，2003年版，第307页。

政府并未充分意识到有必要提醒中国领导人关于李登辉访美的可能性。中方曾多次警告：李登辉如果访美将被视为美国与台湾关系非官方性质的重大改变，从而严重危及中美关系的基础。因此，虽然克里斯托弗曾向钱其琛提到，来自国会的不断增长的压力是一个“非常严重的问题”，认为这些话已经是对中方的预警，即克林顿可能顶不住来自国会的强大压力。① 但是中方始终将发放签证前一个月克里斯托弗向钱其琛做出的不允许李登辉访美的保证作为美国已经许下的承诺。可想而知美方最终的决定必定会使中国领导人对美国如此不讲信义感到“震惊和气愤”。②

从1996年中美两国差点擦枪走火可以看出，两国在危机管理中缺乏明确的判断。对对方的意图并不十分清楚。这是相当危险的。此外，中美双方关于一个中国的真实含义仍然存在分歧，这也是影响两国台海危机管理协作的重大障碍所在。

最后，海峡两岸在台海危机管理中的沟通管道急需加强。

冷战结束以来，由于台湾当局在一个中国原则上后退，两岸关系由于缺乏互信而逐渐步入低潮。20世纪90年代初期成立的“海基会”和“海协会”也由于两岸关系僵化而陷入停顿。特别是在李登辉抛出“两国论”后，两会之间的运作基本上陷于完全停顿状态。而2000年民进党上台后，两岸关系更是每况愈下，两会会谈始终没有恢复的机会。两会的终止使两岸没有一个正规的渠道进行对话和沟通。由于陈水扁当局顽固坚持“台独”路线，两岸官方渠道、两岸执政党之间的交流完全没有可行性。在这种情况下，中国大陆开始和在野的国民党及其他泛蓝政党进行了党际交流，虽然这种交流开创了两岸政治交流的新局面，但毕竟在野党没有公权力，其在两岸关系方面发挥的效果仍然相当有限。2008年马英九当选为台湾地区领导人后，两岸关系进入了一个新的历史时期，海协会和海基会两会的成功复会，并就两岸全面“三通”问题达成了重要的共识。但我们必须看到，目前两会只能解决政治问题以外的事务性问题，对两岸之间长期存在的重大而敏感的政治

---

① 王栋：《超越国家利益——探寻对20世纪90年代中美关系的知觉性解释》，《美国研究》，2001年第3期，第38页。

② 牛军：《三次台湾海峡军事斗争决策研究》，《中国社会科学》，2004年第5期，第44页。

问题根本无法下手。因此，在推进两岸关系的进程中，虽然两会的作用不可或缺，但仍然非常有限。在当前两岸关系和平发展的新时期，两岸之间需要建立一系列新的沟通管道。只能这样才能避免台海危机的发生和控制台海危机的升级。当前两岸特别需要在诸如两岸军事互信机制的建构方面下功夫。

第三节　台海危机管理的战略评估

一、台海危机是完全可以管理的

台湾问题产生以来，一共发生了四次比较大的台海危机，但最终都被有效控制在一定范围内，没有爆发两岸直接大规模的战争冲突。这表明台海危机完全是可以被管理的。

首先，两岸实力对比的差距是台海危机能够被管理的重要保证。

影响危机管理的因素有很多，但国家实力对比与国家利益的关系无疑是影响国际危机管理的首要和关键的因素。国际社会的无政府状态决定了国家实力在一国国际危机管理中的重要地位。作为台海危机的最主要当事方是中国大陆和台湾当局。两岸在经济、政治、军事、外交等方面都存在着巨大的悬殊。这些都是台海危机管理最重要的稳定因素。冷战结束以来，引发台海危机爆发的最主要因素就是“台独”分裂活动。但“台独”分裂势力面对中国大陆强大的政治与军事压力，其“台独”分裂活动无疑自取灭亡。陈水扁执政八年，尽管其“台独”分裂活动不断加剧，但也不敢公开宣布“台独”，这说明岛内“台独”活动的高潮已经过去。同时也说明在当前国际政治格局、两岸关系格局的大环境下，台湾从中国分离出去的可能性是不存在的。“台独”分裂势力即使执政八年也不能取得丝毫突破，这就是最明显的证据。当前，随着主张“九二共识”的国民党在岛内全面执政，马英九当局表示放弃“法理台独”的路线，这表明影响两岸关系的最大挑战已经排除掉了，这对于维护台海地区和平与稳定，减少台海地区危机发生具有重要的意义。只要台湾当局不搞“法理台独”路线，台海地区的和平与稳定就会有保障，台海危机就不会爆发。

其次，避免战争是美中台三方的共同诉求。

在台海危机中，中国大陆、台湾与美国无疑成为了危机管理的三大角色。而无论是美国，还是海峡两边都不希望因为危机事件而导致台海地区发生大规模的冲突甚至战争。美国在亚太地区有着重要的国家利益。这种利益包括重要的经济利益，目前美国在台海两岸都有着重要的经济利益，中美之间已形成相互依赖的经济关系。同时，中国购买了美国数千亿美元的固定资产。而在安全议题上，中美合作对世界的安全与和平具有举足轻重的影响力。在诸如反恐、朝核、伊朗核问题，达尔富尔问题等世界热点问题上，在世界能源安全保障及环境合作、防止核扩散等重大问题上，中美合作至关重要。在台湾，美国也有着重要的经济利益和军售收入利益。因此，对于美国来说，维持两岸现状无疑是最佳的战略选择。任何冲突都必然将严重损害美国在海峡两岸，甚至亚太地区的重要利益。对于中国来说，目前维持现状也是一项必然的战略选择。尽管国家统一和经济建设都是们党和国家在 21 世纪需要解决的三大任务之一。但无疑发展经济更是首要的位置。当前我们必须抓住百年来难得的历史机遇，加快发展速度，把握好战略机遇期，大力提升我国的综合国力，为中国的崛起创造良好的基础条件。因此，当前我们在坚决反对“台独”分裂活动的同时，也要有清醒的认识，即发展是根本，台湾问题的最终解决还是取决于我们自身。发展问题解决了，台湾问题的解决也是自然而然的事。因此，在进行社会主义市场经济的建设中，要力求避免两岸冲突对我国经济建设环境的破坏和影响。同样，对于台湾来说，任何“台独”分裂的实质活动，都必然会招致中国大陆的坚决反对，如果两岸最终发生冲突，对台湾来说损失是最大的，台湾将作为一个主要战场，其数十年的发展成果全都毁于一旦。事实上“台独”势力虽然猖獗，但也始终没有发动战争的胆量。特别是中国大陆的不断崛起，中国综合实力的不断增强，“台独”在岛内的发展越来越没有市场和希望。而主张激进“台独”路线的人毕竟在岛内只是极少数，台湾岛内的多数民众还是希望两岸维持现状，因此，激进“台独”的冒险路线并不会被岛内的主流民意所接受。正是这个原因，在 2008 年台湾地区领导人选举中，绝大多数台湾选民将选票投给了主张维持两岸现状、希望两岸和平发展的国民党候选人马英九。

最后，国民党在台湾的重新执政也是台海危机降温的重要体现。

我们要看到，尽管由台海危机而引发的战争对两岸的破坏力非常大，这是两岸任何一方都无法承受的。但“台独”的分裂企图是不会自动停止的，有时甚至可能会孤注一掷。这是我们必须要加以提防的。在2008年台湾地区领导人的选举中，台湾人民用选票来否决了民进党的“台独”分裂路线，国民党在岛内重新执政无疑为两岸关系重启对话与和平谈判创造了一定的有利氛围。当前，台湾政局完全操控在国民党手中，国民党长期以来主张承认“九二共识”，坚持“一个中国”原则，这为两岸之间的对话与互信建立奠定了重要的基础。由于目前国民党全面掌控台湾政坛，“台独”极端势力的政治活动空间相当有限，台湾政治生态的变化显然有助于两岸关系的和平发展，有利于降低因“台独”分裂活动而导致台海危机发生的可能性。可以预计，未来一段时间，台海危机发生的可能性大大降低。

二、台海危机管理战略高于战术

台湾问题始于20世纪40年代中后期中国内部国共两党的内战，发展至今已有近60年的历史。两岸之间的长久隔离使海峡两岸之间无论是在政治、经济及生活方式等方面都存在着重要的差别。此外，由于美日等国涉入台湾问题，因此，台湾问题的解决不可能在短期内实现，而是需要一个长期的战略规划。从这个角度来说，台海危机管理的战略高于战术，战略性非常重要。

首先，要努力维持两岸和平发展的态势，这是阻止外力介入台湾问题的最佳方式，也是阻止“台独”势力在岛内坐大的有效途径。

台湾问题是中国的内政问题，但我们不能仅仅停留在口头的宣示上，因为这种宣示对于企图利用台湾问题来制约中国发展的外部势力，对于企图实现“法理台独”的分离主义势力来说，其作用相当有限。因此，我们必须要从战略的高度，始终把台湾与祖国大陆牢牢捆绑一起，使两岸真正成为一个命运共同体，成为一个利益共同体。这就需要我们在战略上，充分落实胡锦涛总书记在党的十七大报告中所指出的那样，大力加强两岸交往，加强两岸经济文化交流，继续拓宽交流领域、提高交流层次，增进彼此感情方面产生积极的影响，对争取台湾民心无疑起到非常重要的作用。民心恰恰就是改善两岸关系的最重要的推动力。切实让台湾同胞真正享受到祖国大陆快速发展的好处，享受到大陆改革开放所取得的成果。同时，通过争取台湾民心，让台湾民众认识到祖国大陆是自己的家园，两岸是血脉相连的命运共同体，认识到保持稳定和平的两岸关系事关中国的发展大局，事关中华民族百年复兴的大业，更关系到台湾的前途和命运。让台湾民众认清“台独”的危害和对两岸关系的破坏性作用。此外，要努力保持两岸和平发展的态势，这将有利于阻挠外部势力介入台湾问题。当前美国通过对台出售武器的方式来深深介入台湾问题。如果两岸之间能够保持和平发展的良性态势，将大大减少美国介入台湾问题的机会。

其次，与“台独”分裂势力的斗争中要讲究策略，特别是要注重运用法律手段和外交手段在遏制“台独”分裂活动中的作用。

纵观世界各国反分裂斗争经历的成功案例来看，无一不是非常重视法律手段和外交手段的综合运用。我们在与“台独”分裂势力的斗争中，也一定要讲究斗争策略，当前主要是要学会运用法律和外交两种手段在遏制“台独”分裂活动中的作用。“台独”分裂活动的根本目的就是企图把台湾从祖国分离出去，建立一个所谓的“台湾国”。这种分裂国家的企图当然是我们反对的。面对“台独”分裂活动的嚣张气焰，我们不能随着“台独”步伐而起舞，而是通过国内的法律对“台独”行为来加以限定，使“台独”势力不敢轻举妄动。2005 年全国人大通过的《反分裂国家法》在这方面就起到了重要的作用。该法律规定了对“台独”分裂活动采取非和平方式的三个条件，这实质上就是在台湾问题上划定了三个不可逾越的底线，也可以说是最后的红线。这必然使“台独”分裂势力三思而后行。此外，在反对“台独”分裂活动中，我们还要重视外交策略的成功运用。通过外交上的攻势，对“台独”分裂势力形成舆论压力，使其“台独”分裂活动不得人心，形成国际打压之势。例如在 2007－2008 年反对台湾当局“入联公投”的斗争中，我国反对台湾当局“入联公投”的态度非常坚决，在外交工作的配合下，最终世界上有 160 多个国家公开表示反对台湾当局的“入联公投”。特别是与台湾关系最为密切的美国也多次由高层出面来公开反对“入联公投”活动。我们要看到，“入联公投”案最终未能过关，与包括美日等国在内国际舆论的强烈反对是密不可分的。因此，在遏制“台独”分裂活动的斗争中，我们一定要善用国际资源，要用好国际资源。当前，国民党在岛内重新执政，民进党沦为在野党，我们要理性地认识到民进党作为台湾地区的一支重要政治力量，其政治动员能量不可小看。因此，当前我们也要做民进党的工作，特别是争取民进党内部的温和势力，从而为我们争取台湾民心打下坚实的基础。

最后，联合岛内外反“台独”力量，降低我们台海危机管理的成本。

由于“台独”分裂活动必然会给台湾带来严重的危险和灾难，因此，无论是在台湾岛内和国际社会都不希望这一严重后果的出现。因此这些反“台独”分裂活动的政治势力是我们在岛内反对“台独”的重要同盟军。此外，在“台独”势力内部也有“急独派”和“温和派”之别，我们对这些力量要学会加以利用。一方面，我们在反对“台独”的斗争中，尽量少提战争压制的手段，因为由于两岸长期的隔离，加上民进党执政八年的迷惑宣传，使两岸民众之间产生了很大的误解，武力方式只会让部分台湾民众产生误解甚至反感。我们应该强调两岸关系和平发展的主题。同时，大力做岛内反“台独”势力的工作。特别是要争取岛内泛蓝政治力量的工作。当前，以国民党为主体的泛蓝力量已经全面执政，这对两岸关系的改善将起到正面效应，对“台独”势力也将形成强大的制约作用。另一方面，我们还要努力做民进党的工作。尽管民进党在2008年台湾的大选中失利，但仍然拥有四成的深绿基本盘。这直接关系到争取台湾中南部地区的民心工作。在做民进党的工作时，我们必须要把握好原则，对于那些顽固坚持“台独”分裂活动的人，我们始终要加强斗争，坚持打压，对于其他民进党成员我们要进行对话与沟通，用利益交换的方式来做其思想工作。

三、中美两国的共识在不断增加

冷战结束以来，中美两国在台海问题上的交锋不断，最终差点在1996的台海危机中发生直接的武装冲突。此后，中美对加强两国在台海危机管理上合作的认识不断增强，双方对台海危机管理的共识在不断增加。这种共识包括双方对和平解决台湾问题的信心在增强，双方对“台独”分裂活动危害性的认识上、对维持台海现状的共识等方面在不断增加。

中美在台海危机管理的共识不断增加的根源主要是因为中美两国在长期的对抗中逐渐认识到，台海危机对两国都会直接造成不可估量的损失。中美两国因台湾问题而发生直接冲突显然不是最佳的战略选择。由于在台湾问题上，中美实力与利益的不平衡，使双方都不愿意卷入一场正面冲突。这使台海危机升级的可能性大大降低。因此，在每一次危机中，中美之间的某些潜规则发挥了平息危机升级的作用。但由于两国管理机制不完善，在危机过程中因误判对手意图而致危机升级的可能性始终存在，这需要两国早日形成一整套成熟有效的双边危机管理机制。由于在台湾问题上，中国视其为核心利益，不惜使用武力解决，而对于美国来说，台湾属于重要利益或次要利益。因此，在台湾问题上的利益平衡有利于中国。除了分析利益因素之外，实力的对比也是非常有必要的。双方的实力对比也将对危机的结局产生重要的影响。危机管理过程中，实力强的一方显然占有优势，态度也更强硬，在中美双方的比较中，无疑美国占据军事上的优势，但是中国作为一个拥有核武器的重要大国，只要美国不能确定它对中国进行第一次核打击时能全部摧毁中国的战略核力量，或者中国在遭受美国第一次核打击后还有能力将至少一枚核弹头打到美国本土，那么中美之间的战略实力不平衡就不会成为决定中美之间危机结果的主要因素。用利益－实力模式来进行综合分析，我们就可以看出，“中美之间的实力对比与国家利益平衡将会成为决定双边危机结果的两个基本变量。即中美危机的结局，将取决于中美在该地区的利益平衡状况和实力对比情况相互作用的结果。”① 将这个模式用到台海危机管理上，我们不难发现中美之间为了更好地管理危机，必须建立领导有力，决策正确，便于协调，信息灵通的危机管理机制，避免今后产生类似的误解、误算和险情。如果一方与另一方有广泛的联系渠道的话，双方就会更好地了解彼此的意图。② 我们要看到，近年来中美两大国之间在这方面已有了较大的改善，目前中美之间的对话管道已多达 60 多种。③ 中美之间建立起了两国领导人热线和多层次的战略对话机制。这有利于双方避免两国间的偶发事故最终酿成双边冲突，也有利于中国在今后的台海危机中将更为主动有效。因此，对于中美两国来说，为了防止台海的突发事件引发大规模冲突，中美之间应该建立危机预警和危机管理机制。双方有义务交换对台海安全形势变化的预测

---

① 夏立平：《美国关于危机管理的理论与实践——以中美关系为例》，《美国研究》，2003 年第 2 期。

② ［美］艾什顿·卡特、威廉姆·佩里：《预防性防御》，上海人民出版社，2000 年版。

③ www. news. sanxia. net. cn/html/20081101/170551. html - 33k.

和判断，有责任对可能发生的危机提出和采取预防措施。在当前两岸关系和平发展局面不断形成的大背景下，中美两国要努力维护两岸关系难得的历史发展机遇，共同遏制“台独”势力的发展，这是维护中美两国各自国家利益的根本所在。

第八章　台海危机管理新模式的建构

冷战结束以来，由于“台独”分裂活动不断加剧，使台海和平稳定的局势受到破坏，最终导致1995—1996年重大的台海危机事件出现，严重影响了两岸关系和平发展的态势。而民进党执政后，其“台独”分裂活动变本加厉，使两岸关系一直陷入僵局状态。两岸之间持续的对立与紧张态势给两岸关系造成了巨大的伤害，也给台海地区的和平与稳定带来了重大的战略险情。这表明在“台独”成为影响岛内政治发展的重要变量后，传统的台海危机管理模式已经无法适应变化了的台海情势。因此，建构符合时代需要的台海危机管理新模式已成为时代所需。特别是随着国民党在岛内重新执政，两岸关系和平发展机遇的到来，我们要利用两岸难得的历史机遇，积极推动台海危机管理新模式的建构，为未来的台海危机管理奠定重要的理论基础。同时，我们也应该看到，由于台湾问题是一个结构性的问题，台湾问题并非国民党的全面执政就能够完全解决，两岸关系中面临的矛盾与冲突在很多方面仍然存在。因此，未来两岸关系发展中的危机事件仍然有爆发的可能性，加强台海危机管理的研究仍然具有重要的现实意义。

台海危机管理新模式的建构，必须要把握好以下几个方面：首先，要牢牢把握两岸关系和平发展的主题不放。两岸关系和平发展理论是新模式建构的指导思想。其次，要建立起台海危机管理的系统结构。尽管传统的台海危机管理机制在台海危机管理中发挥了重要的作用，并多次促进了台海危机的有效解决。但由于它自身存在着诸多缺陷，特别是冷战结束后，它已不能完全适应当前形势的发展需要，必须对其加以完善和发展。它应包括台海危机发生前的预警和干预机制、台海危机发生后的处理与恢复机制。再次，要建立起台海危机管理的实现路径。尽管模型是封闭系统而这些模型被应用其中的现实世界则是开放的。从模型推演到现实世界将会遇到许多困难。但毫无疑问，对台海危机管理的实现路径进行探讨是有帮助的。当前构建两岸军事互信措施无疑是最重要的一环。

第一节　台海危机管理新模式的指导思想

两岸关系和平发展理论是为适应当前台海局势最新发展态势、特别是应对岛内政治生态发展的现实需要而提出来的。如果说在冷战时期，我们的台海危机管理强调的是一种均势战略，那么在当前，和平发展理论对台海危机管理的作用和地位将更加突出。目前和平发展理论在两岸关系中的具体运用正面临着难得的历史机遇。在中国大陆，党中央明确提出“牢牢把握两岸关系和平发展”的主题，强调要努力推进两岸关系新格局的形成。在台湾岛内，随着马英九当选为台湾地区领导人，国民党实现了全面执政，岛内“法理台独”的现实威胁大大降低。台湾岛内的主流民意要求发展两岸关系的愿望非常强烈。因此，我们将和平发展理论作为台海危机管理新模式建构的指导思想，这无疑具有重要的现实意义。

一、和平发展理论的内涵及本质特征

两岸关系和平发展战略理论，是新时期我们党和政府在对台政策方面的新思路和新发展，它有着非常丰富的科学内涵。

首先，时代性特征。和平与发展已成为当今时代的主题。冷战结束后，世界局势趋向缓和，世界军事开支连年下降，许多在冷战时期难以解决的问题得到了解决，世界格局转型初期的动荡和冲突也随着新格局的呈现而走向稳定，大国之间纷纷建立起一种新型的伙伴关系，从而代替了冷战时期以对抗为特征的大国关系。随着战略平衡在大国间的出现，大规模战争以至新的世界大战爆发的可能性大大降低。但由于霸权主义和强权政治依然在国际政治中存在，一些历史遗留问题也有死灰复燃的可能；许多国家在裁军的同时开始追求高技术武器装备军队，有些大国甚至违背世界潮流，在缓和的气氛下加大对军费的投人。这表明，战争绝不会绝迹，维护世界的和平仍将是21世纪的重大主题。冷战结束以来，由于新的科技革命的到来，全球网络化时代的来临和经济全球化浪潮的冲击，人类在电子计算机、机器人、自动化系统、信息技术、新材料、新能源、生物工程、航天工程等领域里取得重

大的突破，这将给全球经济的发展带来更多的契机和更大的推动力。目前，发展已成为全球的普遍共识。在和平与发展成为时代主题的背景下，两岸关系也面临着和平与发展这一主题的挑战与机遇。对于两岸关系来说，和平发展就是两岸的历史机遇，把握不住这一机遇，将不仅对两岸关系的发展造成损害，而且也将使两岸人民的现实利益受到更大损害。这从2000年以来民进党入主台湾政权以来，由于陈水扁当局在两岸关系上采取对抗措施，最终使两岸关系陷入低潮，台湾经济发展越来越陷入困境，最终使得在2008年的两次选举中，被国民党彻底击败，台湾人民用选票回击了民进党抵制两岸和平发展的危险政策。当前，随着国民党的重新执政，两岸关系和平发展的氛围已然形成。对于中国大陆而言，两岸关系和平发展战略理论的提出，表明了中国大陆紧跟时代潮流，深谙国际大势，高举和平大旗，为两岸关系开创新局面尽量创造最好的环境。这表明两岸和平发展战略理论的提出并非权宜之计，而是与我党自十六大以来提出的科学发展观、坚持走和平发展道路、建设和谐世界等重大理论创新成果相结合的、相配套的、一脉相承的最新理论成果。坚持两岸和平发展战略，就是要求除了在国内建构和谐社会，在国际社会建构和谐世界之外，还主张在两岸之间建构起包括和平发展内涵的和谐两岸关系。

其次，原则性特征。

尽管和平发展是主调，但反对“台独”分裂活动仍然是我们对台政策的底线，这充分体现了两岸和平发展战略理论原则性强的特征。海峡两岸同属一个中国的事实早已成为历史的定论，但“台独”分裂势力并不甘心失败，其分裂活动依然十分猖獗。特别是2000年民进党上台执政以来，陈水扁当局大肆制造旨在分裂祖国的“台独”分裂活动，屡屡将两岸关系推向危险边缘，严重危及台海地区乃至亚太地区的和平与稳定。正是“台独”势力向大陆发出的严重挑衅，使台海局势正发生着深刻变化，反对“台独”的任务更加突出地摆在我们面前。在此种条件下，胡锦涛在十七大报告中强调反对“台独”分裂活动决不妥协，绝不允许任何人以任何名义任何方式把台湾从祖国分割出去，体现了中国共产党坚决捍卫国家主权和领土完整、维护民族尊严、实现国家完全统一的坚定信念。对极少数“台独”分裂势力企图把台湾从中国分割出去的铤而走险行为，大陆必将予以坚决遏制与粉碎，以维护中华民族的核心利益。这表明中国共产党在处理台湾问题的过程中始终坚持一个中国原则的坚定立场，两岸和平发展的“和平”是有前提的、有原则的。“和平独立”只能是“台独”顽固分子的一厢情愿罢了。当前，随着国民党在台湾的全面执政，马英九也承认“九二共识”，两岸关系的发展面临着新的历史机遇。但我们必须看到，由于两岸关系长期以来形成的结构性矛盾与冲突仍然存在着，我们要理性地看待两岸关系的改善和向前发展。总的来说我们必须坚持一个中国的基本原则。这是两岸关系和平发展的根本前提和重要保障。

再次，继承性特征。

两岸关系和平发展战略理论的提出并非一时心血来潮，而是我们党长期以来对台政策、战略的智慧结晶，是我们党第一代、第二代、第三代领导集体对台工作的集大成。和平发展战略理论充分继承了邓小平的“和平统一、一国两制”的基本思想，发展了江泽民关于现阶段发展两岸关系、推进祖国和平统一进程的八项主张的战略思想，充实了胡锦涛关于坚持新形势下发展两岸关系的四点意见的内涵。从某种程度上说，和平发展战略理论更是以胡锦涛为中心的新一届党中央五年来对台政策的新思维新举措的系统、全面、完整的概括、总结和提炼。它是统领我们当前和未来对台工作和两岸关系发展全局的指导思想。因此，和平发展战略理论的继承性特征非常突出。这种继承性一方面能使我们党在对台政策、战略方面保持相对稳定的特点，不致出现大起大落的局面，从而影响对台战略效能的发挥，另一方面，还能保证我们对台战略不断与时俱进，不断发展，更好地推进祖国和平统一大业顺利进行。

最后，务实性特征。

两岸和平发展战略理论的务实性特征主要表现在两个方面：一是它对两岸关系目前现状的认知非常务实、非常准确。它强调目前两岸尚未统一的现状，更强调“台独”加紧分裂祖国活动的现实危险。这充分说明我们党高度重视对台湾岛内政局发展的实情和台海形势的认知和把握；二是在对台工作方面更加务实。两岸关系和平发展战略理论呼吁在一个中国原则的基础上，协调正式结束两岸敌对状态，而且首次提出两岸可以签订和平协议，构建两岸和平发展新框架，这些务实的建议为开创两岸关系和平发展新局面提供了可能条件。事实上，随着国民党在岛内上台执政，两岸两会成功复会，两岸全面“三通”迅速实现，两岸关系和平发展的态势正在不断形成。岛内政治及两岸关系的最新发展都充分表明我们党对台战略具有务实性的一面，这种务实性是推动当前两岸关系向前发展的一大动力。此外，在争取台湾民心方面，强调“十三亿大陆同胞和两千三百万台湾同胞是血脉相连的命运共同体”，“继续实施和充实惠及广大台湾同胞的政策措施”，“依法保护台湾同胞正当权益，支持海峡西岸和其他台商投资相对集中地区的经济发展”等内容，都是务实的体现。强调要“真诚为两岸同胞谋福祉”，创造条件让台湾民众充分享受祖国大陆经济快速发展的实惠，并投身于中华民族伟大复兴的浪潮中去。说明我们党完全认识到，由于两岸长久分裂，台湾民众对大陆还存在一些分歧和误解，这就需要长时间的沟通。这些都表明当前我党对台形势把握准确，符合实际，对台政策显现出典型的务实性。

二、和平发展与祖国统一的最终实现

首先，和平发展战略理论有助于推进两岸关系向前发展。

两岸关系和平发展理论是在两岸关系高度对立、台海局势非常紧张的时期提出来的。在陈水扁执政后期，由于其“台独”分裂活动不断升级，两岸关系陷入了极大的危机情势之中。鉴于两岸关系的低迷状态，我们党在十七大报告中积极呼吁，“在一个中国原则的基础上，协商正式结束两岸敌对状态，达成和平协议，构建两岸关系和平发展框架，开创两岸关系和平发展新局面”。因此，从某种程度上讲，“和平协议”这个词汇，是我们党向国际社会和台湾公开昭示，只要台湾当局不挑战《反分裂国家法》的底线，两岸关系的推展一定会朝着“和平发展”的方向迈进的。同时，两岸和平发展战略强调牢牢把握两岸关系和平发展的主题，真诚为两岸同胞谋福祉、为台海地区谋和平，维护国家主权和领土完整，维护中华民族的根本利益。这表明我们党站在历史的角度，站在对台湾民众负责任的高度，尽管在民进党执政时期两岸之间在政治上的僵局无法化解，但两岸仍然存在和平发展、合作共赢的现实可能性。只要有这种可能性存在，我们就应当努力争取和平发展的道路，开创出两岸关系和平发展新局面。特别是我们党强调继续实施和充实惠及广大台湾同胞的政策措施，依法保护台湾同胞的正当权益。党中央的这一鲜明立场，对加强两岸在经贸、文化、人员等领域的交往，继续拓宽交流领域、提高交流层次、增进彼此感情方面产生积极的影响，这对争取台湾民心起到非常重要的作用。事实证明，我们提出的两岸关系和平发展理论是完全正确的，它在岛内产生了重大而积极的影响。在2008年台湾地区的两次重要选举中，主张发展两岸关系的台湾人民用选票抛弃了主张“台独”路线的民进党，为两岸关系迎来全新的变局奠定了重要的基础。当前，随着国民党在岛内全面执政，两岸关系迎来了重要的发展机遇期，积极推进两岸关系和平发展，这对于新时期加强两岸关系发展，争取台湾民心工作的开展，推进祖国和平统一大业的进程无疑具有非常重要的现实意义。

其次，和平发展战略理论有助于中国的和平崛起。

当前我国最现实的任务就是继续推进有中国特色的社会主义建设事业，为中华民族的全面复兴创造条件，要实现这一目标就需要有一个和平稳定的国内外环境。由于历史的原因和现实的制约，目前两岸统一的条件和时机并没有成熟，维持现状仍将是两岸关系在今后相当长时期内的可行选择。我们当前在坚决反对“台独”分裂活动的同时，一定要营造出和平稳定的两岸环境，为推进我国的和平崛起而创造条件。一方面，坚持两岸关系和平发展将会大大减少国际社会对我国和平崛起的担忧。目前国际社会，特别是美、日等大国对中国综合国力的显著增强，经济实力的不断提升，抱着某种警惕，甚至敌视的态度。消除国际社会对中国崛起的顾虑是我们必须面对的问题。从世界来看，中国要走和平崛起的发展道路，必然面临一个如何突破强权霸权的瓶颈问题。毕竟迄今为止，所有强国的发家史都是战争史。虽然以经济和科技实力为基础的综合国力竞争成为国际斗争的主要方面，但军事手段仍然起着重要作用。特别明显的是，国际政治依然存在着强权政治和霸权主义。这是中国和平崛起必须面对的难题和困境。这就需要有全新的思想、原则和规范，与时俱进地调整我们的战略和政策，在错综复杂的矛盾中，为中国走和平崛起发展道路提供广阔的发展空间和战略回旋余地。另一方面，台湾问题作为中国内政、外交议事日程中的最大难题，是中国和平崛起的最大障碍和中国国家安全的最大隐患。中国在解决台湾问题上的思维与立场在很大程度上体现了中国在国际社会的形象与责任。当前，我们提出和平发展战略理论，就是给国际社会一个明确的答案，中国要坚持走和平发展道路，推动台湾问题逐步朝和平解决的方向发展是中国政府优先考虑的方向和最佳的政策选择。也只有坚持用和平发展的战略眼光来处理两岸关系，我国的和平发展道路才不会被人为地打乱，才有利于我国的和平崛起。同样，中国的和平崛起，也有利于促进两岸关系的和平发展。

最后，和平发展战略理论有助于国家的最终统一。

和平是发展的前提，发展是维护和推动和平的有力保障。和平发展不仅是两岸人民的共同愿望，也是最终解决两岸问题的根本途径。牢牢把握两岸关系和平发展的主题，将有利于维护两岸人民的共同利益，有利于推进祖国和平统一进程，并早日实现中华民族的伟大复兴。一方面，在两岸和平发展战略理论的指引下，两岸将可能维持一个相对和平而稳定的环境，祖国大陆的经济建设将不会因为台海危机的频频出现而暂时中断或受到干扰，我们就可能很好地利用今后二十年的战略机遇期，加速国家的全面发展。祖国的强大是最终实现国家统一的根本保证。相反，如果我们的现代化进程出现重大波折和逆转，将会大大削弱祖国大陆对台湾的吸引力。只有我们保持长期的内部稳定和发展，最终实现国家的完全统一只会是时间早晚的问题。中国和平发展的战略目标实现了，或者说中国和平崛起了，台湾问题的解决必然会按照对中国大陆比较有利的方案加以解决。另一方面，我们应该看到，如果我们不牢牢把握两岸和平发展的主题，而是把注意力完全转向通过军事手段来解决台湾问题，那我们将不得不进行军事准备，把有限的资源更多地用于军备建设，这自然影响到我国经济发展的速度。其结果很可能给美日右翼势力宣扬“中国威胁论”提供口实，甚至可能陷入与美日展开军事竞赛的陷阱，同时“台独”势力可能会借此扩大他们在岛内的社会政治基础。这显然不利于祖国统一事业的顺利推进，也是我们不愿意看到的后果。因此，我们应该牢牢把握两岸关系的和平发展的主题，通过追求两岸共同发展、谋求双赢的思路，努力消除岛内民众对大陆的隔阂，通过增强两岸人民的共识，来逐步建构起信任和沟通机制，增强双方的感情基础。这是我们争取国家统一的必由之路。从这个意义上说，两岸能否和平发展，直接关系到祖国的统一大业。只有这样，才能从根本上增强对台湾和世界的吸引力，这样既可以有效遏制美日对台的扶持，破除“中国威胁论”的欺骗宣传，还可以争取到台湾民心，最终必然有利于祖国和平统一大业的顺利推进。

事实上，我们强调两岸关系和平发展，并非放弃了和平统一的最终目标。和平发展与和平统一两者并不发生直接的冲突。应该说和平发展是基于两岸关系的历史与现状而做出的重要战略抉择。它只是我们最终达到两岸和平统一之前的一个过渡时期，它也是祖国和平统一之前的一种战略安排。

第二节　台海危机管理新模式的系统结构

长期以来，传统的台海危机管理机制在维护台海地区和平与稳定方面发挥了重要的作用。特别是在冷战结束后它有效地阻止了两岸之间武装冲突的发生。但是我们要看到，传统的台海危机管理机制由于它自身存在着许多缺陷，无法完全适应冷战后台湾岛内政治生态的急剧变化，特别是“台独”这一变量对两岸关系发展的冲击和影响。当前，虽然国民党在岛内全面执政，台湾“法理台独”的现实威胁大大降低，但岛内的分离主义意识仍然存在，“台独”势力仍然拥有一定的社会基础和支持力量。此外，长期以来两岸关系中存在的结构性矛盾并没有因为岛内政局的演变而化解，因此，在国民党执政时期，两岸关系出现重要变数的可能性也是存在的。为了推进两岸关系和平发展的局面不断形成，因应岛内外复杂的政治、经济形势的变化，我们就需要对当前传统的台海危机管理模式进行创新，尤其是要对传统的台海危机管理机制的系统结构进行优化和完善。传统的台海危机管理机制着重强调对危机反应的管理，也就是危机发生后的管理，而不重视对危机的前因后果的管理。因此，从本质上说，传统的台海危机管理机制是一种消极被动的管理。在两岸关系和平发展的新时期，我们应该建立起积极主动、系统全面的危机管理新结构，以提高台海危机管理的能力。①

一、危机发生前的预警和干预机制

我们观察传统的台海危机管理机制，就会发现它轻预防而重应对。当前，随着台湾岛内政治生态的演变发展，两岸之间交流的不断拓展，台海危机发生的方式和作用都将与过去有所不同。因此，加强对台海危机的预防和

① 薛澜、张强、钟开斌：《危机管理》，清华大学出版社，2003 年版。

干预是至关重要的。台海危机预防就是要防止台海危机的发生，也就是我们要努力防止台海两岸中的一般性台海冲突演化为台海危机。理想的危机管理应该是预防在先，在它还没有成为危机之前就将其化解掉。① 虽然目前两岸关系和平发展局面正在不断形成，但两岸之间的互信基础仍然比较薄弱，特别是台湾岛内仍然有不少民众对发展两岸关系抱有相当多的疑虑。这对于两岸关系的顺利发展产生了重大的战略隐患。事实上，我们从"三鹿"奶粉事件来看，它本身就是一个单纯的食品安全问题，但由于两岸民众之间的长期隔阂，特别是在"台独"势力的恶意操作下，使得不少台湾民众对来自大陆的食品产生了排斥和不信任的心态，把来自大陆的所有产品都一概贴上"黑心产品"的标签。更有甚者产生了拒绝两岸开放的心态，这对于台湾当局积极推动的两岸开放政策产生了相当的制约效应。因此，在未来两岸的交流交往中，妥善建立起两岸危机管理的预警机制和干预机制，这对于化解两岸冲突，推进两岸关系和平发展是有着巨大的帮助作用。应该说"海协会"和"海基会"在台北达成的关于两岸食品安全的相关协议，它本身就是预防未来两岸发生食品安全危机事件的一个预警机制的尝试。

首先，制定完善的反危机战略规划。

这种规划应是战略性的层面，包括制定预警方案、进行问题对话等方面。所谓战略性就是对一个较长发展过程的、具有全局意义的重大问题和领域的筹划和指导，以达到预期的目标，而不是对眼前某项具体工作、个别事件的部署处置。战略这一概念产生于战争，即使在内涵和外延不断扩大的今天，战略仍然是战胜对手的一种谋略。因此，战略是为了在对抗和竞争中谋得利益的筹划。② 作为一种全局性筹划，并不要求因一时一事的变化而影响全局，因此，一旦战略制定后，就要有相对稳定性和长期性。同时还要具有前瞻性。这就要求战略制定者在制定战略时要有预见，有长远眼光，对较长一个时期的战略环境有一个清醒的认识。它不仅要科学地总结过去的历史经验，更要着力研究现实的局势和未来的发展，对未来的发展动向和格局做出

① 杨洁勉：《后冷战时期的中美关系：危机管理的理论和实践》，上海人民出版社，2004 年版，第 51 页。

② 李景治、罗天虹等：《国际战略学》，中国人民大学出版社，2003 年版，第 5 页。

科学的预测。这种战略规划是指进行危机的预测或预警，以及进行对策方案的储备。具体工作包括中长期的战略预测和冲突分析，确定各种可能的危机形势下的政治目标，设想反危机战略和危机对策，以及研究危机期间可能需要的各种技术和保障措施，以及对当前的国际政治、经济、社会环境的变化和动向保持密切的注视和跟踪，识别孕育中的危机。从建构台海危机管理的预警机制来看，我们不仅要对未来相当长的一段时间内台湾岛内政治生态的变化作一个基本的判断和把握。特别是在台湾这样一个选举社会，政党轮替是一个正常的现象。我们在进行战略性规划时，既要看到当前国民党执政对两岸关系和平发展的有利条件，还要分析未来民进党上台的可能性，以及民进党上台后对两岸关系和平发展局面的可能影响和冲击。

其次，制定详尽的反危机应急预案。危机应急预案是为应对突发事件或非常状态，由危机管理的权威机构制定的，规定在突发事件或非常状态出现后怎么做和做什么的行动计划。危机应急预案是危机管理组织行动的原则和危机管理的基础。预案的制定应建立信息情报部门提供的各种信息资料的基础之上，逐步发展拟定的，然后交由决策组织中心的领导批准选定。预案的作用在于把握危机管理的难点和重点，使危机管理活动成为有次序的连续管理过程，不至于危机骤然降临时失措，陷入危机迷茫。危机预案对危机管理至关重要：它可以弥补危机发生时的不确定性和变化所带来的问题。危机的特点之一就是不确定性，瞬息万变，这为危机管理增加了很大的难度。预案正是根据科学的预测来克服危机的不确定性；它能够使危机管理者的注意力集中于危机管理目标，不至于使危机管理人员陷入危机管理的“黑洞效应”。① 预案减少了不确定因素，给危机管理者和其他人员以方向指导，减少了重叠和多余的作业；为危机管理决策控制中心系统控制危机管理活动提供控制标准；有助于提高危机管理的效率。在制定危机预案时，一定要做好以下几点：一是要求预案具有灵活性、可变动性特点，以适应危机事件的不确定性、复杂性和多变性特点；二是要保持预案的权变性特点，危机管理控

① 所谓黑洞效应就是某些不是危机管理者应关注的目标，却被危机管理者当做是中心任务，这个虚假的中心任务常常吸引管理者更多的注意力，它易占用更多的资源，使真正的目标被忽视。一般来说，在危机管理中黑洞现象比较明显。这与媒体的过分关注有很大的关系。

制部门必须随时通过信息反馈系统来调整控制危机应急预案的执行。根据管理系统所处的内外环境因素，因势利导，随机应变，适时调整管理对策和管理方法；三是坚持分级与多元的预案原则。应急方案不能是单一的，也不能是同一级别的，而是要分级别制定预案，多个预案准备；四是建立完善的危机信息情报系统与健全的危机管理组织机构。这能帮助危机管理者在危机期间争取到一些极其宝贵的时间和回旋余地，减少临场时的被动性和紧张感。我们在制定台海危机管理的反危机应急预案时，就要努力把握两岸关系发展中面临的难点问题和重点问题，在此基础上分析哪些问题可能会引发两岸之间的危机紧张情势，并作出相应的反危机应急预案。例如针对台湾当局在参与“国际空间问题”的强烈诉求，由于这一诉求在岛内有着强大的民意压力，如果在两岸关系不断改善的情况下，台湾参与“国际空间”的强烈诉求没有一点释放的可能性，在岛内民意的反弹下，就有可能降低马英九当局改善两岸关系的积极性，甚至有可能造成两岸关系出现新的危机情势。因此，我们不能掉以轻心，而是应该加强对这个问题的研究，不违背一个中国原则的前提下，拟出多种预案以供决策部门参考。

再次，开展有效的预防性活动。加强预防性活动是危机管理预防机制中的一项核心内容。预防性活动意味着对现有的争端或冲突进行有效、积极的干预，防止其升级为冲突事件。在危机管理的实践中，预防性活动主要有以下两种模式：一是由潜在冲突双方直接开展的、以建立信任措施为主的预防性活动模式。这种模式是在管理危机的过程中，不借助第三方的居中调停，由冲突或潜在冲突的双方直接采取主动行动，开展安全对话，增加彼此的信任，减少猜疑，从而改善双方关系，避免发生武装冲突和战争。这种安全信任措施既可以单方面采取，也可以是在双边或多边条件下采用。[①] 欧安会开展的就是这种类型，而上海合作组织和东盟地区论坛等区域组织的安排中，建立信任措施则发挥着积极的作用；二是借助于第三方干预者的帮助或影

---

① 一般来说，其主要形式通常包括单边、双边或多边的军备控制；通过相互进行核查，证实对方对于特定军事威胁的猜忌或者关切是无根据的，从而加强双方的信任；通过开展建立信任措施谈判，表明本国的军事及政治意图不具备侵略性；双方共同商定早期预警指标，使军事袭击的突然性很难达成，以此建立信任；对于敏感地区的部队的部署和使用进行了严格的限制，从而限制使用武力的机会等等。

响，通过单独或集体形式的干预进行的预防性模式。这种模式在冷战后的危机管理中占主导地位。其重点就是发挥各行为体的积极性和主动性，提早介入到冲突中去，防止暴力行为的发生，促进争端的和平解决。在两岸关系发展中，开展预防性活动至关重要。长期以来由于两岸互不信任，双方在政治和军事上的对峙已持续60年。当前两岸关系和平发展局面在不断形成，但海峡两岸目前还没有签署和平协议，两岸还没有就国家未来统一的问题达成任何政治安排。影响两岸关系发展的变量仍然存在，这就需要我们在建构台海危机管理新模式中，加强对预防性活动的研究。针对两岸关系的复杂情况，建立互信，增进共识。由于台湾问题是中国内政问题，我们坚决拒绝外部势力干预台湾问题。当然，如果外部干预是基于促进两岸关系和平发展的考虑，我们也要善于运用外部力量来推进两岸关系的向前发展。例如为了降低因为陈水扁当局“入联公投”而引发的两岸紧张危机情势，中美之间加强了战略合作，特别是美国对“入联公投”的打压态势，有力地打击了“台独”势力的嚣张气焰。

最后，培养长期的危机缓和意识。危机缓和作为危机预防的重要方面，在整个危机管理进程中具有十分重要的地位。危机缓和意味着在危机事件发生之前就采取多种措施以防止危机的爆发或消减爆发时的不利影响。简而言之，危机缓和意味着在危机发生之前遏止或遏制危机。在任何危机的管理实践中，危机缓和处于整个危机管理时间序列的首位，是整个危机管理过程的开端，是危机准备、危机回应与危机恢复的基础。危机缓和强调在危机爆发之前预先采取措施，抑制危机的形成，减缓危机的不良后果。危机缓和的重点还在于消除危机发生的根源，只有这样才能从根本上减少与防范危机的发生。危机缓和的措施包括：首先，要在组织与制度建设方面加强危机缓和的创新。危机缓和目标的实现必须依托一定的组织制度平台。一方面，危机管理者必须在危机发生之前就创建或确定担负消除与减缓危机职责的组织机构；另一方面，危机管理者必须创建一定的规则体系，以长期规范危机缓和行为，使危机缓和过程具有稳定性与可预见性。其次，采取危机缓和的社会性措施。危机缓和不仅仅是政府行为，危机缓和的行为主体并非仅仅是政府机构。从严格意义上讲，全社会都是危机管理的利益相关者；因此，有效的危机缓和自然离不开全社会各方力量的聚合与参与。危机缓和的社会性措施就是指旨在推进社会公众参与危机缓和过程的具体活动。自 1949 年以来，两岸之间的分离状态已超过半个多世纪，两岸之间的隔阂和误解不容易在短期内得到化解。这就需要我们在两岸之间培养危机缓和意识。一方面有利于消除台湾民众，特别是泛绿群众对大陆的敌意和排斥心理。这样就会大大减少两岸之间因偶发事件而导致敌意骤增的可能性。另一方面也有利于两岸关系和平发展，有利于两岸民众的社会融合。当前，要在两岸之间培养长期的危机缓和意识，除了建立两岸的沟通渠道外，还需要建立相应的组织机构来加以落实。

二、危机发生后的处理与恢复机制

危机发生后的处理与恢复机制包括以下几个方面：危机决策机制、危机处理机制、危机恢复机制等方面。

如果说预警机制强调的是宏观层面的危机管理机制，那么危机决策则更为注重的是微观层面的危机管理机制。所谓危机决策就是对若干个准备行动的反危机方案进行选择，以期优化达到目标。一般来说，任何决策都具有以下共同的特点：为达成一定目标，总是要付诸实施，在确定的条件下以期实现目标的优化；总有若干个有价值的方案可供选择，无选择就无优化。危机管理中的决策一般是由国家政府机构或公共管理部门做出的，因而属于公共管理决策①的范畴。

一是要建立起完善的危机信息情报系统。完善的危机信息情报系统在建构台海危机管理新模式中的作用非常重要。可以说它是重要环节之所在。它包括完善的危机信息收集系统、危机信息分析系统和危机反馈系统等方面。在危机的决策处理机制中，信息是至关重要的关键因素之一。米特罗夫和佩尔森认为收集、分析传播的信息是危机管理者的直接任务。危机发生的最初几小时（或危机持续时间很长时的最初几天），管理者应同步采取一系列关

① 所谓公共管理决策，是指国家行政机关或主要领导人、或公共管理机构的领导人为发挥公共管理职能、管理国家公共事务而进行的一种抉择政策、对策和方案的活动和行动。国际危机管理中的决策一般由国家最高领导人或涉外部门的最高领导人做出。

键的行动，这些行动就是“甄别事实，深度分析，控制损失，加强沟通”。①在全球进入信息社会的今天，信息的作用怎么评价都不过分。危机管理需要信息，危机管理组织系统的稳定运行需要信息的顺畅沟通。一句话，危机管理的每一个步骤都离不开信息，无信息则无管理。信息情报工作包括收集、分析、解释和存储信息以及把信息传给最高级的外交决策部门等。信息情报系统运转是否可信、高效，直接影响危机管理的成败。信息情报是危机管理决策参考的最重要依据。信息情报对决策的参考作用首先就体现在外交政策和防务政策的制定上，但不是说信息情报越多越好，随着技术条件的提高，信息数量的大量增加，也可能造成危险，即过多的信息反而妨碍了决策系统的运行过程。② 因此这涉及信息情报系统在危机管理中应搜集哪些信息至关重要。一般来说，危机现场信息、危机相关者对危机事件的反应信息、导致危机事件发生的原因信息、危机事件未来发展趋势的信息、国内外媒体对危机事件和管理危机措施的反应信息等等是信息情报系统首要关注的东西。在这里必须强调的是，在危机状态下，信息具有以下几个基本特征：一是不完全。很多信息是随着危机事态的发展而演变的，因此，决策者需要适时更新危机信息；二是不及时。由于危机事态发展的急剧变化性，而且，危机信息要从事发现场传输到危机指挥决策机构，中间还得经历过几个组织的中介运作，因此，最高决策者对危机信息的掌握和控制就会有滞后；三是不准确。危机决策作为一个过程，具有一系列相对固定的程序，即发现问题、确定目标、拟定方案、评估选优以及决策的执行和监督等五个基本步骤，整个过程就是一个信息输入输出的过程。但在信息的反馈和处理过程中，信息有容易失真，其正确性和有效性很难得以保证。③ 因此，建立起完善的危机信息情报收集系统、信息分析系统、信息反馈系统至关重要。事实上，在 1996 年台海危机中，中美两国之所以在台海地区紧张对峙，其中一个根源还在于中美两国由于各自情报的误判，没有准确把握对方的动机和意图，从而差点引

① ［澳］罗伯特·希斯著，王成、宋炳辉、金瑛译：《危机管理》，中信出版社，2001 年版，第 19 页。

② ［美］詹姆斯·多尔蒂、小罗伯特·普法尔茨格拉夫著，阎学通、陈寒溪等译：《争论中的国际关系理论》，世界知识出版社，2003 年版，第 642 页。

③ 薛澜、张强、钟开斌著：《危机管理》，清华大学出版社，2003 年版，第 167－168 页。

发中美之间的一场军事冲突。因此，在台海危机管理新模式的建构中，建立起完善的危机信息情报系统非常重要。

二是建立可控的危机指挥决策系统。指挥决策系统是在危机管理中居于核心地位的权威组织体系。它承担着保证国家安全、制定危机防范、危机状态控制的目标、原则和选择危机对抗行动、对抗方案等重大职能。[①] 通常来说，危机决策就是要求组织（决策单位和人员）在有限的时间、资源、人力等约束条件下完成应对危机的具体措施，即在一旦出现预料之外的某种紧急情况下，为了不错失良机，而打破常规，省去决策中的某些繁文缛节，以尽快的速度做出应急决策。因此，危机决策是一次性的非例行的决策活动。[②] 一般来说，决策可分为研究性决策和快速决策两种模式。研究性决策包括决策的常规步骤和已为人们所接受的科学行为标准，而快速决策则是相对无章可循的，只能是“就地取材”的“应景之作”。[③] 由于危机的突发性和不确定性，造成了高度的紧张和压力，这就要求危机决策具有权变性。由于决策单位所处的外在环境变动急剧，同时人类理性有限，无法完全掌握信息，所以对于事物状态和发展也就无法进行精确估量，不确定性由此产生。一般来说，决策者在一场危机中，要想完全理性地做出决策也是不可能的。决策者在危机状态下，正如赫伯特·西蒙其《行政行为》一书中“有限理性”模式所认为那样：决策事实上并不具备相关决策状况的所有信息，决策者处理信息的能力有限；决策者在有了相关决策状况的简单印象后就行动；决策者的选择行为受所得信息的实质和先后次序的影响。因此，人类以完全理性的方式来决策是不可能的。只能是有限理性模式。在完善危机决策机制方面，特别要加强常规决策与非常规决策体系的建设。虽然危机状态下的决策具有权变性的动态特征，但这并不是说它不需要常规决策体系。相反，常规决策对危机决策体系的构建作用甚大。常规决策过程中由于对各种备选方案的筛选经历一个民主规范的程序，各种不同的意见和观点可以自由交锋、辩论，因此，对最终决策方案的选择之前草案讨论阶段的准备工作是

① 胡宁生主编：《中国政府形象战略》，中共中央党校出版社，1999 年版，第 1240 页。

② 薛澜、张强、钟开斌著：《危机管理》，清华大学出版社，2003 年版，第 164 页。

③ ［美］卡尔·帕顿、大卫·沙维奇著，孙兰芝、胡启生等译：《政策分析和规划的初步方法》，华夏出版社，2001 年版，第 5 页。

极其充分的。不仅如此，由于常规决策所处的决策环境和政策执行环境具有相当的确定性，决策者也可能依托可控可调的组织结构，采用各种措施促进决策方案的顺利执行。在台海危机管理新模式的建构中，我们要加强常规和非常规两种决策体系的建设。在常规决策体系的构建上，我们要加强对岛内情势资料的收集、分析、储备与管理，加快科学决策体制的形成。事实上，非常规决策体制也是建立在常规决策体制基础上的决策体系。由于两岸关系的复杂性，我们既要看到祖国最终实现完全统一的历史趋势，但也要看到两岸在统一进程的道路并非一帆风顺，还存在诸多变量的干扰。因此，加强常规和非常规两种决策体系的有机结合，是新时期加强台海危机管理的重要手段。

三是建立完善的反危机组织与制度体系。在台海危机管理新模式的建构中，这一点非常重要。在现代社会，危机事件的应对往往涉及很多部门和组织机构，但各个部门和组织机构在面对危机时并不一定能够很好地合作与协调。例如，台海危机管理除了涉及涉台机构和部门之外，还可能涉及外交、国防等其他诸多部门。因此，建立统一的危机决策机构至关重要。它应是决策者在进行决策、指挥时的中枢机构，它统领危机事件的处理，协调各个职能部门，整合社会力量来应对危机。这个机构应包括决策委员会、咨询智囊团以及专门的信息收集、加工部门等。同时还要建立起完善的反危机制度体系。危机决策能力的有效发挥需要健全的制度体系来加以保障。一个决策能力强的政府，必须有完善的制度体系的有力支撑，有活力的制度体系能够让政府组织在危机事件发生时表现得游刃有余。这些制度包括：危机预警制度、决策制度、信息汇报制度、信息披露制度、组织协调制度、资金与物质保障制度、检查监督制度、危机评估制度、危机状态下政府的权力范围、公民的权利与义务等方面以及相关的危机管理法律。通过法律和制度的规范，对危机管理相关的事项做出明文的规定，让政府的决策做到有章可循、有据可依。此外，运用成熟的反危机策略至关重要。危机的爆发对政府和社会来说无异于一场“战役”，危机应对的战略和战术的运用是非常重要的。因此，危机爆发之后政府应当运用各种行为策略获取国内各种组织、民众等社会力量及国际力量的支持，以化解、缩减危机带来的负面效应。如通过各种媒体组织，政府运用公关策略、沟通行为策略向社会各界公布、披露危机相关信息，引导社会舆论、获取社会力量的支持，调动社会公众的积极性共同参与以应对危机。

四是建立系统的危机管理恢复机制。作为危机管理机制的重要环节，危机恢复机制的功能主要表现为危机反馈功能、总结经验功能和消除危机隐患功能等方面。危机往往带来巨大的破坏，导致正常的政治、经济及人们生活秩序的混乱，使本来正常的社会秩序陷入一种无序的、混乱的状态。如何面对危机后的社会状态，危机管理部门应采取以下措施：实施援助手段，以弥补损失，重新发挥社会组织的功能；及时提供满足民众的物质；稳定民众的心理和情绪。总之，危机管理部门重新恢复社会秩序的根本目的就是要消除“危机综合症”的不利影响。对一个社会来说，危机造成的最大伤害在于社会正常秩序遭到破坏并由此带来社会心理的脆弱。所以保持稳定的社会秩序，保持原有的社会运行轨迹是首要的选择，首先要恢复正常的社会公共生活秩序，促进社会正常运转，避免进一步造成民众心理的伤害；其次，开展政府公关。政府在危机中要表现出强大有力的形象，给民众以心理支撑作用。同时要做好媒体工作，政府应充分把媒体视作消除各种不安因素的一种有效方式。危机决策者在危机处理结束后一定要进行全面、客观的评估，责任追究与奖惩都要到位，并全方面地吸取经验教训。具体包括：对危机管理的所有环节、影响危机管理的所有因素都要实事求是的评估；依据实践效果对危机中的决策、指挥和行动进行评估；评估危机预防措施的效果，预案的完整性、可行性、预警的及时和准确性；要评估危机管理机制，组织机制的设置和运行机制的合理性、有效性；要反思进一步提高反危机能力的学习与总结。长期以来，我们传统的台海危机管理模式在这方面非常欠缺。当前，随着两岸关系和平发展局面的不断形成，我们要加强对台海危机管理恢复机制的建设和创新。唯如此，才能有效提升台海危机管理的能力和成效。

第三节　台海危机管理新模式的实现路径

尽管模型是封闭系统而这些模型被应用其中的现实世界则是开放的，从模型推演到现实世界将会遇到许多困难,① 但通过对具体模型的研究来探讨台海危机管理新模式无疑具有重要的价值。

一、建立国际反“台独”联盟机制

从李登辉到陈水扁，两岸关系的发展之所以出现重大波折，台海地区和平与稳定的局势之所以动荡不安，台海地区危机事件爆发不断，其中的深刻根源就在于“台独”分裂活动。冷战后，“台独”分裂势力是引发台海危机出现的首要根源。当前，随着马英九当局在岛内全面执政，岛内“法理台独”的可能性大大降低，这对于缓和两岸紧张局势，降低台海危机事件的爆发几率，具有重要的历史意义。但是我们也要看到，目前岛内仍然还存在着分离势力，这些分离势力仍然对两岸关系和平发展构成巨大的冲击。因此，在两岸关系和平发展局面不断形成的今天，我们更要加大遏制“台独”势力的斗争，努力推动国际反“台独”联盟机制的建立。同时，我们必须看到，台湾问题久拖不决，至今已有60年的历史了，台湾问题的国际化因素不断增强，特别是冷战后，随着全球化的发展，两极体制的解体，台湾问题的复杂性越来越突出。事实上，早在20世纪50年代末，毛泽东就曾指出:“台湾问题很复杂，又有国内问题，又有国际问题。就美国来说，这是一个国际问题。”② 当前台湾问题中的国际因素又有新的发展。台湾已成为世界巨型跨国公司全球生产链中的重要一环，特别是台湾在全球信息产业的诸多领域占据着重要地位。同时，台湾的金融和投资资本也成为中国大陆和东南亚地区经济发展的重要组成部分。台湾问题中的国际层面因素进一步上升，对台湾未来政治前景具有双重意义。③ 一方面，我们在决定用和平方式还是武力方式解决台湾问题的考量中，用武力解决的国际阻力就更大了，而用和平方式来解决台湾问题的可能性越来越大。这也是“台独”势力在民进党时期不断加大分裂活动的重要原因所在。另一方面，美日等国及国际大垄断资本集团在台湾前途问题的利益关系更为紧密和扩大。出于自身利益的

---

① [美]莫顿·A.卡普兰著，薄智跃译:《国际政治的系统与过程》，中国人民公安大学出版社，1989年版，第11页。

② 《毛泽东外交文选》，中央文献出版社、世界知识出版社，1994年版，第382页。

③ 江西元、夏立平:《中国和平崛起》，中国社会科学出版社，2004年版，第345页。

考虑，美日欧、东盟国家主流派都主张维持台海“不统不独”的现状。即使是美日亲台势力，也会担心“台独”会引发台海战争。这会极大地损害美欧在海峡两岸，甚至东亚区域的经济利益和战略利益。因此，面对“台独”分裂势力，世界大国在遏制“台独”分裂活动这一点上达到了基本的共识，就是“台独”分裂活动不能以破坏台海之间的和平与稳定为原则，正是由于大国普遍有这种遏制“台独”的利益需求，因此，这为中国大陆推动建立国际反“台独”统一战线创造了较好的战略契机。

在当前两岸关系和平发展的新时期，我们构建国际反“台独”联盟机制，就必须从以下几个方面着手：其一，我们要做好美国的工作。利用美国遏制“台独”的现实利益需求，来打压“台独”在岛内外的生存空间。在台湾问题的外部变量中，美国是最重要的因素。而美国作用的变化又由国际关系总体形势及亚太地区力量格局变化的总趋势所决定。我们要把握美台关系中有利于我国推进反“台独”统一战线的积极因素，进一步加强促美制独的力度，从根本上增加台湾所面临的统一压力，压缩“台独”势力的国际生存空间。美国既是中国和平统一的最大障碍，又是我们遏制“台独”的最大的同盟军。这就需要我们在反“台独”方面与美国进行更为密切的战略协作。尽可能推动美国朝野中更多的人站在反“台独”的第一线，使台湾问题在中美双边关系中的地位进一步边缘化。虽然台海两岸长期保持分裂状态符合美国的国家利益，但如果“台独”步子走得过快，两岸之间政治僵局迟迟难以打开，也使美国在台海问题上的战略回旋空间越来越狭窄。中国在“台独”问题上态度坚决，使美国不能不从维护自身根本利益出发，对“台独”分裂势力施加压力。其次，美国政府在本土安全、反恐和中东地区局势等问题上都面临着严峻的挑战，美国在消除朝鲜核威胁及保持亚太地区稳定方面也须得到中国的帮助。美国也担心“台独”动作可能会干扰美中双边战略合作。其二，尽最大努力，争取日本成为国际反“台独”统一战线的同盟军。日本是中国的近邻，长期以来日台关系比较密切。中国应争取日本成为反对“台独”势力的同盟军。由于美日两国在亚太地缘政治和地缘战略上所处的地位不同，日本右翼比美国更不希望看到中国统一。但中日有改善关系的现实可能性存在。我们要以平常心看待日本作为世界第二大经济强国对国际安全的正当关注与要求。日本成为国际社会正常一员及政治军事大国势必成型。从现实与发展趋势来看，亚洲出现中日双雄并立是大势所趋。中日两国完全可以在亚洲地区实现共存，互利双赢的局面。我们要通过各种渠道来表示，中国愿意与日本保持友好关系，实现共同发展，中国崛起不会对日本构成任何威胁，只会带来更好的发展机遇。我们要进一步加深两国在经济领域的利益关系。第三，借重欧盟对“台独”实施更大的国际压力。冷战后的今天，欧盟在国际社会的政治、经济地位不断提升，我们要充分利用当前中欧关系不断得到升华和加强的历史机遇，加强中欧战略合作伙伴关系的不断充实。

总之，中国既要坚持台湾问题属于内政问题，又要承认台湾问题是一个对国际局势、特别是对亚太地区的和平与稳定具有重要影响的问题。我们要看到，世界上多数国家虽然主张维持台海的局势稳定，但并不一定乐见中国统一。因此，在建构一个整体的涉台外交战略时，应及早将建立国际反独统一战线问题提上日程，并在外交和安全政策上相应作出必要的调整。

二、建立岛内反“台独”联盟机制

目前的台湾是一个政治、文化多元的社会。由于台湾是选举社会，政党轮替是岛内政治生活中的一种常态。我们不能完全把反对“台独”的全部希望完全寄托在执政的国民党身上。我们应该在岛内构筑起反对“台独”分裂活动的统一战线。这是维系岛内反独机制建构的重要一环。只有在岛内建立起遏制“台独”的联盟机制，才能从根本上遏制“台独”势力的发展，也才能为台海地区的和平与稳定奠定基础。

首先，与岛内反“台独”的政治力量建立战略合作关系。当前在岛内建立反独联盟机制的条件不断成熟。事实是在民进党八年执政时期，中国大陆在反对陈水扁当局“台独”分裂活动的斗争中，就开始与岛内的政治力量进行某种程度上的配合。试图在岛内开辟反“台独”的联盟机制，这是我们反对“台独”战略的斗争策略问题。例如，在2007—2008年反对陈水扁当局“入联公投”的斗争中，这种策略性的合作就取得了较好的效果，它最终完全粉碎了民进党“法理台独”的企图。长期以来，两岸关系一直非常敏感，两岸长期在政治及军事上的对峙状态，使两岸之间缺乏互信和共识。在民进党执政当局“台独”分裂活动不断升级的背景下，中国大陆开始了与岛内主张“九二共识”的国民党、亲民党及新党等主要在野党的接触和交流。特别是2005年国民党主席连战率领国民党访问大陆，并与胡锦涛主席进行了会晤。之后，亲民党、新党等领导人也率团出访大陆，从而开启了两岸关系中政党交流的新纪元。特别是中国国民党和中国共产党事隔六十年后的会晤，不仅书写了历史，而且也开创了两岸关系新的一页。正是由于国共平台的成功搭建，为马英九当政后两岸关系迅速发展和改善，两岸实现全面“三通”奠定了重要的基础。虽然目前国共合作平台在反对“台独”分裂活动达成了一些共识，但并没有形成一个制度化的战略性联盟框架。当前，国民党在岛内全面执政，为了维护台海地区稳定，为了推进两岸关系和平发展的局面全面形成，我们就应该推动岛内泛蓝力量与大陆方面就反对“台独”的议题上达成基本的共识，形成制度化协商机制和合作框架。在这方面，执政的国民党必须要有鲜明的态度。同时，中国大陆应该加速推进两岸经贸往来，不断深化两岸人民之间的交流，并努力推动帮助台湾改善经济困境的政策出台。因此，在当前，岛内蓝绿对抗情势不断高涨的情形下，我们要深化和泛蓝政治力量的合作和互信。在反独目标上要达成高度一致。我们建立反独联盟机制就需要加强与泛蓝阵营的合作与沟通。目前我们应该看到，泛蓝力量是我们遏制“台独”势力的重要同盟军。我们要善于利用目前岛内蓝绿高度对抗的态势，积极培养与国民党高层的联系与互动。同时，也要帮助国民党在岛内争取民心，从而帮助国民党在岛内的长期执政，这对于两岸关系健康发展来说，具有重要的现实意义。

其次，加强做台湾人民工作，特别是争取到台湾中南部民心工作，这是确保岛内反独机制成效的根本之道。当前，马英九当局放弃了“法理台独”的路线，在改善两岸关系方面也采取了一系列积极的措施，特别是两岸达成全面“三通”的重要共识，有力地推动了两岸关系向前发展，使得两岸关系和平发展的局面正在不断形成。但是我们要看到，虽然岛内“台独”高危期已经过去，“法理台独”的威胁大大降低，但是台湾分离主义思潮并没有消失。因此，反对“台独”分裂势力仍然是我们未来在对台战略中的重要战略目标。由于台湾是一个选举社会，我们也不能排除民进党未来再度执政的可能性，因此，我们应该充分利用当前国民党在岛内全面执政的历史契机，大力开展争取台湾民心的工作。而在两岸关系的发展中，只有争取到台湾民心，才能有效推进祖国和平统一的进程。因此，当前我们必须把争取台湾民心作为我们对台工作的重要环节和核心内容来加以把握。从过去八年来分析，台湾中南部地区一直是主张“台独”分裂活动的民进党和台联党的最大票仓。因此，在新的历史时期，我们必须把争取台湾中南部民心视作重要的战略任务来开展，通过做好争取台湾中南部民心的工作，不断消除“台独”分裂势力的群众基础和主要根基，这也是当前遏制“台独”势力在岛内发展的重要战略举措。

具体而言，在新时期争取台湾民心，特别是中南部民心工作，我们就要从以下几个方面着手：第一，切实落实与持续深化惠台政策措施。我们要落实已出台的惠台政策，继续出台真正惠及台湾中南部民众的政策及措施。大陆的惠台政策是争取台湾中南部民众工作的直接手段，也是最有效的方法。中央要加大力度，促使各项惠台政策措施在各地、各部门落实到位，服务最广大的台湾同胞。同时，要继续出台真正惠及台中南部地区民众的政策与措施。第二，强化闽南文化这一精神纽带的作用。以闽南文化为载体、以中华传统文化为纽带，搭建与台湾中南部民众交流的有效平台。我们要针对台湾中南部地区民众的特殊情况，以闽南文化为载体，采取灵活多样的形式，拓展与台湾中南部地区民众的文化交流和交往，提高做台湾人民工作的实效。第三，确保两岸民众往来的渠道通畅便利。加强与台湾中南部民众的往来，保持沟通渠道的通畅，建立互信基础，搭起情感桥梁。人员往来是两岸保持沟通的重要基础，也是两岸民众相互了解的主要窗口。据不完全统计，目前累计到大陆的台胞已愈 5000 万人次，约有 600 万人到过大陆。随着两岸关系和平发展局面的不断形成，特别是两岸全面“三通”后，将会有更多的台湾民众来到大陆。但是我们应该看到，中南部地区普通民众的经济以农业收入为主，经济较其他地区相对落后，因此南部普通民众来大陆的机会是非常少的，这造成他们对大陆的了解往往是片面的，有时甚至是无知的，特别是在民进党八年执政的恶意宣传下，中南部地区的民众对大陆产生了一定的误解。我们要争取台湾中南部民心，就应该加强与中南部民众的直接往来，因此，增加与中南部民众的沟通和接触机会显得至关重要。第四，大力加强做好中南部的青少年工作。青少年是台湾的未来和希望，更是台湾新选民的源头。台湾地区每年大约新增加 30—35 万人的新选民。因此，做好台湾青少年的工作至关重要，他们是祖国未来实现完全统一可以争取的重要力量。加强与台湾中南部青少年的交流活动，着力点应放在“组织各种夏令营活动”上面。采取以夏令营为主，以论坛、联谊等活动为辅的模式，使台湾中南部地区的青少年能更好地了解大陆，融入大陆。第五，高度重视做泛绿人士及支持者工作。台湾中南部是民进党的大本营，也是其支持者较为密集的地区。因此争取台湾中南部民众工作就不得不做泛绿及其支持者的工作。民进党目前虽然已不是执政党，但作为台湾岛内的最大反对党，也是反对祖国统一的主要力量，甚至有极少数是主张“台湾建国”的深绿人士。从祖国统一的高度出发，当前做泛绿工作比他们执政时更为必要，效果会更加明显。因此，在新形势下，我们的两岸政策应大幅度放开，大胆做泛绿人士的工作。第六，确保大陆相关机构及人员进驻台湾。争取台湾民心特别是中南部的民心，最关键的一环还是要能够创造条件，确保大陆相关单位及人员能够长期进驻台湾。确保大陆相关机构及人员进驻台湾具有重要的意义。对台工作，核心还是做台湾人民的工作。而要有效做好台湾人民的工作，就必须要有与台湾民众进行直接沟通的管道。事实上，尽管台湾社会是一个多元的社会，但在主流媒体方面，岛内统派力量的声音仍然非常小，而独派的声音却相对较大。因此，在当前两岸关系和平发展局面不断形成的历史时期，我们应该就大陆的相关机构及人员进驻台湾岛内进行相关的规划。

三、构建成熟的中美台海危机管理新模型

长期以来，中美两国在台海危机管理方面出于各自的战略考虑，各有一套台海危机管理的模式。冷战后随着台湾岛内政治生态的发展变化，特别是激进“台独”分裂势力不断挑战台海现状，这对中美两国各自的台海危机管理带来了极大的困境和挑战。尽管中美两国台海危机管理面临诸多困境，但由于两国在诸如维持台海现状方面存在着一定的共识，这对于中美两国共同加强台海危机的管理无疑具有重要的作用。对于两国来说，要真正走出困境，这就需要美方站在发展中美关系大局的基础上，妥善处理台湾问题。在如何建立中美共同管理台海危机管理问题上，双方可以就以下议题进行沟通与协作：一是明确一个中国原则的真实内涵。美方必须明确宣示一个中国就是指中华人民共和国，避免给台湾当局以操弄的空间。二是美国对台湾的策

略要放弃战略模糊的策略，改为战略清晰，即宣布如果台湾当局公然宣布“独立”，引发两岸危机和冲突，美国不会支持台湾。三是双方可以就未来台海危机管理机制建设问题进行沟通与建设。诸如两国可以讨论建立军事热线等议题。四是为了真正消除台海危机发生的根源，美方应该摒弃干涉中国内政的获利心态，只有这样才会真正消除台海危机爆发的根源。总之，鉴于台海危机的复杂和危险性，当前我们应该努力促使中美两国之间建立起管理台海危机的合作机制。

当前，构建成熟的中美台海危机管理新模型就需要从以下几个方面着手：一是要制定一整套相应的决策程序、办事规则和应变预案。包括良好的沟通机制和沟通管道。诸如建立起中美之间危机处理的热线，中美在政治和军事领域的战略对话机制。这种对话机制既有正规化的官方渠道，也要有机制化的非官方管道。因为非官方管道在危机管理中能够为双方交流信息，探讨危机解决的方案。我们要努力做好美国的工作，使美国认识到中美共同预防和管理台海危机的目标并非是使美国深陷台湾问题，而是通过这一模式来加强双方协调配合，防止局势失控，共同遏制任何形式的“台独”分裂活动，维护台海和平稳定和中美的共同利益。当然我们必须明白一点，由于政治制度，文化、传统的不同，中美两国现有的危机管理机制差异较大，需要较长的时间来相互磨合与适应。二是随着中美两国在台湾问题上的共识不断增加，两国在台海危机管理方面合作的需求也将会不断增加。当前，一个中国原则、维持两岸现状、反对台湾独立已成为中美在台海危机管理上的三大共识，这是中美两国成功管理台海危机的重要保障。这对于台海危机管理无疑具有重要帮助作用。三是中美在台海危机管理方面要建立有效的应急联络机制。事实上，目前中美两国在危机管理方面的应急机制比较不足。以2001年中美撞机危机事件为例，危机发生后，在相当长的一段时间内，双方只建立了较低层次的联络，却没有中高级的接触。原因在于双方之间基本上没有紧急状态下的制度安排。由于未得到上面的授权，在事件不明的情况下，双方不可能有高层的接触。当时中美之间虽然已有元首专线，但双方均未使用。这说明双方对热线的功能缺乏明确的规定。也就是说在紧急的危机情势下，原有的多种沟通渠道没有发挥应有的功能和作用。现有的渠道在双方关系融洽时易于保持通畅，但在遇到紧急事态时，其可靠性往往会大打折扣。虽然意愿是重要的，但却需要制度安排来加以保证。当前我们要完善两国间的应急联络机制，包括第一、二轨道，高层，中层，都要明确其任务与程序，这是非常必要的举措。四是中美还应建立和完善两国之间的危机管理机制。目前中美两军之间的海上军事安全磋商机制即具有这方面的意义，但它显然远远不够。通过这种机制，双方可定期或不定期地对可能发生的危机进行预测，制定预防措施和处理预案，一旦出现可能引发危机的情况，特别是出现突发事件，则能在第一时间沟通，特别是通过中高层的沟通，迅速对事件加以控制，这一机制的建立，作为对双方现有联络渠道的补充和加强，将对两国间的危机管理起到十分积极的作用。五是中美建立台海危机管理机制，还必须妥善处理美国对台军售的问题。由于对台军售直接影响到两岸军事力量的平衡问题，直接涉及美国干涉中国内政的政治问题，美台军售一直是影响两岸和中美关系的重要难题。如果这一问题得不到解决，将有可能影响中美在台海危机管理方面的合作诚意。

四、构建海峡两岸军事安全互信机制

国民党在岛内全面执政后，两岸关系和平发展的态势正在不断形成，两岸关系目前正积极朝着良性的方向发展，尽管我们目前没有“法理台独”的现实压力，但台湾的分离主义势力仍有一定的社会土壤，两岸长期以来面临的结构性的矛盾仍然存在，两岸未来在政治、经济、文化及社会诸方面出现新摩擦的可能性仍然存在着，“台独”思潮在岛内的回潮仍有可能。目前两岸关系在诸多领域的共识与互信并没有完全建立起来，从某种程度上说两岸关系的脆弱性特征仍然非常明显。因此，在当前加强台海危机管理研究，积极构筑推进两岸关系发展的强大共识和互信基础，这无疑具有重要的战略意义和现实意义。建构两岸军事互信机制本身就是加强台海危机管理最重要的一环。尽管军事互信机制不是确保台海和平的灵丹妙药，但它却是避免两岸相互毁灭、降低两岸战争风险的“减震器”。更主要的是，随着两岸经贸关系的恢复和不断取得进展，双方的共识得到不断积累和增加，这必然有利于两岸政治互信的增加，在政治互信不断增长和两岸共识不断积累的情况下，两岸就建立军事互信机制进行谈判的可能性也在大大增加。

（一）两岸军事互信机制的理论架构

军事互信机制又称信心建立措施，这个概念最初是由欧洲安全与合作会议发展而来的。其提出则是在1973年于赫尔辛基召开的欧安会筹备议程的预备会议上。1992年，欧安会各成员国达成维也纳文件，从而标志着军事互信机制走向成熟。应该说军事互信机制是当代国际危机管理理论与实践的产物。第二次世界结束以来，美苏曾多次走到世界大战的边缘。特别是1962年的古巴导弹危机，美苏之间的核战争一触即发。当这场危机以双方妥协而结束后，当时的美国国防部长麦克纳马拉说了一句话："今后的战略可能不复存在，代之的将是危机管理。"他的意思就是说，对于一场很难有胜利者的毁灭性战争而言，指导打赢这种战争的战略是毫无意义的，唯有阻止其爆发的危机管理才是实践所需要的。在危机管理的理论和实践中，建立军事互信机制被认为是控制危机、防止战争爆发的重要途径之一。在此认识下，20世纪60—70年代以来，在美国与苏联、北约与华约及其他一些国家之间，相继建立了不同程度和样式的军事互信机制，包括首脑热线、军事交流机制、边界互信措施等等，一些互信措施的确发挥了作用。例如美国战略预警系统曾数次虚警，最严重的时候，面对来袭的苏联核导弹，美国最高当局下达了核反击的预先号令，"民兵"进入发射准备程序，载着核巡航导弹的B-52升空。所幸，美方的预警查证系统及美苏热线及时发挥了作用，避免了灾难的发生。军事互信机制有广义和狭义之分。广义是包含许多政治、经济与环境的内容，这些与安全没有直接的关系，但其对增进区域信心及安全的间接作用，可能超过那些特地为促进信心与安全而设计的措施。狭义的是指为直接增加军事、安全而采取的措施。① 由于两岸不是国家关系，狭义的军事互信难以涵盖两岸关系的全部内容，因此应取广义。美国史汀生中心主任麦克尔·克雷普进一步将建立信任措施建构为一个三阶段的模式：冲突避免、建立信任与强化和平。因此，建立军事互信机制是为了增强各方在心理和信念上更加安全感的种种措施，其主要目的是增加军事活动的可预

---

① M. Susan Pedersno and Stanley Weeks, "A Survey of Confience and Security Building Measures", in Ralph A. Cossa, ed. Asia Pacific Confidence and Security Measures (Washington D. C.: The Center for Strategic & International Studies, 1995), pp. 82-83.

测性，使军事活动有一个正常的规范，并可借此确定双方的意图。① 其具体内容既包括军事信息的交换、军事行动或危险事件的报告与澄清、军事接触与交流、部分军事行动的事先通知、部分军事行动的开放、每年军事行动时间表的交换、军事行动限制措施及查证、军事热线的设置等。就两岸建立军事互信机制来说，从广义来说，其内涵还应该包括两岸的政治谈判、台湾政治地位的确定等诸多方面的内容。一般而言，建立军事互信有两种途径，一种是从政治领域的信任建立开始，然后再推广到军事领域。另一种则单纯建立军事领域的信任。其中，政治互信是军事互信的基础，军事互信是政治互信的延续。考虑到两岸关系的特殊性和高度敏感性，两岸之间建立军事互信不是一朝一夕就能完成的，而是需要双方不断通过互信和共识的增加和积累来逐步实现。两岸可以先在经贸领域进入融合，达成制度化的安排措施，推进两岸经济体的一体化进程，经济上的相互依赖必然会促使两岸在政治上进行适当的安排，推动两岸在政治上的整合之路，当然在这政治整合的过程中，就可以同时安排两岸在军事领域里的信任措施建立。因此，对于两岸关系来说，先经济，后政治，先政治，后军事应是一条比较适宜的可行路径。对两岸关系来说，军事互信机制将有利于两岸在政治互信方面取得进展，为两岸政治对话营造良好的氛围。因此，军事互信机制有利于推进两岸的政治互信。

当前两岸关系正朝着和平发展态势的方向迈进，但两岸关系中的结构性矛盾仍然存在，无法回避。长期以来，两岸关系之所以大起大落，这自然与台湾当局顽固推行“台独”分裂活动有着直接的关系，但与两岸之间在政治上互信的严重缺失有着很大的关联。事实上，正是由于两岸之间没有政治上的丝毫互信，两岸之间发生任何一点小插曲都可能影响两岸关系的正常发展，如果两岸在军事互信机制方面取得进展，无疑将大大有助于推进两岸政治互信机制的建立，这将极大推进祖国和平统一进程向前迈进。其次，军事互信机制有利于加强两岸在军事领域的互信。长期以来，两岸在军事上是对峙状态，双方在台海之间形成了长达半个多世纪的军事对峙。特别是台海危

① John. J. Holst, “Confidence Building Measures: A Conceptual Framework”, Survival, Vol. 25 (January/Feburary 1983), p. 2.

机情势紧张的时候，双方更是剑拔弩张。这在一定程度上影响到两岸关系的发展和互信的建立。此外，由于美国长期以来不断向台出售武器，这在一定程度上也影响到两岸互信的建立。当前，随着国民党在岛内全面执政，两岸关系和平发展的态势正在不断形成，两岸关系的改善和向纵深发展，将大大有利于两岸在军事互信机制的建立。随着两岸军事互信机制的建立，这将大大有利于在台海危机期间降低双方冲突的风险，还可以就美向台军售问题进行谈判与磋商，从而降低相互敌对的心理，不断减少外部因素对台海问题的干扰和介入。最后，军事互信机制有利于两岸结束敌对状态。目前两岸长达半个多世纪之久的敌对状态仍然维持着。这种敌对状态是上个世纪40年代末国共内战的产物。两岸这种长期的敌对状态显然不利于两岸关系的发展，也不合乎时代的需要。因此，积极构建两岸在军事互信机制，通过双方在军事上的互信和共识的增加和积累，为尽早结束两岸敌对状态创造条件。

（二）两岸军事互信机制建构面临的机遇和挑战

当前，随着国民党在岛内全面执政，两岸在建立起军事互信机制方面的可能性越来越大，特别是随着两岸全面三通的实现，两岸交流的进一步扩大，这种可能性也越来越大。

首先，长期以来两岸都希望建立起军事互信机制。台湾方面也希望建立起军事互信机制，以确保台湾的安全。从20世纪90年代中期开始，台湾岛内一些军政人士，专家学者就开始提出在两岸建立热线，结束敌对状态等军事互信方案。1996年12月台湾“国家发展会议”的研究报告就指出，两岸架设热线并互派代表，是结束两岸敌对状态并签署和平协议的要件之一。1998年台湾“行政院长”萧万长表示，就两岸整体关系的现状和未来发展而言，台湾赞同与大陆交换军事演习信息，建立互信机制以避免因误判而引发战争。他称，台湾当局和大陆交换演习资讯并实现演习透明化，不止可以降低敌意，更可以维持两岸与亚太地区的和平稳定。① 一般认为，这是台湾当局对军事互信机制的首次官方表态。1998年台湾“国防报告书”中，首次把建立两岸军事互信机制作为国防政策中的重要军事政策抽出。而民进党执政后陈水扁也提出过“建构台海军事安全互信咨询机制、建立两岸军事

① 台湾《联合报》，1998年4月18日。

缓冲区”等建议。2000 年 8 月出版的台湾“国防”报告书中，把建立两岸军事互信机制提升最高层次“国防政策”之一。2002 年版“国防”报告书进一步增加篇幅，把两岸军事互信机制问题作为国防政策和国防重要施政提出，并首次进行系统阐释。就台湾军方而言，对军事互信机制也持肯定态度。早在 20 世纪 90 年代罗本立任“参谋总长”时期，台军“参谋本部”就曾对两岸建立信任措施问题进行过研究。台湾历任“国防部长”也都提出过两岸军事互信的建议。① 2002 年版台湾“国防报告书”则首次将“建立两岸军事互信机制”列为重要篇章，且被视为“国防部”积极推动的政策之一，并规划出近中远程三阶段来建立两岸信任措施。中国大陆长期以来一直主张两岸之间应该建立军事互信机制。2004 年前，中国大陆在两岸关系和台海安全的实际中，虽然没有明确提出军事互信机制的建议，但一直强调沟通，对话与互信在两岸互动中的重要作用，并多次呼吁在一个中国原则下就两岸结束敌对状态举行谈判。1995 年江泽民提出的“江八点”就提出两岸和平统一谈判，其中第一步是双方就结束两岸敌对状态进行谈判。② 1999 年 1 月中国国际战略学会的高级研究员在美国表示，两岸尽快进行结束敌对状况谈判，在此谈判中，双方可商议设立军事热线，先行告知军事演习的规模、内容、时间与军力配置等资讯。这是中共有关方面首次在海外提出两岸可建立军事互信机制的构想。2004 年国台办中台办发表“5 · 17 声明”提出“恢复两岸对话与谈判，平等协商，正式结束敌对状态，建立军事互信机制，共同构造两岸关系和平稳定发展的框架。”③ 这是大陆在两岸关系中首次提出建立军事互信机制的内容。此后，2004 年《中国的国防》白皮书，以及“胡四点”，国共两党发表的“两岸和平发展共同愿景”中都提到建立军事互信机制等问题。

其次，国际社会对两岸建立军事互信抱有较大的期望。日美出于台海稳定的目的，希望两岸加强交流，通过对话解决争端，从而在两岸之间建立起某种互信机制。1996 年台海危机后，美国开始认识到两岸建立某种沟通机

① 李鹏：《台海安全考察》，九州出版社，2005 年版，第 163 页。

② 江泽民：《为促进祖国统一大业的完成而继续奋斗》，载《一国两制与台湾》，北京华文出版社，1996 年版，第 85 ~ 93 页。

③ 《就当前两岸关系问题发表声明》，《人民日报》，2004 年 5 月 17 日，第 1 版。

制的重要性。1998 年美国国防部主管亚洲事务的前助理部长坎贝尔就呼吁两岸可以逐渐建立“军事互信机制”，以期减少台海两岸的误判并促进台海地区的稳定。① 他在“战略与国际研究中心”所主办的研讨会中指出，他在 1995 年与 1996 年台海危机期间发觉台北与北京之间“竟然完全没有高层的沟通管道”。因此，他强烈建议双方应建立某种机制以发挥“危机沟通”的功能。② 而在克林顿时期，美国直接提出的中程协议方案本身就具有两岸之间信心建立措施的内涵。1998 年 2 月，美国密歇根大学教授李侃如首次提出中程协议的概念。其重点是：在一个中国原则下，台湾不宣布“独立”，大陆不以武力攻占台湾。台湾可以保留军队，台海维持 50 年和平。③ 随后多位美国学者或退休官员多次提出两岸间应以维持两岸为基调建立一个中程协议。1999 年 3 月，美国助理国务卿斯坦利 · 罗思第一次以官方身份提出中程协议设想。他建议台海两岸可在一些较困难的议题上通过谈判，并纳入“信心建立措施，获致中程协议”。④ 2001 年后美国不再热衷于中程协议方案，在推动两岸互信的问题上美国只是强调两岸通过对话交流解决争端。此后，日美开始以联合的姿态出现。2004 年赖斯访问日本，美日表示要共同努力促进两岸对话。⑤ 2005 年日美 2 +2 会上，日美提出“中国增加军事透明度”的内容也敦促两岸实现军事互信的重要组成部分。

但是我们还要看到，当前建立两岸军事互信机制还面临着一些困难和挑战。一是两岸在军事互信机制建立的目的与意图上存在差别。尽管当前两岸关系和平发展的态势正在不断形成，但这并不表明两岸在军事互信机制方面存在着完全的共识。当前两岸在军事互信机制方面有着一定的共识，即希望通过这种军事互信机制的安排，减少两岸军事摩擦，特别是降低两岸发生冲

---

① 台湾《中国时报》，1998 年 4 月 24 日。

② 台湾《工商时报》，1998 年 5 月 22 日。

③ Kenneth G. Lieberthal, “Cross-Strait Relations”, Paper Presented at the “International Conference on the PRC Ater the 15 Party Congress: Reassessing the Post-Deng Political and Economic Prospects”, February 19 – 20, 1998, http: //www. future-china. org/spcl-rpt/unfy-tm/c88120601. htm.

④ 林正义：《台海两岸信心建立措施》，www. inpr. org/publish/pdf/m 11 – 6. pdf。

⑤ Meeting held by Prime Minister Junichiro Koizumi and Minister for Foreign Affairs Yoriko Kawaguchi of Japan with Assistnat to the President for National Security Affairs Condoleezza Rice of the United States of America. www. mofa. go. jp/region/n-america/us/meeto407 – 2. html.

突的潜在危险。这是双方都需要的。但事实上，两岸在军事互信机制建立的目的和意图方面仍然存在着重大的差别。台方希望两岸军事互信机制的建立有利于确保其安全，而不是希望借此推进两岸政治互信的建立。相反，大陆则是希望两岸军事互信机制的建立，能够有力推进两岸政治互信的积累和增加，推进两岸和解，甚至推动两岸最终朝着和平统一的方向迈进。显然双方对军事互信机制的期待存在一定的落差。二是台湾分离意识是两岸军事互信机制建立的重大障碍。马英九上台后，国民党执政当局摒弃了民进党当局“法理台独”的政策路线，使两岸关系相对稳定可以期望。但是我们也要看到，台湾的分离主义势力仍然有一定的社会土壤，“台独”在岛内仍然有着一定的实力。这些都对两岸军事互信机制的建立起到了巨大的阻碍作用。对于中国大陆来说，建立军事互信机制的一个根本前提就是必须坚定一个中国基本原则，离开这一原则，则两岸军事互信机制的建立无从谈起。因此，两岸建立军事互信机制从本质上说是一个政治问题。必须在一个中国原则下进行。两岸建立军事互信是政治谈判的结果，是两岸关系进入和平发展阶段的表现。我们从陈云林访问台湾，以民进党为首的泛绿势力不惜回到街头进行抗议，甚至采取暴力的方式来阻碍两岸的交流。这说明目前在岛内还存在着一种反对两岸开放，反对两岸进行军事互信机制建立的力量存在。三是外部势力仍然对两岸建立军事互信机制有负面影响。当前外部势力仍然介入到台湾问题上，特别是美日等国在台湾问题上仍然执行两面政策和抱有某种不良的获利心态。一方面，美日等国也不希望两岸发生冲突，这样会直接影响和冲击到它们在台海地区的战略利益和经济利益。但另一方面，它们也不希望两岸关系走得太近，不希望两岸达成真正的和解和走向最终的统一，而是希望维持两岸分离的现状。当前尽管日美希望两岸能够和平对话，但冷战后日美同盟的强化，其推行的台海政策极大地阻碍着两岸互信的建立。美日的双重遏制政策加剧了两岸的敌意。① 美日等国对台的双轨战略使两岸之间的不确定性在不断增加。双重遏制政策加剧了两岸的军备竞赛。成为影响两岸军事互信机制建立的重大战略险情。

---

① Donald S. Zagoria&Chris Fugarino. eds. , p. 158.

（三）两岸军事互信机制建构的实现路径

两岸军事互信机制建构的前提条件主要有：其一，坚持一个中国的基本原则。一个中国的基本原则是两岸军事互信机制建立的首要前提和根本条件。离开一个中国原则，两岸军事互信机制则无从谈起；其二，两岸关系和平发展是两岸军事互信机制建立的重要前提。只有两岸关系和平发展，才能为军事互信机制的建立营造良好的氛围，为军事互信机制的建立提供可能；其三，推动两岸朝着和平统一进程迈进是两岸军事互信机制建立的一个前提。两岸统一是历史趋势，是不可阻挡的时代潮流，任何违背这一潮流的举动，都要会使两岸军事互信机制建立受到阻碍；其四，始终维护整个中国的国家安全、主权及领土完整的基本任务是两岸军事互信机制建立的重要前提。两岸军事互信机制必须要确保大陆和台湾的安全，要确保不让外来势力侵犯整个中国的安全、主权及领土完整，确保中国的统一地位不受侵犯；其五，坚持信誉第一和诚意为本的共同文化传统的基本宗旨，这是两岸军事互信机制建立的另一大前提条件。两岸之间必须要有信誉保证，要以诚相待，这是建立军事互信机制的基本条件；其六，双方在台海地区须采取公布国防报告书，以及年度重要演习计划等，以此等行动来表达善意，确保军事互信机制的良性运转。

两岸建立军事互信，除了上述七个基本前提条件外，还必须包括以下几个方面的前提：第一，军事服从政治，军事互信必须建立在政治互信基础之上。军事互信机制必然包含建立双方高层沟通管道，这又要触及政治层面、政治机构。双方要建立军事互信，必须进行谈判。如果没有政治层面的互信，这一谈判的主体问题难以解决。没有政治机构的谈判，何来军方谈判？军事经信机制不能依靠两岸军方私相授受。政治上的问题解决了，军方专家才能讨论具体问题；第二，坚决杜绝和防范把国际上的军事互信机制套用到两岸问题上，引入外国势力，引入国际组织与集团干预，其实质就是推进两岸之间的军事关系加以“国与国”军事关系化，这是不可能接受的；第三，两岸双方的决策层要有强烈的意愿。两岸决策高层或民意上拥有一定程度的意愿。也就是说两岸军事互信机制的形成，必须要有使双方愿意达成协议的驱动力，对台湾来说是安全保障的动力，对大陆来说则是台海和平稳定和防范“台独”分裂活动的动力。此外，协议签订后还须有适当的组织与机构，监督双方确实履行约定。还要防范参与协议签订的双方如借故不遵守或刻意曲解条约，这将危及机制的运作的可能性存在。

两岸军事互信机制建构的主要内容相当多，概括起来主要应包括以下七个方面的内容：其一，结束两岸敌对状态。两岸敌对状态是半个多世纪以前国共内战的产物，不符合当前两岸普遍要求发展的要求，必须予以结束；其二，台湾当局必须停止一切形式的分裂活动。任何分离的举动和步骤，都将直接违背一个中国的基本原则，这与两岸军事互信格格不入。它包括“法理台独”、“修宪制宪”、“台独公投”、“文化台独”、“去中国化”等诸多方面的内容；其三，共同对付外来势力染指中国领土领海等权益的企图，共同抵御外敌入侵。双方在这方面必须要有共同的政策声明和应急措施；其四，军事互信机制并非以裁军为前提。军事互信机制是针对两岸之间的一种安全安排，一种增进互信的有效安排，由于两岸关系并非两个国家之间的关系，而是一个国家内部的关系。裁军不是必要的前提条件；其五，双方不与任何外国结成事实上的军事同盟关系；第六，其他内涵，还包括两岸军事交流团互访，高层军事领导定期会晤，两岸军舰互访，合作开发外太空，两岸军校间交流、共建，联合军演，共同守卫钓鱼岛等领土等。

由于两岸军事互信机制内涵涉及面非常广泛，因此在实现两岸军事互信机制建构的路径主要有以下五个方面：即政治路径、经济路径、文化路径、军事路径和社会路径等。首先，政治路径。两岸在坚持一个中国的原则下进行政治对话与谈判，最终达成两岸和平协议，为两岸军事互信机制建构营造良好的政治氛围。其次，经济路径。加速两岸经济一体化进程，使两岸经济相互依赖局面不断形成和加深。为两岸军事互信机制建构营造双赢的局面。这是推动两岸军事互信机制形成和长期存在的强大物质保障基础。再次，文化路径。推进两岸文化交流，增强共识。中华文化是两岸共同坚持的精神纽带，它必然会成为推进两岸军事互信机制建立的精神文化层面的支撑力量。第四，军事路径。加强军事互访交流，设置军事热线，增加军事行动透明度。这主要体现在双方在军事方面具体的信任措施安排。最后，社会路径。加速推进两岸社会的融合进程，两岸真正成为一个共同体。这是保障两岸军事互信机制生命力的强大力量。

在两岸军事互信机制建立的措施和步骤主方面，主要有三个阶段的规划。首先，短期规划。消除部分台湾民众对大陆的疑虑，加强两岸之间的沟通，维护两岸和平。主要方法可以是：冻结主要是大陆停止针对台湾的弹道导弹领域的所有新活动，台湾停止与任何外国分享大陆情报的活动；大陆解除针对台湾的导弹基地的警戒状态，弹头和发射架分离，不进行瞄准，台湾终止针对大陆的与外军的装备、人员和情报交流；不管双方有无“海峡中线”的默契，均坚持公海航行自由的权利，对舰艇不能加以攻击，只能进行监控；每年发表国防白皮书，预告演习、并邀请对方派人观摩；有限开放天空，防止非蓄意性的军事意外或冲突发生；展开军事学术研究交流、实现军事人员互访；签定海上安全协定、海上共同救援通报；设立核查机制，互派观察员、设置预警站等。包括两岸公开一般性的国防信息，逐渐增加军备透明度，落实海上人道救援协议，慎重选择军事演习区域，时机，并事先通告对方，透过两会建立沟通管道，增加其他沟通管道等。中期包括不针对对方采取军事行动，建立两岸领导人热线机制，中低阶层军事人员交流互访，相互派员观察军事演习、参访军事基地，建立军事高层人员安全对话机制，定期举行军事协商会议，海军舰艇互相访问，划定两岸非军事区，建立军事缓冲地带，交换军事资料，落实检查。其次，中期规划。增加信任，维护国家安全，保证两岸的稳定与发展。主要方法可以是:、大陆削减进攻武器，台湾不再购买威胁大陆的武器系统，坚持两岸关系是内政的原则；建立两岸领导人定期互访互信机制；相互派员观摩有关军事演习以及特定军事基地开放参观，建立军事高层人员安全对话机制、定期举行军事协商会议；舰艇相互访问，军事资料交换等。最后，远期规划。通过两岸关系和平发展态势的不断形成，特别是两岸政治关系互信的不断夯实，最终签订两岸和平统一协定。

参考文献

一、中文参考书目（大陆版）

1. 蔡拓等著：《全球问题与当代国际关系》，天津：天津人民出版社2002年版。

2. 蔡鹏鸿著：《争议海域共同开发的管理模式：比较研究》，上海：上海社会科学院出版社1998年版。

3. 柴成文、黄政基、张常仪著：《三大突破》，北京：解放军出版社1994年版。

4. 陈孔立著：《两岸僵局下的思考》，北京：九州出版社2006年版。

5. 邓利娟、石正方主编：《海峡西岸经济区发展研究》，北京：九州出版社2008年版。

6. 何兰主编：《国际战略与国家安全研究》，北京：中国传媒大学出版社2005年版。

7. 胡宁生主编：《中国政府形象战略》，北京：中共中央党校出版社1999年版。

8. 胡平著：《国际冲突分析与危机管理研究》，北京：军事谊文出版社1993年版。

9. 胡联合著：《当代世界恐怖主义与对策》，北京：东方出版社2001年版。

10. 李景治、罗天虹等著：《国际战略学》，北京：中国人民大学出版社2002年版。

11. 李纯青著：《台海问题研究》，北京：华艺出版社1992年版。

12. 李鹏著：《台海安全考察》，北京：九州出版社2005年版。

13. 李鹏著：《海峡两岸关系析论》，厦门：鹭江出版社2009年版。

14. 李湛军著:《恐怖主义与国际治理》，北京：中国经济出版社 2006 年版。

15. 梁守德著:《新形式与新国家观》，北京：中央编译出版社 2004 年版。

16. 梁守德著:《国际政治学概论》，北京：中央编译出版社 1994 年版。

17. 刘国深著:《当代台湾政治分析》，北京：九州出版社 2002 年版。

18. 刘清才主编:《国际政治学》，长春：吉林大学出版社 1998 年版。

19. 刘明著:《国际干预与国家主权》，成都：四川人民出版社 2000 年版。

20. 陆忠伟主编:《非传统安全论》，北京：时事出版社 2003 年版。

21. 梅孜著:《美台关系重要资料选编》，北京：时事出版社 1997 年版。

22. 倪世雄等著:《当代西方国际关系理论》，上海：复旦大学出版社 2001 年版。

23. 潘光主编:《当代国际危机研究》，北京：中国社会科学出版社 1989 年版。

24. 秦亚青著:《霸权体系与国际冲突——美国在国际武装冲突中的支持行为（1945—1988）》，上海：上海人民出版社 1999 年版。

25. 裘兆琳主编:《美国外交与危机处理》，台北：“中研院”欧美所 1993 年版。

26. 唐世平著:《塑造中国的理想安全环境》，北京：中国社会科学出版社 2003 年版。

27. 童小鹏:《风雨四十年》（第二部），北京：中央文献出版社 1996 年版，

28. 席来旺著:《美国的决策及其中国政策透析》，北京：九洲图书出版社 1999 版。

29. 徐坚主编:《国际环境与中国的战略机遇期》，北京：人民出版社 2004 年版。

30. 许光建主编:《联合国宪章诠释》，太原：山西教育出版社 1999 年版。

31. 薛澜、张强、钟开斌著:《危机管理：转型期中国面临的挑战》，北

京：清华大学出版社2003年版。

32. 阎学通著：《中国国家利益分析》，天津：天津人民出版社1997年版。

33. 杨洁勉著：《后冷战时期的中美关系：危机管理的理论和实践》，上海：上海人民出版社2004年版。

34. 尤小龙著：《跨国危机管理——理论、方法及案例分析》，北京：中国传媒大学出版社2005年版。

35. 俞正梁等著：《全球化时代的国际关系》，上海：复旦大学出版社2000年版。

36. 王家福、徐萍著：《国际战略学》，北京：高等教育出版社2005年版。

37. 王建民著：《台湾军力》，厦门：鹭江出版社2000年版。

38. 王逸舟著：《当代国际政治析论》，上海：上海人民出版社1995年版。

39. 王晓德著：《美国文化与外交》，北京：世界知识出版社2000年版。

40. 王永钦主编：《中国结：两岸关系重大事件内幕》，北京：新华出版社2003年版。

41. 王正毅著：《世界格局论与中国》，北京：商务印书馆2000年版。

42. 吴大辉著：《防范与合作：苏联解体后的俄美核安全关系（1991—2005）》，北京：人民出版社2005年版。

43. 余克礼主编：《台湾研究论文集》，北京：中国人口出版社2003年版。

44. 张季良著：《国际关系学概论》，北京：世界知识出版社1989年版。

45. 张景旭著：《台湾问题：中美关系的焦点》，福州：福建人民出版社1999年版。

46. 张磊等主编：《国共关系与两岸关系研究》，上海：上海人民出版社1994年版。

47. 郑启荣、李铁城主编：《联合国大事编年1945—1996》，北京：北京语言文化学院出版社1998年版。

48. 中国现代国际关系研究所危机管理与对策研究中心编著：《国际危机管理概念》，时事出版社2003年版。

49. 中国现代国际关系研究院美国研究所编:《中美战略关系新论》，北京：时事出版社2005年版。

50. 朱明权著:《领导世界还是支配世界？——冷战后美国国家安全战略》，天津：天津人民出版社1995年版。

二、中文参考书目（台湾版）

1. 安德烈·平可夫著:《世纪之交的台海危机：中日美大对决》，全球防卫杂志出版社有限公司2001年版。

2. 蔡政文等著:《我国对外政策及行动取向》，业强出版社1993年版。

3. 陈佳宏著:《海外“台独”运动史》，前卫出版社1998年版。

4. 陈力生著:《台湾海峡的和平与战争》，时英出版社2002年版。

5. 陈荔彤著:《台湾主体论》，元照出版公司2004年版。

6. 陈水扁著:《跨世纪兵法：陈水扁看国防政策与管理》，时报文化出版企业股份有限公司1996年版。

7. 林子洋著:《飞弹防御与国家安全》，幼狮文化事业股份有限公司2000年版。

8. 彭明敏、黄昭堂著:《台湾在国际法上的地位》，台湾玉山社出版1995年版。

9. 邱毅著:《危机管理：二十一世纪新显学》，台北：中华征信所1999年版。

10. 邵宗海著:《两岸共识与两岸歧见》，五南图书出版有限公司1998年版。

11. 苏进强等著:《国军兵力结构与台海安全》，业强出版社1995年版。

12. 许世楷、施正锋著:《台湾前途危机管理》，前卫出版社2001年版。

13. 许庆雄著:《台湾的“国家”定位》，知英文化出版1995年版。

14. 张亚中著:《两岸统合论》，生智文化事业有限公司2000版。

15. 张亚中著:《全球化与两岸统合》，联经出版事业股份有限公司2003年版。

16. 庄万寿著:《台湾“独立”的理论与历史》，前卫出版社2002年版。

17. 朱建民著:《国际组织新论》，台北：正中书局1985年版。

18. 朱延智著：《危机处理的理论与实务》，台北：幼狮文化事业股份有限公司 2002 年版。

三、中文译著

1. ［澳］克雷格·A. 斯奈德等著：《当代安全与战略》，徐纬地等译，长春：吉林人民出版社 2001 年版。

2. ［澳］罗伯特·希斯著：《危机管理》，王成，宋炳辉，金瑛等译，北京：中信出版社 2001 版。

3. ［澳］约翰·W. 伯顿著：《全球冲突——国内危机的国内根源》，马学印、谭朝洁译，北京：中国人民公安大学出版社 1991 年版。

4. ［奥］阿·菲德罗斯等著：《国际法（下册）》，上海：商务印书馆 1981 年版。

5. ［波］约瑟夫·库库尔卡著：《国际关系理论问题》，章亚航译，上海：商务印书馆出版 1988 年版。

6. ［德］乌尔里希·贝克、［德］威尔姆斯著：《自由与资本主义》，路国林译，杭州：浙江人民出版社 2001 年版。

7. ［俄］伊·伊万诺夫著：《俄罗斯新外交——对外政策十年》，陈凤翔等译：北京：当代世界出版社 2002 年版。

8. ［加］卡列维·霍尔斯蒂著：《和平与战争：1648—1989 年的武装冲突与国际秩序》，王浦劬等译，北京：北京大学出版社 2005 年版。

9. 美国卡内基和平基金会著：《普遍履约：全新的核安全战略》，中国军控与裁军协会译，北京：世界知识出版社 2005 年版。

10. ［美］尼克松著：《超越和平》，范建民等译，北京：世界知识出版社 1999 年版。

11. ［美］菲利斯·本尼斯著：《发号施令——美国是如何控制联合国的》，陈遥遥等译，北京：新华出版社 1999 年版。

12. ［美］卡尔·帕顿、大卫·沙维奇著：《政策分析和规划的初步方法》，孙兰芝、胡启生等译，北京：华夏出版社 2001 年版。

13. ［美］玛莎·费丽莫著：《国际社会中的国家利益》，袁正清译，杭州：浙江人民出版社 2001 年版。

14. ［美］威廉森·默里、［英］麦格雷戈·诺克斯、［美］阿尔文·伯恩斯坦编著：《缔造战略：统治者、国家与战争》，时殷弘等译，北京：世界知识出版社 2004 年版。

15. ［美］罗伯特·杰维斯著：《国际政治中的知觉与错误知觉》，秦亚青译，北京：世界知识出版社 2003 年版。

16. ［美］约翰·罗尔克编著：《世界舞台上的国际政治》（第 9 版），宋伟、刘华等译，北京：北京大学出版社 2005 年版。

17. ［美］塞缪尔·亨廷顿著：《文明的冲突与世界秩序的重建》，周琪等译，北京：新华出版社 2002 年版。

18. ［美］菲克著：《危机管理》，韩应宁译，台北：经济与生活出版公司 1987 年版。

19. ［美］汉斯·摩根索：《国际纵横策论——争强权，求和平》，卢明华、时殷弘、林勇军译，上海：上海译文出版社 1995 年版。

20. ［美］戴维·伊斯顿著：《政治生活的系统分析》（第 2 版），王浦劬等译，北京：华夏出版社 1999 年版。

21. ［美］诺曼·R. 奥古斯丁等著：《危机管理》，北京新华信商业风险管理有限责任公司译，北京：中国人民大学出版社 2001 年版。

22. ［美］吴量福：《运作、决策、信息与应急管理》，天津：天津人民出版社 2004 年版。

23. ［美］布鲁斯·拉西特、哈维·斯塔尔著：《世界政治》（第 5 版），王玉珍译，北京：华夏出版社 2001 年版。

24. ［美］詹姆斯·多尔蒂、小罗伯特·普法尔茨格拉夫著：《争论中的国际关系理论》（第 5 版），阎学通、陈寒溪等译，北京：世界知识出版社 1987 年。

25. ［美］约翰·阿奎拉、［美］戴维·伦菲尔德等著：《决战信息时代》，宋正华等译，长春：吉林人民出版社 2001 年版。

26. ［美］莫顿·A. 卡普兰著：《国际政治的系统与过程》，薄智跃译，北京：中国人民公安大学出版社 1989 年版。

27. ［美］大卫·A. 鲍德温主编：《新现实主义和新自由主义》，肖祖贵译，北京：商务印书馆 2003 年版。

28. ［美］肯尼思·华尔兹著：《国际政治理论》，信强译，上海：上海人民出版社 2003 年版。

29. ［美］罗伯特·基欧汉著：《局部全球化世界中的自由主义、权力与治理》，门洪华译，北京：北京大学出版社 2005 年版。

30. ［美］罗伯特·基欧汉编：《新现实主义及其批判》，郭树勇译，北京：北京大学出版社 2002 年版。

31. ［美］罗伯特·基欧汉著：《霸权之后：世界政治经济中的合作与纷争》，苏长河、信强等译，上海：上海人民出版社 2001 年版。

32. ［美］罗伯特·基欧汉、［美］约瑟夫·奈著：《权力与相互依赖》（第 3 版），门洪华译，北京：北京大学出版社 2002 年版。

33. ［美］小约瑟夫·奈著：《理解国际冲突：理论与历史》，张小明译，上海：上海人民出版社 2002 年版。

34. ［美］熊玠著：《无政府状态与世界秩序》，余逊达、张铁军译，杭州：浙江人民出版社 2001 年版。

35. ［美］亚历山大·温特著：《国际政治的社会理论》，秦亚青译，上海：上海人民出版社 2000 年版。

36. ［美］约翰·鲁杰主编：《多边主义》，苏长河等译，杭州：浙江人民出版社 2003 年版。

37. ［美］约翰·米尔斯海默著：《大国政治的悲剧》，唐小松、王义桅译，上海：上海人民出版社 2003 年版。

38. ［美］詹姆斯·德·代元主编：《国际关系理论批判》，秦治来译，杭州；浙江人民出版社 2003 年版。

39. ［美］罗伯特·吉尔平，武军等译：《世界政治中的战争与变革》，北京：中国人民大学出版社 1994 年版。

40. ［日］浦野起央著：《国际关系理论导论》，刘更朝译，北京：中国社会科学出版社 2000 年版。

41. ［日］佐佐淳行著：《危机管理宝典》，褚先忠译，台北：建宏出版社 1994 年版。

42. ［日］占都都美著：《现代管理论》，蒋道鼎译，北京：新华出版社 1984 年版，

43. 斯德哥尔摩国际和平研究所编：《SIPRI 年鉴 2005：军备、裁军和国际安全》，中国军控与裁军协会译，北京：时事出版社 2006 年版。

44. ［英］巴里·布赞、［英］埃里克·海凌著：《世界政治中的军备动力》，薛利涛、孙晓春等译，长春：吉林人民出版社 2001 年版。

45. ［英］巴里·布赞、［丹麦］奥利·维夫等著：《新安全论》，朱宁译，杭州：浙江人民出版社 2003 年版。

46. ［英］赫德利·布尔著，张小明译：《无政府社会：世界政治秩序研究》（第 2 版），北京：世界知识出版社 2003 年版。

47. ［英］戴维·奥斯本、特德·盖布勒、周敦仁等译：《改革政府—企业精神如何改革着公营部门》，上海：上海译文出版社 1996 年版。

48. ［英］劳斯派特修订，王铁崖、陈体强译：《奥本海国际法》，商务印书馆（下卷）1989 年版。

49. ［英］安东尼·吉登斯著：《现代性的后果》，田禾译，译林出版社 2000 年版，

四、英文著作

1. Acharya, Amitav, “Ideas Identity and Institution-Building: from the ‘ASEAN WAY’ to the ‘Asiapacific Way’?” *The Pacific Way*, Vol. 10, No3, 1997.

2. Adler, Emanuel and Barnett, Michael, *Security Community*, Cambridge University Press, 1998.

3. Anthony D, Lott, Creating Insecruity: *Realism, Constructivism, and US Security*, Ashgate, 2004.

4. Admiral Stansfield Turner, *Terrorism and Democracy*, Boston, Mass: Houghton Mifflin Co., 1991.

5. Alex P. Schmid and Albert J. Jongman (eds), *Political Terrorism*, Amsterdam: North-Holland Publishing Company, 1988.

6. Alexander George (ed), *Western State Terrorism*, Cambridge: polity press, 1991.

7. Amir Taheri, *Holy Terror: The Inside Story of Islamicc Treeorism*, Lon-

don: Sphere Books Ltd. , 1987.

8. Alexander L. George, *US-Soviet Rivalry*: *Norms of Competition*, *in Gilbert R. Winham ed.* , *New Issues in International Crisis Management*, Boulder and London: Westview Press, 1988.

9. Baldwin, David, "The Concept of Security", *Review of International Security*, No. 1, 1997.

10. Barkin and Cronin, The State and the Nation: Changing Norms and Rules of Sovereignty in International Relations, *International Organzation* 48, 1994.

11. Baum, Richard and Shevchenkok, Alexei, Chian and the Forces of Globalization, In Richard Rosecrcance, *The New Great Power Coalition.*

12. Baylis, John and Smith, Steve eds. , *The Globalization of World Politics*, Oxford University Press, 1998, Chapter 10," International Security in the Post-Cold War. "

13. Beeson, Mark, ASEAN Puls Three and the Rise of Reactionary Regionalism. *Contempary Southeast Asia*, V25, Issue 2, Aug2003.

14. Bock, P. G. . and Berkowitz, Morton," The Emerging Field of National Security." *World Politics* 19 (October1966).

15. Butterfield, Herbert, "The Balance of Power", in Herbert Butterfield and Martin Wight eds. , *Diplomatic Invertigations*, Cambridge, Mass. , 1966.

16. Buzan, Barry, *Security-A New Framework for Analysis*, Lynne Rienner Publishers, Boulder and London, 1998.

17. Barton. L. (1993). Crisis in Organizations: Managing and *Communicating in the Heat of Chaos*. Cincinnati, Ohio: The South-Western Publishing Co.

18. Collins, Alan, *The Security Dilemma and the End of the Cold War*, New York, ST. Martin's, 1997.

19. Coser, Lewis A. *The Functions of Social Conflict*, New York: Frer Press, 1956.

20. Charles A. Mcclelland, "Access to Berlin: The Quantity and Variety of Events, 1948—1963", in J. David Singer, ed. , *Quantitative International Politics*: *Insights and Evidence*, New York; Free Press, 1968.

21. Charles W. Kegley, JR, Gregory A. Raymond, *A Multipolar Peace? -Great-Power Politics in the Twenty-first Century*, St. Martin's Press, New York, 1994.

22. Coral Bell, *Crisis Diplomacy*, *Strategic Thought in the Nuclear Age*, Baltimore, MD: John Kopkins, 1979.

23. Daniel Feri, ed. *International Crisis and Crisis Management*, *England*, Saxon House, 1978.

24. David Baldwin, "The Concept of Security", *Review of International Security*, No. 1, 1997.

25. Edwards, M and Hulme, D (eds), op cit (note 67, Chapter Ⅰ).

26. Evan Luard, *War in International Society*, New Haven: Yale University Press, 1987.

27. Ferderic S. Pearson and J. Martin Rochester, *International Relations*, 4th edition, New York: Mcgraw-Hill, 1998.

28. "Kant, Liberal Legacies, and Foreign Affairs", *Philosophy and Public Affairs*, Summer 1983.

29. Glenn H. Snyder and Paul Diesing, *Conflict Among Nations*: *Bargaining*, *Decision Making and System Structure in International Crisis*, New Jersey, Princeton University Press, 1977.

30. Hans Moegenthau: *Politics Among Nations*: *The Struggle for Power and Peace.* 6th edition. 1985.

31. Hermann, Charles F., *International Crises*: *Insights From Behavioral Research.* New York: Free Press, 1972.

32. Hermann, Charles F., *International Crises*: *Insights From Behavioral Research.* New York: Free Press, 1972.

33. Joseph Nye, "Conflicts After the Cold War", *The Washington Quarterly*, Winter 1996.

34. James D. Fearon, "Signaling Foreign Policy Interests", *Journal of Conflict Resolution*, Vol. 41 No. 1, Feb. 1997.

35. Joseph S. Nye, Jr. "*Nuchear Crisis Management*", in Andrew

C. Goldberg, Debra van Opstal.

36. James H. Barkley: *Avoiding the brink: theory and practice in crisis management: a study of the programme in arms control and crisis management*, London: Brassey's (UK), 1990.

37. James A. Robinson, "*Crisis: An Appraisal of Concepts and Theories*", in Chareles F. Hermann, ed., International Crisis: Insights from Behavioral Research, New York: Free Press, 1972.

38. John Mearsheimer, "The False Promise of International Institutions", *International Security* 19, Winter 2004 /2005.

39. K. J. Holsti: *International plitics: a framework for analysis*, 5th ed., Englewood Cliffs, N. J.: Prentice-Hall, 1987.

40. Leslie Lipson's definition about crisis management, issued in "*Crisis Management or Crisis Prevention*," NATO Letter (Aug. -Sept.) 1966.

41. Michael Brecher, *Crisis in World Politics: Theory and Reality*, Pergamon Press, 1993.

42. Neil C. Livingstone and Terrell E. Arnold (eds.), *Fighting Back: Winning the War Against Terrorism*, Massachusetts: Lexington Books, 1986.

43. Neil C. Livingstone, *The War Against Terrorism*, Lexington Massachusetts: D. C. Heath and Company, 1982.

44. Qyited in C. Bell, "The Conventions of Crisis", London: Oxford University Press, for the Royal Institute of *International Affairs*, 1971.

45. Oran R. Young, *The Politics of Force: Bargaining during Superpower Crisis* (Princeton University Press, 1968).

46. Ole R. Holsti, *Crisis EscalationWar*, Montreal: McGill Queen's University Press, 1972.

47. Oran Young, *The Internmediaries: Third Parties in International Crises*, Princeton: Princeton University Press, 1967.

48. Phil Williams, *Crisis Management: Confrontation and Diplomacy in the Nuclear Age*, London: Martin Robertson & CO. Ltd., 1976.

49. Robert Heath. "Dealing with the complete crisis-the crisis management

shell structure” . *Safety Science* 30 (1998) 1.

50. R. T. Curr, ed. *Handbook of Political Conflict: Theories and Research.* Collier & Macmillan Publisher Co. , 1981, 7.

51. Raymond Platig, “*Crisis and Superpower Behavior*” in William C. Olson, ed. , *The Theory and Practice of International Relations*, 7th edition.

52. Raymond Tamter and Richard H. Wlman, *Theory and Policy in International Crisis*, Princeton, 1973.

53. Richard Ned Lebow, *Between Peace and War: The Nature of International Crisis*, Baltimore, MD: Johns Hopkins University Press, 1981.

54. Richard C. Snyder, H. W. . Bruck and Burton Sapin, cds. , *Foreign Policy Decision Making*, New York: Free Press of Glencoe 1962.

55. Robert Keohane and Joseph Nye, “Globalization: What ’ s New? What ’ s Not (And So What?)” .

56. Rovert Lieber, *Theory and World Polities*, Winthrop Publishers, 1972.

57. Scalapino, Robert A. , *Major Power Pelations in Northeast Asia*, Lanham, MD. : University Press of America, 1987.

58. Schweller, Randall L, . “A Tale of Two Realism: Expanding the Institutions Debate”, *Mershon International Studies Review*, Vol. 41, Supplement 1, May1997.

59. Sigal, Leon V. , *Disarming Strangers: Nuclear Diplimacy with North Korea*, Princeton, N. J. : Princeton University Press, 1998.

60. Snyder, Craig A. , *Contemporary Security and Strategy.* New York: Poutledge, 1999.

61. Steve Smith, ed. , *International theory: positivism and beyond*, London: Cambridge University Press, 1996.

62. Stromberg, Roland, “The Idea of Collective Security,” *Journal of the History of Ideals*, Vol. 17, April 1956.

63. Sullivan, John O’, “Safe for Democracy, and a Nation, The Idea of this Country post -9/11”, *National Review*, December 17, 2001.

64. Sung Chul Yang, “ Korean Reunification: Autism and Realism,” *Kore-*

a World Affairs 6, 1982.

65. *The American Heritage Dictionary of the English Language.* Merriam-Webster' s Press, New York, 2000.

66. Uphoff, N (1995) "Why NGOs are Not a Third Sectou: a Sectoral Analysis with some Sceptical and Affirmative Thoughts on Accountability, Sustainablity and Evaluation", in Yonah Alexander (ed.), International Terrorism: Political and Legal Documents, Dordecht: Martinus Nijhoff Pub., 1992.

67. Uriel Rosenthal, etc. (ed.), Managing Crises: *Threat*, *Dilemmas*, *Opportunities.* (Springfield, Illinois: Charles C. Thomas Publisher Ltd. 2001).

68. Uriel Rosenthal, etc. (ed.), *Coping with Crisis*: *the Management of Disasters*, *Riots*, *and Terrorism* (Springfileld, Illinois: Charles C. Thomas Publisher Ltd. 1989).

69. Vasquiz, John A., *Classics of International Relations*, 3rd., New Jersey; Prentice-Hall, 1996.

70. Waever, Ole, "The rise and fall of the interparadigm debate", *International Theory*: *Positivism and Beyond*, London: Cambridge University Press, 1996.

71. Wallerstein, Immanuel, *The Politics of the World-economy*: *the States*, *the Movements and the Civilizations*, Cambridge University Press, 1984.

72. Waltz, Kennth N. " The Emerging International Structure of International Politics," *International Security*, 18: 2 (Fall 1993).

73. William R. Kintner & David C. Schwarz, *A Study on Crisis anagement*, University of Pennsylvania Foreign Policy Research Institute, 1965.

74. *Wester' s New Twentieth Century Dictionary.* William Collins Publishers. Ins. Second Edition.

75. Waterman, P (2004) "*Internationalism is Dead*: *Long Live Global Solidarity*", in Brecher, J, et al (eds) *Global Visions*: *Beyond the New World Order*, Black Rose Books, Montreal.

76. Walter Reith (ed.), *Origins of Terrorism*, Cambridge: Woodrow Wilson International Centre for Scholars, 1990.

77. Yong-Srp Han, *Nuclear Disarmament and Non-proliferation in Northeast Asia*, *New York*; *Geneva*: *United Nations*, 1995.

78. Youtz, David and Midford, Paul, *A Northeast Asian Security regime*: *prospects after the Cold War*, New York: Institute for EastWest Studies, 1992.

后　记

在研究与写作此书的过程中，恰值台湾地区政党轮替，两岸关系正发生重大而积极的变化。虽然目前两岸关系和平发展的局面正在不断形成，但我们还是需要理性看待岛内政治生态的演变，理性评估岛内分离主义势力对两岸关系发展的影响。台湾社会是选举社会，政党轮替已成为岛内政治生活的常态。当前，尽管国民党全面执政，但两岸之间的结构性矛盾仍然存在，“台独”分裂势力在岛内还有一定的民意基础，外部势力对台湾问题的干预始终存在。因此，我们不能完全排除台海危机再度爆发的可能性。通过对这些问题的思考，我觉得当前深入研究台海危机管理问题非但没有过时，反而具有重要的理论价值和现实意义。

作为刚刚涉入台湾问题研究的新人，我是怀着一颗忐忑不安与不胜感恩的心态来进行此书的写作。我要感谢引导我走上学术之路的导师刘清才教授，没有他六年多的悉心指导，我不可能完成此书；我要感谢厦门大学台湾研究院的诸多学术前辈、领导和同事，没有他们的帮助和指教，我不可能完成此书；我要特别感谢刘国深院长和政治所的各位同仁，是他们共同营造了一个和谐、温馨、进取的工作环境，使我获益匪浅。本书在出版过程中，获得了九州出版社的实际支持，在此表示诚挚的谢意。

我还要感谢远在故乡的亲人。对他们的思念和牵挂始终是我不断努力前行和完成此书的最大动力。特别是要感谢我的爱人王继红，她的辛勤付出，对我的不断鼓励，才使我能够全力以赴地投入到此书的写作之中。

最后，谨把此书献给我两岁多的女儿陈奕菲，祝她快乐成长。

陈先才

2010 年 5 月